冯骥才 著

多瑙河峡谷

作家出版社

图书在版编目（CIP）数据

多瑙河峡谷 / 冯骥才著 . -- 北京：作家出版社，2025. 8. --（冯骥才小说文库）. -- ISBN 978-7-5212-3648-4

Ⅰ. I247.5

中国国家版本馆 CIP 数据核字第 2025X8G072 号

多瑙河峡谷

作　　者：冯骥才
策划编辑：钱　英
责任编辑：省登宇
装帧设计：TT Studio
出版发行：作家出版社有限公司
社　　址：北京农展馆南里 10 号　　　邮　　编：100125
电话传真：86-10-65067186（发行中心）
　　　　　86-10-65004079（总编室）
E-mail:zuojia @ zuojia.net.cn
http://www.zuojiachubanshe.com
印　　刷：北京博海升彩色印刷有限公司
成品尺寸：145 × 210
字　　数：250 千
印　　张：11.875
印　　数：001—5000
版　　次：2025 年 8 月第 1 版
印　　次：2025 年 8 月第 1 次印刷
ISBN 978-7-5212-3648-4
定　　价：52.00 元

写作中的冯骥才

摄影：ALEXANDER RUAS（美）

冯骥才

1942年生于天津，祖籍浙江宁波，中国当代作家、画家和文化学者。在中国当代文学史上，冯骥才是新时期崛起的第一批作家，也是"伤痕文学"的代表人物，其作品题材广泛，形式多样，尤以"文化反思"系列小说著称，多次在国内外获奖。已出版各种作品集二百余种，代表作有《啊！》《雕花烟斗》《高女人和她的矮丈夫》《神鞭》《三寸金莲》《珍珠鸟》《一百个人的十年》《俗世奇人》《单筒望远镜》《艺术家们》等。作品被译成英、法、德、意、日、俄、西、阿拉伯等二十余种文字，在海外出版译本六十余种。冯骥才的绘画以中西贯通的技巧与含蓄深远的文学意境见长，因此他又被称为"现代文人画的代表"。自20世纪90年代初以来，他投身于中国的城市历史文化保护和民间文化抢救，其倡导与主持的中国民间文化遗产抢救工程、传统村落保护等文化行为，对当代人文中国产生了巨大的影响。

爱之上

中国青年出版社

◎左："十一点过了。那时间是她生涯中第一道难度的关山,她却翻越过去了。从爱之中站到爱之上。" 1982 沈尧伊作

◎右："空档出现了!她不顾一切腾身跃起,斜着身子像一张纸片插入那空档……" 1982 沈尧伊作

◎左："两人又像下棋，又像真正比赛那样。"
1982 沈尧伊作

◎右："她的心是充实的，何况在这颗心中，
还有一个真正理解她的人。" 1982 沈尧伊作

走进暴风雨

冯骥才 著

中国青年出版社

◎ 下右：《夏娃日记》插图之二 2005 张守义作
◎ 下左：《夏娃日记》插图之一 2005 张守义作
◎ 上：《走进暴风雨》 1983 中国青年出版社

◎ 《夏娃日记》插图之三 2005 张守义作

◎《夏娃日记》插图之四 2005 张守义作

◎《夏娃日记》插图之五 2005 张守义作

◎《多瑙河峡谷》 2022 作家出版社

◎《多瑙河峡谷》插图 2021 冯骥才作

我的小说库

（自序）

作家出版社要帮助我以出版方式建立起我的小说库。这想法我不曾有过。

从字面上解，库是存放或收藏东西之处。"我的小说库"应是专放我的小说的地方。可是我的小说都在哪里呢？还不清楚。

和多数作家一样，每写完一篇小说，发表或出版后，便不会再去顾及。写作时与小说的情节、人物、细节、语言死死纠缠，以至"语不惊人死不休"。待写完发表后，便与小说的一切再无瓜葛，很少去翻看，有的甚至一眼也没再看过。为什么？作家竟如此无情吗？当然不是，是因为作家把自己的全部心灵、精神与创造力，都放在下一部小说里了。

作家的工作就是不断拿出对生活的新发现、对文学的新理解，创造出具有新的审美价值与思想深度的作品来。作家永远属于将要写作或正在写作的作品。这样，一路写下来，一边把一篇篇小说交给读者，一边随手放在身边什么地方。丰子恺说放在身边一个篮子里。我没有篮子，我随手乱放。

断断续续写了四十多年小说，究竟写了多少，都是哪些小说，我不大清楚了，以致今天整理我的小说库时，充满了好奇——我怎么写过这篇小说？那篇小说又写了什么？时隔久了，记不清楚，这很自然，就像分别太久的老朋友们。

但谁还需要这些在岁月里长了胡子的小说？

前些天法国一位艺术家把我一个短篇改编成话剧，要在戏剧节上演。据说她很喜欢这个叫人发笑、自谑性、黑色幽默的故事。这小说名叫《我这个笨蛋》，是我 1979 年写的小说。细节大多记不得了，只记得这小说充满了批判性的调侃和那时代的勇气。还有一次，我收到一位意大利读者寄来的一支名贵的石楠木刻花的烟斗。他是看过《雕花烟斗》后受了感动寄给我的。《雕花烟斗》是我的第一个短篇，写于上世纪七十年代末。

我很奇怪，这些早期的小说还有人会读吗？读者没有把它当作陈谷子烂芝麻吗？其实对于读者来说，没读过的书永远是新的。或者说，书不分新旧，只是有没有阅读价值。有的小说会过时，有的小说可以跨时空。好小说是不长胡子的。

由于这次对"小说库"做整理，我才知道几十年里我写了一百多部长长短短的小说。现在，当我触摸它们时，我仿佛碰到了一个个阔别已久的朋友，感到一种老友重逢的欢悦，我很快拥抱起它们！我闻到了它们曾经的动人的气息，看见了它们昔日的光影与表情，甚至感受到那些过往生活特有的一切。尽管昔日里年轻、单纯还幼稚，但是我被自己昨日的真诚与情感打动了。我从中发现我曾经苦苦的追求、曲折的探索、种种思考，以及得与失，它们原来全在我的小说库里。

只有我离开过它们，它们从来没有离开过我。

在写作中，小说是其中一种；但小说不同于其他写作，它是一种特殊的写作，是虚构的、无中生有的、想象的、创造的。它通过现实主义的写作，对社会现实做出一己的判断；采用浪漫主义的写作，张扬生活情感与想象；凭借荒诞主义写作，强烈地表达生活与人性中的假恶丑与愚昧。一个作家不会只用一种手法写作。何况我生活和写作的城市又是一座"天下无二"的"双城"：一半本土，一半洋化。我是吃着两种食品——煎饼果子和黄油面包长大的。我在两种文化的融合又撞击中生存，我不同于任何人。因之，我的小说世界错综复杂，我的探索之路辗转迂回；尽管小说是纯虚构的，但它或隐或显地折射出我身处的时代的变迁、特异的地域和我人生与精神多磨的历程。

本小说库凡八卷，长篇两卷中篇三卷短篇三卷。虽非全集，略做取舍，但它是我迄今为止小说作品最为齐全的版本。其本意为二：一是为读者提供我小说作品的全貌；二是为自己漫长的小说人生留下一份见证。

为了这个小说库，我的工作室同仁和作家出版社编辑们对我散布各处的小说广为搜集，严格整理，勘误改正，悉心尽力；此事此意，有感于心，在此一并深表谢意。

是为序。

目录

爱之上

献给年轻的朋友们

第一章

初恋是两颗心第一次碰撞。

就像两块带电的云，在天边静静而盲目地浮动着；忽然，它们碰到一起了，即刻发出夺目的闪电。就在这一瞬间，它们由原先那灰布似的、无生气的、凝滞的样子，变得一片灿烂辉煌；现出轮廓，现出层次，现出重峦叠嶂般雄美动人的奇观。整个天宇因之变得生机十足、无限广阔和深远，整个大地也给这瞬息间闪耀的光映照出另一番景象。天地万物顿时变得美妙、神奇、不可思议了。

心儿，你就这样，在这一撞之下，一切都变了。快乐的电光一下子把你照得通亮！

然而这快乐是游离不定的。冥顽的心刚刚被唤醒，一点清醒，多半蒙眬。一如这闪电，忽明忽灭；一切好似历历在目，转眼便渺茫无迹。它又逼真，又虚幻，糅合着苦恼，掺杂着企盼。世界上凡是没有达到的，都是最美好的。正因为它的大部分只能用幻想去虚构、去补充、去填满，它才令你痴迷！

更由于，这两颗心在碰撞之前毫无准备，没有征兆，没有响应，仿佛完全是偶然相撞一起。爱，往往来不及去寻找原因，就像肖丽和靳大成的初恋，当他们自己也没弄明白是怎么回事，就已坠入那销魂的境界中去了。

二

任你去猜吧——

她惹起他的爱，可能由于她那浅黑色的小鼓脸儿，洋溢着少女们所特有的、动人的、青春的气息；也可能由于她与众不同，分外惹眼。在市女子篮球队里，她年纪最小；她文静的学生气在那些壮汉般、粗豪的大姑娘的对比下就显得特别突出。她身材苗条，个子不高，每每站在那些高大结实的伙伴丛中，好似大树林里一株修长、俊美、枝叶婆娑、情致别样的小白桦树。她有一张见棱见角的小方嘴儿，嘴角深深地窝进去，嘴唇好像熟透的葡萄一样鲜嫩透亮。但这张嘴一天到晚总是紧闭着，难得吐出一两句话，在这群整天吱呀喊叫的女队员中间，就像水浪喧哗中一块亭亭玉立的石头。哪儿没声音，她便在哪里。虽然本队队员都比她年长，她却不像一个小妹妹，反而有种大姐姐般的成熟、沉稳和娴静。这到底是天性如此，还是性格早熟，就无人知晓了。

她叫人捉摸不透的是，一进入比赛场，就好像立即换了一个人。惯常的沉静变得无影无踪，温顺的目光忽然变得凶猛、狠巴巴、虎视眈眈。平时处处几乎都看不见她，此时却处处闪着她的身影。她从对方人缝穿插进去的动作，就像从几辆飞驰的汽车中间穿过去那样迅疾、敏捷，还有种不要命的架势。别看日常里她一言不发，在场上找同伴要球时，她叫得好响，嗓音沙哑难听，身上哪里还有半点文静？分明放纵着一种驾驭不住的野性……

他呢？他又怎么惹起她的注意？他可毫不出众！一个排不到主力阵容的队员，在队里队外都是不起色的。他是去年刚由青岛挑选来的队员，长得健壮，饱满而坚硬的肌肉里蕴蓄着充足而尚未使用出来的精力。很有可能被培养成一员冲锋陷阵的虎将，但现在还只是一块好铁，而不是一柄好刀。他的模样又十分平常，四方浑圆的肩膀，宽大的脸盘，上半部给一副挺大的黑框近视镜遮着，下半部突出的是一张笨拙地噘着的厚嘴唇，唇上还有些软髭。这种极普通的相貌，在那种人来人往的大车站里是经常能碰到的。无论谁见了都觉得面熟，无论谁也不会多看一眼——他就是这种长相。他是男篮队里唯一的一名高中毕业生，打球之余，喜欢看书，床头上总堆着许多书。每当运动员们在宿舍里打打闹闹时，他就仰卧床上，把厚厚的书立在胸脯上，神往于那一页页的字里行间。他的书和眼镜便常被伙伴们藏来藏去。他性情宽和，对过分的玩笑也从不介意。有一次，体训大队男女篮球四个队集中学习，总教练兼女队教练卢挥叫他到前边念报纸。他拿了报纸上前站好刚刚要念，忽然发觉没戴眼镜，眼镜忘在座位上，和一个硬皮的小本子放在一起。这时，坐在他身旁的男篮队长华克强，不等他走回来，就手疾眼快地把他的眼镜藏在椅子下边，为了当众取笑他。他走回到座位，找不到眼镜，一时弄得手里的报纸、椅子上的小本、衣兜里的钢笔都掉在地上，在大家的哄笑里，尴尬地涨红了脸。就在这时，女篮那边忽地站起一个姑娘，就是肖丽，她沉着脸走过来，猫腰从椅子下边拿出眼镜递给他，然后一声不吭地走回去，她的脸色很难看，显然不满意大家这样去刺激和伤害一个人的自尊心。她这突然的举动和严峻的神情，使大家不自觉都抑制住笑声，这笑声再回味一下就显得轻浮和无聊了。靳大成戴上眼镜，望着她走去的背影呆住了……是不是以后的一切都是从这里开始的，好像一支动听的曲子，总是从几个悦耳的音节奏起？他不知道。反正从此他的眼睛到处搜索她。她那印着"6"号的红衫子总在眼前掠来掠去，夜晚躺在床上一闭眼，那红衫子就停在眼前不动了，还时时出现在荒诞离奇的梦里。

体训大队包括篮球队、排球队、拳击队、举重队、击剑队和手球队，所有队员都住在一所三层高宽敞的运动员大楼里，一楼是食堂、会议室和教练员的宿舍，二楼住的都是小伙子们，三楼上都是姑娘。他们起居饮食在一起，各自有其操练的训练馆和运动场，还有一个占地挺大的花园。花园那边是该市唯一的一座有四千个座位、漂亮堂皇的体育馆。他们在这边所付出的努力辛劳，都将在那边接受公正的鉴定。他们虽然每天的大部分时间都在自己的场地上锻造自己，但在食堂、在会场、在走廊、在楼梯、在花园的飘溢着香气的甬道上，时时可能碰面。这段时间，一种想碰见肖丽的渴望折磨着靳大成，他常常要在可能碰到肖丽的道儿上多流连一会儿，或者为了制造一次见面的机会而费腿多往返跑上两趟。但奇怪的是，先前他们碰面时，还笑一笑，说一句半句话；现在碰到了，却有种说不出的紧张的感觉，又说不准到底是对方紧张，还是自己紧张。反正她现在最多只是朝他点点头。特别是当他俩偶然单独碰到一起时，她好像没看见他，低着头急急走过去，一只手还不大自然地掠一下额角的头发——其实额角并没有头发垂下来。她每每紧张时都有这么一个习惯动作。

这以后，一次男女篮球队与外埠来访的球队比赛时，女篮比赛结束，男篮的队员们都挤在出场口，马上就要上场。女篮队员拿着上衣，有的披着外套，纷纷走下来。今天女篮打得分外好，男篮队员顺手从身边的桌上拿了汽水给这些获胜的女将们表示祝贺，靳大成刚拿了一瓶汽水，正巧肖丽迎面而来。当他把汽水递给她时，有种莫名其妙的怯生之感，连平日里大家说惯了的笑话也不敢说了。忽然，他发现她的目光直对自己，自己的目光一碰她的目光，心里立刻像过电一般陡然战栗了。他头一次见到这种分外强烈的、异样的，又怕人的目光。一瞬间，他竟受不住地要躲避开这目光，但不知哪来一股力量使他牢牢地盯住她的眼睛。除此之外他仿佛什么都不知道了，傻子似的呆立着。就在这一刹那，肖丽从他手里拿过汽水瓶去了……他依旧待着，直到身后的队员推他一下，说："进场了，你怎么还不动？你睡着了？"他好像才明白自己的存在。今天比赛时，教练叫他替补一个受伤的主力队员上场，他却打得糟糕透顶，简直不会打球了。手里拿着球没有拍就跑起来，惹得全场观众哄堂大笑。他仅仅上场三分钟就被换下来，下场后还差点儿走到对方队员那一边去，他完完全全地糊涂了，天地上下都分不清了，自己也感觉不到自己了。天啊，到底出了什么事？

他被苦恼逼迫得下了无数次决心之后，终于鼓足勇气偷偷地给她写了一封信。即使一名真正的勇士，逢到此时也是怯懦的。他把信搁在衣兜里，晚饭后悄悄跑到体育馆西边挂在墙上的邮箱前，看好没有熟人，赶紧把信塞进邮箱的投入孔，在回来的路上他就后悔了；许多该写的话一句也没写，不该写的反倒啰啰唆唆写了一大堆。满纸废话连篇，既无文采，语言又不通畅，为什么恋爱的第一封信这样难写？

他等回信，没有回信，他接连写了几封信，依然没有得到片言只字的回复。他在信里的话一次比一次胆大，碰到她时反而一次比一次胆小，甚至都怕碰到她了！最最折磨他的，是他猜不透她对那些信究竟怎么想。他从她那浅黑色、表情沉静的小脸儿上看不出任何反应。他自以为投下几块大石头，却不见一点波纹。一天午后，他从宿舍的窗子里看见她在花园那边小径上独自散步。他怀着一决成败的冲动跑下楼，穿入花园，走到她面前，问她："你收到我的信，为什么不回信？"

他有股不顾一切的势头了。

谁料到她那么镇定。她抬起眼睛——这双黑盈盈的眼睛里再没有那次接过汽水瓶时闪露出的目光了。她从微微张开的方方的小嘴里吐出的声音，有种严肃的意味："我没收到你的信。"

一时，他感到阳光失去了暖意，空气也凝滞了。

他还想说什么，想挽留什么，想争取什么。她已经走了。

三

男篮队长华克强是个机灵非凡的小伙子。他在队里同肖丽在女篮中的角色一样，是一个控制球的后卫队员，而且早已是闻名全国的一名出色的后卫。依照篮球专业里的俗话说，他是打"灵魂"的。在比赛场上，特别当面临势均力敌的强队和强手时，一个球队的阵势、谋略、士气和应变能力，往往集中在这样一个"灵魂"的身上。激烈的对抗需要有勇又有智，他恰恰是个智勇双全的人物。舍生忘死的运动员容易找着，擅长智巧的运动员却很难遇到。华克强正是这样"用脑子"打球的队员。他今年二十五岁，运动员与作家大不相同，二十五岁的作家还不容易受到人们承认，运动员到了二十五岁便被称作"老运动员"了。可是他十九岁刚刚入队时，已经这样成熟和老练。在比赛胜败千钧一发的关口，很少手忙脚乱，依旧镇定如常，甚至只有在这个时候才显露他的优长。这样一个队长在队里久了，地位就不一般。他是教练在比赛场上的化身，场上失去他，如同部队失去指挥员，剩下的只有散兵游勇。在场下，在生活里，在队员与队员之间，便无形中成了一种主角。至于他的模样，同他在场上的表现一样，是聪明外露的：一副漂亮聪明的面孔，高高的额头和鼻梁，尖尖而翘起的下巴，一头自然打卷儿的褐色的头发，看上去有点像混血儿，明亮的眸子从那深深的眼窝里随时随地闪出他敏捷的内心反应。他个子不高，长长的腿，周身的皮肤异样的白，在伏日的酷晒下只能发红，不会变黑，尤其穿上白色的背心裤衩，在场上跑起来分外耀眼，好像一只雪白俊健的山羊。他是整个体训大队公认的头号"美男子"，不止一次收到了不相识而热情奔放的女青年的求爱信，有的甚至寄来照片。这些女青年中，有的因他一手好球，才迷上了他；有的则醉心于他的外表。他每次收到这样的信就立即撕掉，连同照片都撕得粉碎，悄悄扔了，也不声张。因为体训大队有条严厉的禁规：运动员在队期间绝对不准谈恋爱。尤其篮球队的总教练卢挥对这种事疾恶如仇。三年前女篮有个叫陈爽的队员与一个大学生交朋友，卢挥一怒之下把她开除了。有了先例，规矩就有了苛刻的不可逾越的尺度。在老队员中，大家对这种事都存着戒心，不敢触犯，尽管有人在外边悄悄进行，对队里却严守秘密，装得像一群尼姑、和尚一般。

华克强凭着他的敏感，第一个发现了靳大成的心事。他谈话颇机巧，没花什么气力就获知靳大成的全部隐秘。一来由于靳大成对他抱有好感，钦佩他的球技和聪明。虽然他文化程度只有初中二年级，但天资聪慧补偿了他学业上的欠缺。在同队那些简单粗浅、缺乏头脑的队员里，似乎只有他最能了解自己。为此靳大成也给他以最大的信任。二来，初恋的秘密是种藏不住的秘密。它怕人知道，又喜欢被人知道，它还是种甜蜜的痛苦，折磨人的快乐。当靳大成把这桩事吐露给华克强后，心里反而说不出的畅快。内心的幸福盼望有人分享，此时仿佛终于有人来分享他的幸福了。

"你真以为，她就是喜欢上你了？"华克强问。

"嗯！"他脸颊给兴奋的火烧得火辣辣的，一味地点着头说，"我能肯定。"

华克强脸上掠过一道阴影。这瞬间即逝的表情没有使如醉如痴的靳大成注意到。华克强又问："你用什么证明？"

"我给她写过信。"

"傻瓜，那怎么能证明？她给你回信了？"

"没有……"靳大成懊丧地垂下头来说，"我问过她，她说没收到。"

华克强笑了，说："这倒是有趣的事。信她肯定收到了。如果她想拒绝你，就会当面责备你。为什么说没收到？"

"我也这么想过。但又想，她是不是悄悄地把信处理掉了？根本不想理我……这事真叫人费解。"靳大成说。他那张宽大的脸上满是担心的神色。

"如果她把信保留起来呢？"华克强说，"那就能证明她喜欢你了。"

"对！"靳大成的眼睛在镜片后一亮，跟着他又蹙起眉头说，"我怎么能知道她把信保留起来没有呢？"

华克强听了，深眼窝里目光明亮地一闪。他想了一个绝妙的好主意，马上俯过身，把嘴唇凑在靳大成的耳边，悄声教给了他。好像在球场上，他授给他突破对方严密防线的一条妙计。靳大成听着，给华克强的聪明智巧惊呆了。华克强说："你用这法子，保证能试出你那些信的下落。如果她还收着那些信，肯定就是对你有意思了。"

靳大成朝他感激地笑着。其实华克强这样热心帮助靳大成出自一种心理——他很想试探这个可爱的姑娘是否真的喜欢上了别人。

靳大成依照华克强的妙计，给肖丽写了一封信，然后又把这封信誊抄一遍。两封信看上去一模一样。他把一封信寄给肖丽，另一封留在自己手里。

信寄出两天后，他便寻找与肖丽单独说话的机会。他找到了——这天中午，肖丽从操练馆回来得最晚，上楼放了衣服再去食堂，这就比旁人晚一些。靳大成看准时机，躲在通向食堂的走廊拐角处等候，眼瞧着肖丽来了，他就迎面走上去，按照华克强教给他的话一字不差地说了："我大前天寄给你的信呢？"

"没见到。"肖丽说着就朝食堂走去。

"等一等。"他说，"你别骗我了。信收到也没关系，你怎么乱扔？多亏刚才我在院里拾到了。如果别人捡到看了怎么办？"

"什么？"肖丽惊讶地扬起黑盈盈的双眼。

靳大成把留在自己手里的那份誊抄的信拿给她看，说："你看，不是那封信吗？"

肖丽顿时失去往常的镇定，慌忙拿过信一看，不禁轻声叫起来："不对呀，你的信我都锁在箱子里了，不会有人动呀！"跟着，她捏着这封信的复制品转身跑回楼上宿舍去了。

靳大成真高兴哪！他终于从这姑娘一时的忙乱中窥见她守在心中的秘密。这秘密好比躲藏在云后的月亮，厚厚的云彩遮得严严实实，一片漆黑都不见，此刻风吹云动，月亮忽地浑圆而皎洁地显现出来……原来她把他的信都锁在箱子里呢！还有什么更可珍贵的事实能证实这姑娘在悄然无言地爱着他呢？多少天来，他饭菜不香，今天午饭忽然胃口大开，内心的喜悦使他的脸变得格外生动。华克强在一旁看到了，走过来，把两条胳膊交叉地架在他肌肉丰满的方肩头上，小声问："怎么样？"

"好，好！"他嘴里塞满东西，只能乐呵呵说这么两个字。

四

　　快乐只是短暂的一会儿。当他吃过午饭就发现，肖丽跑回楼上后再没下来，也没吃饭。随后他便十分明确地感到他与肖丽之间发生了可怕的变化。他碰到她，她不单不瞧他一眼，而且脸色异样难看。开始他并不明白这变化的缘故。他处处留神察看她的神色，寻找这突变的根由。他发觉，她在同队女伴打闹时，连平时那样的微微一笑也没有了。她总是紧皱眉头，咬着下唇，紧板着的面孔似乎含着一股愠怒。有一天晚上，体训大队的各队都集中在会议室，听取击剑队出国回来的观感和体会，肖丽坐在距离靳大成左边挺远的地方，他一扭头，看见肖丽正侧过脸盯着他。他俩的目光一接触，肖丽竟然狠狠瞪了他一眼，跟着把头转回去。这一眼，使他如入冰潭，寒彻肌骨，连心都凉得发颤。但这么一来，他反而变得清醒，有所悟地想到，是否因为自己那封信触怒了她？对，对，肯定是这样。别看肖丽的年龄在队里最小，人缘也好，但她的伙伴们很少跟她逗笑，不知她怎样赢得比她年龄大的姑娘们一种又亲切又敬畏之情。更何况，谁又会用这种轻佻、欺诈、恶作剧的手段去对待一个少女最庄重的事情？自己不是从书里看过这样的话吗——"初恋少女的盾牌，便是一颗自尊心"，还有"自尊心是世界上最敏感、最脆弱的东西"等，为什么自己把这些名言都忘了，使用那愚蠢的办法去试探对方？他开始埋怨给他出主意的华克强了。华克强却不以为然，反告诉他说："女孩子都是这样，成心给你点颜色看，你不理她，她也就软了。"

他不再听华克强的话了。

他刚刚瞧见爱的彼岸，那里却又陷落。眼前一片虚茫，空得没着没落。他垂头丧气。由于明白了缘由，他连看一眼肖丽的勇气都没了。他恨自己糊涂一时，恨自己蠢笨，恨自己粗俗，甚至认为自己根本不配这个正直、内在又严肃的姑娘——奇怪，他这么一想，反倒有种摆脱痛苦的轻松感。但他依旧恨自己，恨得要死，整天真有点半死不活的样子。

可是，过了半个月，他正在拿一个小搪瓷杯，在训练馆外边的水罐前接水喝，忽然被一只大手抓住腕子拉向一边。水洒了一身，杯子险些落地。他一看，原来是女篮队的大杨，杨光彩。这个农村长大的傻里傻气的姑娘，身高一米八六，脸上身上的汗毛很重，远看显得挺黑。力气却大得出奇。别看她的动作和她长长的腰板一样僵硬，但她能在比赛场上控制"制空权"。在队里被戏称作"空军司令"。此时，靳大成被她拉到墙角，用胳膊顶住，一双小眼死盯着他，气冲冲地说："你要是再跟小肖耍花招，我就跟你拼了！"

他不明白下边将要发生什么事情，也不知该说什么，惊讶地望着她。这个大个子姑娘却从袖口里拿出一个折叠的纸条给他，只说："给你，看吧！"就迈着生硬的步子走了。

他打开纸条，上边只写几个字："今晚八点，在体育馆南门对过的小街上等你。"字迹细小而秀丽，却没署人名，是不是肖丽？

晚饭后他按时悄悄去了。那是条不起眼的又短又窄的小街，没有几户人家，入夜后很少行人。街道两旁的槐树粗矮而茂盛，繁密的枝丫横斜交盖，几盏路灯只能洒下斑驳疏落的光影。他走进这又黑又静的林荫小路，感到有种很浓的树叶气息混在夜空里，说不出的畅美。他从小街这端走到那端却不见一条人影。待他刚要折头往回走时，忽然发现身前不远的街心立着一个姑娘苗条的影子。肖丽？果然是她！他的心立刻跳得快了。他走到她的面前，正不知该说什么，肖丽就问他："你用假信骗我，是谁给你出的主意？"

他怔了。面前肖丽的脸正遮在一块很浓的阴影里，看不见她此时什么表情。他不明白肖丽何以提出这个问题，又怎么知道他使用的那个不高明的伎俩是有人为他出谋。他给肖丽冷峻的口气逼得刚要回答，一想到自己不该说出华克强，便支支吾吾起来。

肖丽的问话更加生硬和急迫："是不是有人给你出主意？"

他真不好回答。

"好了！"肖丽说，"我知道你是没有这种小聪明的。我也不问是谁了，只要知道不是你就行！"她停顿片刻，又说："请你下决心不要再给我来信了。你，你知道——我多么爱打球！"

她不提爱他，却说爱打球，什么意思？这句不着边际的话使他懵然莫解。这时，在她那阴影笼罩、晦暗朦胧的脸上，分明闪出一种强烈、灼热、渴望的目光，更使他如入大雾中一般糊涂起来。未等他弄清她的意思，她忽然伸出一只手，说："来，握握手，咱们的事从此结束了吧！"

他握着她的手，好像任何感觉都没有，似乎只感到这手冰凉、汗淋淋，仿佛刚从水盆里伸出来的一样。他茫然地问："咱们还没开始，怎么就结束了？"

肖丽莞尔一笑。这一笑，又好似给了他无限的东西，给了他一切；他所盼的，都给他了。跟着肖丽从他又大又厚的手里抽出自己的手，转身跑了。

　　他直怔怔地站在原处，看着她跑去的背影。这身影很快就在重重夜色中消失。随后是渐渐远去而依然清晰的脚步声。

　　他不知道这究竟是怎么回事，一切都似是而非，一切都似有若无；他好像得到一切，又好像失去一切。事后细细品味，更多的担忧和苦恼，而不是欢欣与满足。她接受了自己的爱？虚无缥缈，没有一点根据。她拒绝了自己的爱？却是实实在在的。看来这是一次作为告别的相见了。"从此结束！"——他长长叹口气，一遍遍绝望地重复这句话；当他陷入了深深的沮丧里，那个傻里傻气的大个子姑娘杨光彩又暗中塞给他一个条子。又是那细小而秀丽的字迹，又是那时间、那地点。他去了，她依然告诉他那么两句话："我多么爱打球……咱们的事就从此结束吧！"

　　一次又一次，一直没有结束，一直在宣告结束。而他们的爱情就在这窄小、静谧的小街上，在这喃喃的、愈来愈无力的"结束"声里真正开始了。

　　一片云彩从月边移开，一只鸟儿腾空而起，一汪清水终于从碎开的冰片中间漾起涟漪……他俩终于跳上同一只小舟，随着微风轻浪，陶醉在同一节拍的爱的摇晃里。

五

总教练卢挥独自在屋里使劲地吸烟。屋里空气已然浑浊，浓烟弥漫，好似什么东西烧着了。那就是他的胸膛。胸膛里冒火，简直要从嘴里蹿出几尺的大火苗子。他脸上布满怒气，仿佛罩着一块可怕的阴云，已经不止一次地、无声地响起雷霆了。

事情出在昨天晚上。一场表演赛中，男篮一队的靳大成和女篮一队的肖丽分别请了假。这件事当晚就在整个体训大队里引起种种猜测，他都听到了。而早在这之前的一个多月，他就耳闻一些风声，他暗地里留心察看，果然发现肖丽和靳大成有些反常：这几天这个愁苦不堪，那几天那个神魂颠倒。尤其在比赛时，只要靳大成坐在一旁，肖丽好像只是人在场上，心在哪里鬼才知道呢！瞧，她把球儿传到了对方手里！瞧，她又莫名其妙地撞在对方身上……这还是肖丽吗？别是着了魔吧！他把这些惹人起火的事都压在心里，愈压爆发的可能和力量就会愈大。到了昨天晚上，事情终于变得公开了、不可隐瞒了，他憋在心里的愤怒也就抑制不住地要爆发了。

今天一早，他召开全体篮球运动员的一次会。他在会上讲了话，讲得那么激动，在台前一边说，一边走来走去，一句话一个"是嘛"，点着的烟抽了几口就掐灭，灭了又点上。这位三十多岁的教练，在运动生涯上，十分老练，富有经验和威信，但在待人接物上，总那么简单，天性的纯真，易于冲动，使他仿佛永远也不能成熟似的，好像流动的水，总也结不成冰。瞧，他今天遇到这件事，又沉不住气了，终于愤愤地说出发生在篮球队里违反队规的恋爱事件。他的火气很大，话说得也粗鲁："谁要谈恋爱就给我脱下运动衣。我这里不是婚姻介绍所，打篮球还没有男女混合队呢！胡来！"

大家听了悄悄地笑。虽然他没点出人名，人人心里都有数，暗暗把目光瞥向靳大成和肖丽。靳大成垂下头，肖丽却挑战似的仰着脸没有任何表情，脸色渐渐变得十分难看。好像她在任凭别人骂她、怀着幸灾乐祸的心理讥笑她、用世俗的观念来亵渎她内心最神圣的东西。

当卢挥看了她一眼之后，忽把话题转到别的问题上。他已经意识到自己在冲动中当众揭开这件事，会使她处境尴尬。而他说过这些话，并不能消除心中盈满的怒气。等他冷静下来，就有一个问号在脑袋里旋转起来。这问号已经在他脑袋里转了一个月，甚至转得他头昏目眩，也没答案，只有愈来愈明显的恼人的事实。可是……他想，难道她真的要放弃自己刚刚开端不久、可望放出光华的运动生涯？难道她对篮球运动那么如痴如狂的热爱竟会被这种看不见的男欢女爱魔术般地取代？他不相信、不能容忍、不能眼瞧着自己心爱的运动员这样轻易地被夺去！

两年前的事好像一幅画，又逼真地出现在眼前。

那是初夏。他去观看体委和教育局联合举办的一九五九年市中学女子篮球赛，打算看看有没有可以培养成材的运动员的苗子，以补充正在老化、战斗力日趋下降的市女子篮球队。说真话，那天他来根本不抱有什么希望，却意外地发现了肖丽。凭着他老练和雪亮的目光，一眼识到这姑娘的反应、弹跳、速度、意识和身体素质都不寻常，是个一样不差的标准的后卫材料，而且有着很大的潜力和可塑性——这可确确实实是意外的发现！球赛完了，他走到她面前，问她："你几年级？"

"高三。"她说。一边用块毛巾擦着脸上的汗。那张鼓鼓而浅黑色的小脸儿没有任何表情。

"你认得我吗？"他问。

"您是市队的卢教练。"她说。仍然没什么表情。

在这大名鼎鼎的市队总教练面前，一个少年业余球手居然表现出如此平静从容的态度，而不像一些一心想高攀的业余队员马上摆出一副招人喜欢的样子。他以为这姑娘是那种把运动当作业余爱好，一心想考上大学、另有志向的年轻人。那就太可惜这么难得的好材料了！有的人同时具有几种不同素质，发挥其中任何一种素质都能成材，她可能就是这样的人。但自己无论如何也得把她拉上球坛，因此鼓足劲儿准备说服她。那脸上完全是一副传教士劝人入教的神气。"如果我现在就调你到专业队，你愿意来吗？"他问。

这姑娘抬起一双黑盈盈、动人的眼睛，那鼓鼓的小脸儿居然放出光彩。她点点头说："现在？我愿意。"

她说得一点也不含糊。他听了反而感到惊讶。

"你不想考大学？你也不想上完高中了？"

"您不是说'现在'调我吗？"这姑娘告诉他，"我想成为一个真正的篮球运动员。"

这姑娘的回答完全出乎他的猜想与意料，但他听了却是心花怒放。他最爱听自己看中的年轻人口中说出这样有决心和有志向的话。他把兴奋抑制在心里，想再试一试这姑娘决心的大小，便故意思虑地沉了片刻，问她："你多高？"

"一米六四。"

"对于篮球运动来说，可惜矮了些。"他装做有些遗憾那样摇了一下头说。他见她没说话，便又说："你今年十七吧！可能还能长一点儿。"

"不，我不大可能再长高了。可是——"这姑娘脸上仍旧没有什么表情，所说的话分明是在反驳他，"我能在高个子中间找到空间。您也以为篮球只是高个子的运动吗？"

卢挥说不出话来了。他本想试探这姑娘献身篮球运动的决心的程度，故意说了反话，却使自己陷入被动。他发窘地笑着，心里反而更加喜欢这个性格倔强的姑娘。他深知，意志往往在能力的限度之外创造奇迹。他忽然哈哈大笑，一拍这姑娘的肩头转身而去。回到体育大队，就跑到前院的体委办公楼去，对体委办公室的黄主任说："老黄，快去办，我要她了！"

"谁？"胖胖、温和、富态的黄主任惊奇莫解地睁着一双小圆眼睛问，"你说的谁呀！"

"那姑娘！就是她！"

"哎，老卢，哪个姑娘？哪儿呢？姓什么、叫什么？"

卢挥愈急就愈想不起这姑娘的名字和所在学校。他用拳头凿脑袋，脑袋里反像空的一样。

半个月后，肖丽就调了进来。卢挥把她安排在一队，由自己亲自培训。肖丽便成了市女篮中一名年纪最小、个子也最小的队员。

情况比估计得好，这是最使人高兴的事。

教练最愿意碰上这样的运动员。好比雕塑家手里一块软硬度正合适的泥块，并且有很强烈的韧劲、拉力和耐性，似乎想叫她成什么样，她就能成什么样。她刚强、执着、坚忍的个性，加上优良的身体素质，使她很快就掌握住各种高难度动作；她内涵而不外露的聪颖与专心专意，使她能够对卢挥的指导意图心领神会。她精神上还有一种天生的难能可贵的稳定、冷静和成熟，使她能在比赛中发挥出训练得来的最好成果。这样她的技术和水平就眼看着日日拔高，好像夏天涨洪时，从河边的标尺看猛涨的水线。快得往往使卢挥都暗暗吃惊。

一个能够成材的学生碰到一名有眼力又有办法的教师，好似在强健的母体内重新投一次胎。在好铁匠的手里，一块劣铁能打成一柄好刀；在低能的凿刻匠的手下，一块美玉也会变得砖瓦不如。幸亏肖丽碰上了卢挥——这个国内公认的第一流教练。丰富的教练经验和训练办法自不必说，他还是一位运动心理专家。他注意把握运动员的身体特点之外，更注重掌握运动员的个性。好比一个优秀的高级军事将领，往往把对下级指挥员性格的了解看得比每支部队的武器配备更为重要。善于抓住人的精神和心理因素，办法就能多上一倍。而卢挥对肖丽的了解不仅如此，他还感到这姑娘和自己颇为相像，就像两只麻雀那样相像。开始他只感觉他俩很像，却不知像在何处。他找到他俩性格中一些相似之处，比如内在、倔强、认真……还有呢？似乎总还有点什么——在至关紧要的地方。一天早训前，他去训练馆，看见空荡荡的馆内只有一个穿红衫的姑娘用油墩布拖地。头天刮了一夜大风，馆内地板上蒙上一层灰蒙蒙的尘土，这姑娘正起劲地拖着，身后拖过的地方留下一片明洁的反光。他细一看，那红衫子上印着"6"的号码，原来是肖丽。他心里忽然感动起来，并一下子悟到了他和肖丽那关键的共同之处——他们都对篮球运动有股痴狂的爱。只有这股爱，才会对球场也怀有一种感情。就像老农对土地也有着深挚的感情一样。卢挥感到自己心里有根弦，给这情景引起的激情撞响了，发出明亮悦耳的共鸣。他是个出名的"事业狂"，二十年来他把所有心血都倾注在事业上，甚至花费两个小时去看电影都觉得可惜。真正从事事业的人，对一个投身到事业中来的人，马上会涌起强烈的爱。他还认准，这样一个姑娘将来必然能在事业上做出一番成就，谁也拦不住，谁也别想把她扯出球坛。

但是，现在他不明白了。男篮那宽肩膀的壮小子靳大成施展了什么魔法，怎么会一下子就把肖丽单纯的生活、平静的内心、专注的精神天地全搞乱了？

他不明白这一切，恐怕还有一个特别的原因。这原因与他自己当年的奇特的婚姻有关。

他是独生子。父母一直切盼有个女儿，却盼不来。一次父亲到河南办事，赶上那里闹大水，遇到一个十来岁、无亲无故、没人养活的孤女。父亲生了怜悯心，收这孤女为义女带回来抚养。那时卢挥比这女孩子大两岁，便以兄妹相称，后来这女孩子长大，父亲舍不得这苦命的女孩子嫁出去，再遭什么不幸，便做主叫她和卢挥成婚。卢挥自小喜欢这义妹，并不反对，高高兴兴顺从了父亲的意志。但他们的婚姻是没有经过恋爱的婚姻，是从兄妹之情过渡到伉俪之爱的。尽管他俩的感情融洽和谐，却从未尝过初恋与热恋的滋味，没有感受过恋爱时那甜美、醉心、令人战栗的力量。因此他无法理解靳大成和肖丽之间发生的事。更由于，他认为这种事与他酷爱的事业水火难容，便像痛恨窃贼一样痛恨靳大成，好像靳大成把他的一件珍爱的宝贝偷去了。同时他也恨自己对这件事的反应迟钝，没有在刚刚开端就察觉出来而断然把他俩分隔开……

卢挥想着，忽觉手指像被什么蜇了一下似的生疼，原来是夹在指间的烟卷已经烧到根部，烫了手指。他赶紧把残剩的烟蒂按灭在烟缸里。这一果决的动作，使他联想到必须把眼前这桩恼人的事尽快而毫不犹豫地根除。

他已经着手进行了。刚刚他派人去找靳大成来谈话。他怀着一腔盛怒，等候着发泄对象的到来。

六

有人敲门。敲门的声音分外轻，似乎声音里含着一点胆怯，他料想是靳大成来了。

"进来！"他说。

进来的果然是靳大成。这个带着一些山东大汉气概的小伙子惶恐地瞧着他，显然已经知道总教练找他来的目的了。

卢挥一见他，就厌恶地转过身去，点烟、吸烟、吐烟，半天没转过身来，靳大成从总教练一手叉腰、斜着肩膀的背影，以及斜在背部衣服上几条粗大的皱褶，就能感到他愤怒的程度了。平日里，总教练是个既严肃又温和的人，他隆起的眉骨下、布满细纹的眼窝里，那一双微眯着的、富于魅力的眼睛总闪着亲切的目光。尽管他在训练时像法官一样严格、苛刻、不容情面，在训练之外却与运动员们像朋友一般有说有笑，自从他来到球队，还没见过总教练对谁发过脾气。为此，他就更觉得事情严重。他站着，不敢坐下。

果然总教练发火了。忽转过身，同时转过一张涨得赤红的脸。他仿佛再也抑制不住地从胸膛里蹿出一个气冲冲的声音："你搞的是什么？啊？"

"我……"靳大成不知该怎么回答。他不敢看总教练的脸，把目光垂落在总教练的脚尖上。

"你！你难道不知道运动员们不能谈恋爱，你是不是明知故犯？"

"我？"

"'我'什么！你别拿我当木头，我一切都看在眼里了。整个体训大队没人不知道你做的事，你知道这会造成什么影响？照你这么干，大家全谈恋爱算了，体训大队还不垮掉？再说，谁都知道，肖丽是女篮中最有前途的队员，她已经叫你搞得神魂颠倒啦！你是不是想毁掉她的前途！你别不说话，你为什么做起事胆大包天，在我这里却装得胆小怕事？"

总教练的怒火非但不减，反而像石油井那样，一旦喷出来就遏制不住。在他嘴里，靳大成好像做了什么伤天害理事情的坏蛋。而这个老实、淳朴、没经过什么事情的山东小伙子碰到这种场面，真不知该怎样应付和解释。他连自己是对是错也分辨不清了。站在那儿，一双手汗出不止，不住地往裤子上擦抹。

总教练依旧冷静不下来。他根本不想在爱情——这个对于他颇为陌生的世界中平心静气地走一走，看个究竟，也就没有处理好这种事情的妥切办法。相反，一种急切结束这件事情的焦躁心情，使他愈加十足的粗暴，他朝靳大成叫着："我警告你。从今天起，你不准再接触肖丽，连看一眼都不成！否则我就开除你，你给我回山东去！"

这时，靳大成好像才清醒过来。他平时性情温顺宽和，有时亦强犟，尽管单纯爽直，却也执拗得很。这是典型的山东人性格。当他听到总教练要他从此与肖丽一刀两断时，他个性中执拗强犟的一面便被激发起来了。虽然他没有找到恰当的话进行分辩，却本能地要进行抗拒了。

他俩之间，马上就要不可避免地大吵一架了。

就在这时，有人敲门。敲门的声音又响又慢，连续三下。这声音与刚才靳大成的敲门声大小相同。声音里带有冷静而又不客气的意味。总教练一怔，诧异地问："谁？"

门被啪的推开，门口一动不动站着一个苗条的姑娘。上身一件褪了色的红运动衣，下边一条旧蓝布裤，头发绾到后边去，扎一条白手绢。一张脸好像突然之间显得消瘦了，嘴唇发白，表情异常沉静，目光咄咄逼人，闪闪烁烁直盯着总教练，好像根本没看见站在屋子中间的靳大成。总教练一惊，以为出了什么事情。刚刚屋里马上要爆发一场争吵的火药气氛顿时沉降下来。

"您找我？"她问卢挥。

"找你？嗯。我是叫徐颖告诉你，让你下午来的。"

"有话还是早谈好。"她说。

卢挥听了，看看她，又看看靳大成，只得对靳大成说："你去吧！我跟你没别的话了，但一切只能照我的话做！"

靳大成死咬着嘴唇，一扭身走出去。肖丽没有看他一眼，只侧身让他出去，然后走进总教练的房间坐在一张椅子上。目光依然直直盯着总教练，方方而发白的小嘴像贝壳那样闭得紧紧的。

本来总教练也要对她发一顿脾气。但不知为什么，一见面火气竟然立时缩得微小了，没有飞扬的火苗，只剩下殷红的灰烬。也许由于这姑娘惯常的沉静在伏天里能使周围空气的温度也降低下来；也许由于他与这姑娘之间和谐的、深厚的、父女一般的感情，使他难以发火；也许由于他发觉这姑娘不动声色的神情中，似乎隐隐地在承受一种很大的精神压力。他认为这压力是昨天自己在篮球运动员的全体会上说出的那几句话给她造成的。他不能再对她发火，给她压力，甚至还后悔，以至有点可怜她了。他想了半天才说："是的。肖丽，我想正正经经与你谈一件事。"

"是不是我和靳大成的事？"她说。

"是。"他惊讶她的直截了当，他说，"你们这件事是错误的。这个我们可以不谈，但它会带来什么结果，你想到了吗？"

"想到了。"

"想到了什么？"

"被开除。"她说。声音和表情都没变。

"那……那你怎么办？"

"随您便。"

她从来没对他这样谈过话。她平稳的干巴巴的音调里潜藏一种鄙夷、一种怒意、一种满不在乎的劲势，使他听了感到意外、吃惊和担心。他不安地试探她："如果我开除你呢？"

"我说了，随您便好了。"

他从没想到肖丽会说出这样的话。抛开球场、比赛、竞争、大有作为的事业而在所不惜，轻率地毁掉这一切于一旦而不流露出半点犹豫，他怎么能忍受哪！已然平息下去的火气陡然又蹿腾起来，感情有时是匹桀骜不驯的烈马，它会一下子撞毁理智的围栏，奔号而出："不行，我不能叫你这样下去。你们必须马上结束这件事。你们……"

"我们？哼，您说得对。这是我们的事，并没有您的事，也并不妨害任何人、任何事……"她始终把音调控制在固定的高度，真是少见的沉着。

一向沉稳持重的卢挥今天却失去常态了。他说话简直像叫喊："有！我可以不管你的杂七杂八的事，但关于你前途的事全得管！怎么不妨害？它涣散你的精力，打乱你的一切。你想随随便便就能离开球队吗？不那么容易！我绝不准你一时糊涂而误入歧途，绝不准那家伙引诱你陷进这种无聊的什么'爱情'里，你必须……"他说着，忽然看到那双黑盈盈的眼睛射出一股按捺不住的愤怒的光芒，这目光强烈有力，逼迫他不自觉改变了语气，声调也放低了，"请原谅……也许我的话有些过分。你知道，这些次比赛中你的球打得多么糟，我多么伤心！也许由于我太盼望你成材了。我怕这件事发展下去会毁了你的前程。这两者之间是不能相容的……你懂吗？"

总教练最后这几句话，无意中倾出自己心底的真情。对于一个紧紧关闭的心扉，发怒冒火往往是无效的捶打，真情却是一把能够悄悄打开的钥匙。肖丽重新沉静下来，垂下头，放在膝头的两只手合拢着，两个大拇指互相拨动，发出一阵急躁不安的"嗒嗒"声。显出她心中不平静的节奏。沉了一会儿，她依然垂着头说："您说怎么办吧！"

卢挥听出她的口气与刚才大不一样了。他来不及明辨自己的哪句话对她发生了效力。他赶紧提出自己的要求："你不能再与靳大成联系。"

她听了这话之后一直没抬起头来，也没反驳。两个大拇指拨动的嗒嗒声愈发紧迫了。又沉了一会儿，才抬起脸问："您打算对靳大成怎么办？"她灰白难看的脸上有种深深忧虑和不安的神情，与刚才表现出的沉静也全然不同。

"如果你们不再联系，我自然不会怎么样他。"

总教练这句话表明他需要互相切实的保证。但他丝毫没有从肖丽的问话里听出，这姑娘所关心的仍是靳大成。而肖丽听过卢挥的回答，一直紧绷绷的脸稍稍有点松懈，她只轻轻地说一句："好吧！"连总教练也没看一眼，就低着头而依然心事重重地走了出去。

卢挥的目的达到了。他感到多少天来堵在胸膛里的东西挪开了，一时像舒一口大气那样畅快。但他糊里糊涂地，既没有看到肖丽服从了他的真正原因，也没清醒地意识到事情并没有一个如意的、圆满的、清晰的结局，绝不像比赛终场时的锣声那样清脆和响亮。

七

整整六个星期过去了。肖丽和靳大成真的谁也没搭理谁。卢挥不放心，暗暗留心察看，找不到他们勾连的任何蛛丝马迹。但真正的感情是两颗心中一根看不见的、结实而神秘的纽带。哪能扯得断？哪能割得开？他哪能知道他们各自的心理、念头和渴望。

肖丽本来就是外表沉静、不动声色，不外露的。此事过后，一切照旧如常。她同队的女伴们出于关切、好奇或者好事等等心理，自然想从她无意中绽露出内心的罅隙，窥见她的隐秘。别人这些想法她都感觉得到。可能是出于一种自尊心吧，她反而更加留神自己的举止神情，不叫别人有任何发现。她严谨的行为好似细密的针脚，缝了一个严严实实的套子，把自己的心藏在里边。而她的心整天泛着一片狂澜，翻腾着苦涩的浪头。她努力地、自我克制这隐在心中的苦痛。为了她酷爱的篮球运动，也为了总教练的一片心……而克制痛苦是一种最大的痛苦。

同时她又期待着，期待靳大成再来约会她。她依然会悄悄而勇敢地去赴约，去那又黑又静、光影斑驳的小街，去！爱，是难以克制的。

为了事业她想把爱情密封起来，而爱情偏偏不受人为的束缚。一个她锲而不舍，一个她不可抗拒，她无力选择。她都要，都渴望，都不放弃，怎么办？

但是靳大成怎么不来约她呀？

任何女孩子在恋爱时，都喜欢对方在自己假造的拒绝中，当真一般地痛苦，傻里傻气地请求，更喜欢在爱情出现波折和障碍时，表现出一股无所畏惧、冲决一切的勇气，朝她奔来，似乎从中可以测定对方对自己感情忠诚的程度，自尊心也获得满足。如果对方在障碍面前表现得懦弱、动摇、犹豫，乃至放弃，那么必然是个薄情人了……可是六个星期了，靳大成为什么不响不动，甚至连看她一眼都不敢？他怕了吗？果真如此，她是断然不会再理他的。她宁肯自己的船儿在风浪中沉没，也不会主动向他发出一个救助的讯号。

八

午睡间，男篮的壮小伙子们用一片长短粗细的鼾声合奏出疲劳后甜美的睡眠曲。这些鼾声，有的如号角，有的如风笛，有的却像牛吼、拉风箱或警报器的尖叫。而且他们的睡相也不美妙，一双双在早训中耗尽力量的粗胳膊大腿，此刻都七斜八叉地舒展开，有的从床边疲软地垂下来。在这中间唯有靳大成仰卧床上，眨巴着眼睛没有入睡。刚才他打开一本书，努力想把自己的注意力集中在书页上一行行排列得规规矩矩的铅字上，好使眼睛困乏而渐渐睡着。但思想是个最不听话的东西，好像只小飞虫，在脑袋里嗡嗡乱飞。他索性把书撇在一边，两条胳膊交叉地枕着脑袋，一双脚架在床铺尾端的挡板上。男篮宿舍的床铺都是从家具厂成批买来的，规格一致，却都不够长。是否因为社会要求人的行动和思想都一样，产品便也都定型化而很少例外？在大高个子们生过无数的小苦恼中，无法在床上舒直身子便是其中一桩。

但这时靳大成精神上在受煎熬，对肉体上的不舒适全无感觉。

他真不知该怎么办了。六个星期来，他俩同在一座楼里，却像分隔千里之外那样遥远。他无时无刻不想着她，无事不联想到她，却很难知道她怎么想的。他觉得自己的灵魂仿佛不在躯体里。他每天也在跑步、做操、投篮、蹲起，但好像不受自己的意识支配。灵魂游离在躯体之外，像落叶、飞花、没系缆的孤舟，飘飘荡荡，无依无傍。这样下去怎么受得了？这就叫作失恋吗？一切就这样结束吗？如果她真的依了总教练就此结束了他们的事，也应该同他谈个清楚。他想找她谈，又怕被别人瞧见，影响了她。他深知自己是个前途有限的队员，上天赋予他这方面一些素质，却没给足；而肖丽面前摆着一个灿烂夺目的将来。如果他因为自己感情的需要而毁掉她的前程岂不自私？每每想到这里，他就有心离开球队，返回青岛，离开了她反而好受些，在这里天天看见她的形影，却互相装作陌生人一样，只能加重他心中的负荷。他记起从书里看过的一句话："时光如水，能够渐渐把一切冲淡。无论是快乐，还是痛苦。甜的不再甜，苦的不再苦。"

他眼睛直盯着面前一根绳子上的花花绿绿、乱七八糟、又长又大的运动衣，心里烦乱极了。

忽有人对他说话，使他微微一惊，"怎么？大成，睡不着吗？"

他一看是队长华克强。他在左边一张床的上铺趴着，尖尖的下巴架在一双交叠着的手背上，以一种探询和关切的目光闪闪地直对着他。

"没有。"

"什么没有。你为什么还不睡。想肖丽了吧。"

"唉……"靳大成长叹一声，摘下眼镜往枕旁一撂，闭起眼，摇摇头说，"别问了。"

华克强起身从上铺轻快地爬下来，坐在他床前问："你们的事就这么完了？"

"完了……"靳大成说，沮丧地拖长尾音。

"肖丽的意思呢？"

"不知道。我不能再和她联系，总教练说，如果我们再联系，就把我们都开除离队。"

华克强的深眼窝里目光一亮。跟着，他说："那是总教练气头上的话。"

"不，他说到就会做到。我不能拖累肖丽，她的球会打出来的，她又那么喜爱打球。再说肖丽现在碰到我也不搭理我，她可能想就这么完了……"

"那你能知道她怎么想的吗？其实你可以偷偷找她谈谈。她要真不肯再和你联系，你也就认了。要不，你再写封信给她。"

"那怎么成？信寄到传达室，万一落到别人手里就更麻烦了。"

华克强想了想说："我给你送个信儿给她，怎么样？"

靳大成像溺水人的手碰到了什么，一把紧紧抓着华克强的臂膀，另一手拿起眼镜戴上，一双睁圆的眼睛在镜片后边显得更大，"真的？"

"瞧你。你像要把我吃了似的。我保证把信给你送到就是了。"华克强说。看来这事对于他，就像从人丛中间把球儿传出去那么轻松和有把握。

靳大成兴高采烈地捶了华克强当胸一拳，起身马上写个条子：

本星期六晚八时，老地方见面，能否，盼复。

成

把星期六晚作为约会时间是最便当的。周末本市有家的队员都回家团聚，肖丽每星期六晚也回家。靳大成是外地来的，周末也在宿舍里，只要他那天晚上说出去到商场买点日用东西，没人会起疑心。于是他怀着感激和信任的双重心情把条子交给华克强，并说："你要是碰不到肖丽，就交给大杨好了。"

"大杨？哪个大杨？"

"当然不是咱队的大杨。女篮的，杨光彩。她能很快把条子交给肖丽。最保险。"

"好啊！"华克强用手指捅了他一下说，"原来你小子还有个又大又丑的红娘哪！你为什么不早写个条子，自己交给她。你怕连大杨也给监视起来了？你的胆儿可真小。你在场上那股不要命的劲儿到哪儿去了？你等着吧！我担保今天晚上肖丽就能看见这条子。不过今天才星期一，你至少还得等上五天呢！"华克强怕同屋人听见，小声和他取笑。同时把这条子叠得小小的，塞进自己的运动裤屁股后边的小口袋里。

当天晚饭前，在洗漱室里，华克强就悄悄告诉他，那条子已经安妥地交到女篮的杨光彩手中。靳大成觉得好像从他心里拉出一根绳，已经无形地通到肖丽那里去了。一时还觉得自己像只飞累了的、无处栖息的鸟儿，终于找到了可以稳稳当当落下脚来的枝头。

九

他焦躁地等候消息。消息来得愈迟，他愈不安。过了三天，一个消息找他来了。他万万想不到竟是这样的消息。

这天是星期四。下午，前楼体委办公室的办事员小绪来找他，说叫他去办公室一趟，有事等他谈。他往办公室去的路上也没有任何不祥的预感。体委办公楼过去是一位盐商的公馆，又大，又讲究，又有气派。办公室是原先的客厅，一间敞亮的大屋子，三面墙镶着深褐色菲律宾木的护墙板，一面是六大扇围成弧形的落地玻璃窗，牖棂、门把手、墙壁上的挂衣钩都是铜制的，显得厚实、富丽又沉着。在酷暑期这房间也分外阴凉。他一走进来除去感到阴凉之外，还有种异样而冷峻的气氛。屋里有两个人等候他，一个是总教练卢挥，一个是胖胖的黄主任。卢挥正抽着烟。

总教练这次没对他发火，更没训斥他一句，却板着面孔告诉他，体委对篮球队各队要做一次调整，决定撤换一部分队员，他是被撤掉的第一个队员。体委要求他尽快做好离开球队的准备。黄主任在一旁抬起又短又粗、刚好绕到肩后的胳膊，去搔他凸出一圈软肉的后颈，表情不像往常那样自然。对他说："你的出路我们已经帮你联系好了。依然回到你原先在青岛的那个单位——链条厂。如果你想去青岛市队，我们可以帮你联系。"

尽管靳大成听到这意外又突然的决定有些发蒙。但他完全听得出他们关于调整撤换之说是故意编造出来的冠冕堂皇、不好辩驳的理由，也为了不亮出那可能使双方都十分难堪的真正原因。他绝想不到体委对他这样不留余地，不顾情面，如此冷酷与淡薄。但他没有分辩，没有乞求，内心反而升起一股高傲的情绪，压住愤怒、委屈和种种可以拿出来争辩一下的道理，只淡淡地说了两个字："好吧！"负着气接受了体委的决定。他想了想，又说："我明天晚上就走。我回去之后的事用不着你们管，在这里我只有一个要求，我走的事，别告诉任何人。明天晚上不是全体去看电影吗？我自己走！"

"可以。"

总教练点点头说。他很满意他的要求，这要求正好消除自己的担心。但沉了片刻之后，他又觉得不是滋味。以往，总教练从来没有这样送走过一个运动员。如果说他把全部心血和感情都倾注在篮球运动中，这心血感情就分成若干份而把每一份都分给一个队员。选来一名队员多一分喜悦，送走一名队员平添一分伤感。但是，当一名队员将被送往国家队时，他那伤感中更糅合甜蜜；当一名年龄已大、没有前途或伤残了的运动员离队而去时，他这伤感便混杂苦涩。因为他知道从此这个运动员就结束了聚光灯下生龙活虎、快乐明亮的运动生涯了。此时此刻，他总是依依不舍的。更尤其，靳大成离队是他坚持要体委这样决定的。靳大成要走了，他不会成为肖丽精神中的搅棒了，自己也就不像原先那么恨他了，心中反生出一点点内疚。口气变得温和下来，他拍拍靳大成说："明天我来送你。"

"不！"他说，"我不要任何人送。我明白，我是例外的。不应当受到任何人欢送！"他说完扭头就走了。

他从体委办公楼走出时，头晕目眩，好像刚刚受了重重一击。他记得，一次他和拳击队的队员赵宝刚打拳玩，他被赵宝刚突然一个左直拳击中下颌时，顿时浑身无力，意识混乱，脑袋又重又空，就是这种感觉。但那一次是肉体上的，这一次是精神上的。支撑他自尊心的高傲的情绪松垮下来，一种委屈心情像团棉花堵在他胸口上。他无论如何想不到总教练会一脚把他踢走，而且做得如此干脆。竟然事先没对他透过一点风声，就悄悄办好他离队和安置的手续，不给他留一点余地。他看着这片与他从此无关的楼馆房舍、茂树繁花，看着这不再属于他的生活，他真想挥起拳头把这寡情和冷漠的一切都击得粉碎！他明白……总教练这做法显然为了肖丽。可是总教练不是说，只要他不再与肖丽联系，就不会对他采取任何措施吗？他不是一直没同肖丽联系过吗？这究竟从何而起？难道总教练是个言而无信的人？不……于是他想到他给华克强的那纸条。对，只有那纸条会促使总教练断然做出这个决定。这纸条是怎样才落到总教练手里的呢？是肖丽因为决心与他恩断义绝才交出那纸条来的？不，不，那绝不可能。要不是华克强？……

中午，本队队员训练回来，见靳大成一个人躺在床上，脸色也难看，都以为他病了。他说自己确实有些头晕，已经向总教练请了三天假。华克强也不问他，忙过自己的事就拿着脸盆去洗，好像他什么事情也不知道，也好像他一切情况都知道了。过一会儿，华克强回来，恰巧屋里没旁人，靳大成坐起来，一把抓住华克强的手腕，急切地问："克强，你那条子交给谁了？"

"什么条子？"

"托你交给大杨那条子。大前天中午交给你的。"

华克强瞥了他一眼，稍稍停顿一下说："我给大杨了。怎么？"说完，目光在靳大成脸上转。

"没什么。"

"大杨说什么了？"

"我没看见大杨。"他说。然后不再说什么。

华克强走了。靳大成想了想，赶紧又写了一张条子。这次他要亲自把条子交到肖丽手中了。反正他已经不是这儿的人。他与肖丽的事大概也就从此结束。他只想再和肖丽见一面，尽管这可能是最后的一面，对于他并没有什么意义了。他像个临终的人，本能地想再睁一下眼看看生活，看看亲人，但不论他看不看都将离去。他把条子放在口袋里，准备碰到肖丽就设法给她。

中午、下午、傍晚，他都没有碰到肖丽。肖丽去哪儿了？如果明天还是这样，恐怕今生今世再也难见。

第二天上午他去买好当夜返回青岛的车票，然后去体委办公楼办理离职手续。在走廊里，偶然从一扇敞露的门缝里发现肖丽正伏在桌上抄写什么。难道这是总教练有意把她调来做些事，好使他们在他临行前见不到面？怪不得昨天一天没有寻到她！她吃饭肯定也在这边的食堂。他看见肖丽的座位临窗，窗子又是敞开的。他忙走出楼，从院子绕到大楼侧面那扇朝东的窗下。这儿恰恰是院子拐向后边的一个死角，没人往来，只有数株黄蔷薇，每逢春末夏初繁花满枝，此时却凋败已尽，只剩下一片单调而浓密的绿叶。他把身子藏在枝叶里，防备被窗内的旁人发现。然后把纸条轻轻扔进去，正巧落在肖丽的眼前。肖丽一惊，扭脸来看，他却转身疾走了。

这房间也很大，肖丽坐在这边，另一边坐着一位上了年纪的女办事员，正背对着她，使她得以打开纸条看。上边的字使得她惊异得一下子从座位上站起来，并差点儿叫出声。这上边写道：

> 我已经被开除了。本周五乘夜车离开这里。此事别人谁也不知道。我周五晚八时还在老地方等你。我们最后告个别吧。

周五就是今天呵！

一股强烈痛苦、生离死别的感情涌上来。她不可能也不会有任何力量能抑制自己了。她一手抓起纸条，扭身往外跑。紧随着她一连串慌慌张张的动作，椅子歪了，水杯碰倒了，痰盂盖儿被撞到地上。她什么也顾不得了，使得同屋那上年纪的女办事员扭过头低下前额，一双吃惊的眼睛从眼镜上望去，却只见她背影一闪，已经跑出屋去。

她急急忙忙、跌跌撞撞、失魂落魄一般跑着。跑过走廊，跑下台阶，跑到院子，忽然差点儿和一个迎面而来的人撞个满怀，只听对面发出一个沉稳、熟悉、带些怨怪的声音："你这是到哪儿去？"

她抬起头，总教练就在面前，目光诧异地停在她表情奇怪的脸上，跟着就明白她已经知道靳大成将要离队的消息了。只见肖丽下巴直抖，嘴唇哆嗦，牙齿怕冷似的咯咯打战，声音抖得更厉害："您，您不是说妥了吗，您为什么……为什么？"

总教练从未见过她这种近乎失常的神情，担心会出现更严重的情况。他用手扶着她的肩，劝慰说："不要这样，肖丽，你——你跟我来，我有话对你说。你听我说明白，你也就明白了……"他边说，边把她扶进办公室楼楼下一间空无一人的小工作间。他没有遇到过这种事，一时显得手足张皇无措了。

她一进屋就哭了。泪水止不住往下淌，并且"呜呜"哭出声来，好像憋了一肚子委屈的孩子在大人面前，要痛快地发泄一通似的。他还是头一次见她哭，而且哭得这样伤心痛楚，这是怎么啦？他看着她这悲痛欲绝的样子真是无法理解。她不过与靳大成刚刚有些要好罢了，即便分离，也不该这样生离死别一般呀，难道她还出了什么别的事吗？

他不知该怎么办。仿佛他搬一个又大又沉的柜子，不知从哪里下手；又不能眼看着她失去控制的感情像决口的洪水奔泻不止。他给她斟水，递给她一条手巾抹泪，除此他就再不知该做些别的什么事了。便在她身前转来转去，半天来嘴里只重复一句无效又无力的话："不要这样，不要这样，不要这样。"

她那直盯着前方的目光一阵阵变得尖利吓人，使他害怕；他叫她，她也不理他。那目光好似停在一种幻象上。

"不要这样，不要这样，不要这样……"他的声音哆哆嗦嗦，连舌头都僵直不灵了。他简直以为她要疯了。

过了这个高潮后，她拿起手巾擦擦脸上的泪，扭身端起杯子喝一口水，他见状，一直揪紧的心才稍稍有点放松之感，开始劝她："你想想看，体委这样做为了什么？不是为了你的前途吗？我，我，我难道还会害你？靳大成他，他不该……我不说了，有些情况你未必了解。体委为了确保你的前途，为了体训大队的风气不搞坏，不得已才这样做。你还要我……我还对你说些什么呢？你，你要恨就恨我吧！是我促使体委做出这种决定的。我，我的理由是充足的！是充足的！啊，对不对……"

他今天不像往常在队员们面前说话那么从容，那么有条理、有分量、有说服力；他在任何场合、任何人面前，都没有这样笨嘴笨舌、话不成句的时候。似乎他连思维都混淆不清了。如同一个不识水性的人落入水中，不知深浅，不知上下左右，四边一片无边无际的液体，两只手乱抓却抓不到一点可以借力逃脱出水的东西。心里的话全搅成了一团，究竟哪句话目前最需要，最有用，最得力？在不明白的事物面前，任何巧妙的唇舌都笨拙无用。但他还得一个劲儿地说下去，好似他的话一停，她又会出现刚才那种叫人担惊受怕的反复。

他说得磕磕巴巴，艰难费力，语言乏味失色，可是他明知自己的话苍白无力，却一遍又一遍、没完没了地重复着。从上午九点直说到吃午饭的时候，他的喉咙好像烟囱那样干燥发烫，声音变得沙哑了，整个口腔的唾液似乎也已用尽。他不知道，到底是想法支持他的舌头，还是舌头支持他的想法。当他发现肖丽坐在那里一动不动，虽然神情不像刚才那样激烈和吓人，却依旧满面凝聚着焦虑与愁苦时，他感到自己的力量已经用竭，毫无办法了；灰心丧气使他浑身立刻感到疲软松垮，一屁股坐在椅子上，脸上的神气无可奈何。可就在这时，肖丽忽然站起身说："您不用说了。我知道该怎么做。"

她同时给了他一个清醒的、开朗的目光。这目光比任何保证和表示都可靠。比她这两句话也更明确。

她又使他出乎意料之外了。

他完全没有想到，自己进行了一上午单方面的艰苦的舌头的进攻之后，正准备全线退却时，他已是绝对的胜利者。这真是件奇妙莫解的事。他哪里知道，她正是被他那些结巴、费力、乏味而用心良苦的话打动了，被他那些反常、笨拙又絮叨的唇舌打动了。虽然他没说出一句头头是道、含义精辟的话来，她却感受到他那直出胸膛的真情，以及他并没表达清楚但完全可以征服她的道理和思想。

整整一下午，肖丽都在体委办公室里，闷闷地抄写两天前总教练交给她的篮球队训练大纲。总教练说办公室人少事多，临时调她来帮忙，实际上正如靳大成猜测到的，这是总教练的有意安排，为了避免靳大成离队之前再与肖丽接触。这天下午，肖丽坐在座位上一动没动，手里的笔也没停，好像什么事也没发生过。总教练几次悄悄溜到门前，从门缝和钥匙孔里看不出肖丽有任何异样和变化。连肖丽的笔尖在光滑的纸面上沙沙摩擦的响声都清晰又均匀。快下班时，总教练笑吟吟进来说："别忘了，今天晚上看电影，快收拾一下吃饭吧！"

"不。"肖丽抬起她有些红肿的眼睛，仍像往常那样沉静地说，"我今天头疼，不去了。"

总教练听了一怔，立即敏感到，是否她知道靳大成夜车走，她要去送他上车？想到这里，中午间才明亮起来的心情，此刻又暗下来。

"还是去吧！今天的电影一连两场，看看电影精神一放松头就不疼了。"总教练说。

"不，我不去！"

总教练愈发肯定自己的猜测。他转过身时，脸和心同时沉下来，再没说别的便走了。

她呢？

她有一种心情，愈接近天黑来得就愈强烈。

晚饭过后，体训大队的人几乎全部去看电影。夜幕降下时，整座宿舍大楼像一面庞大的黑影耸立着，唯有三楼顶靠左边的两个窗子亮着灯，那是肖丽的房间。二楼男队员的宿舍都黑着灯。

这时男篮一队寝室的灯忽然亮了。进来开灯的人是总教练卢挥。他见屋里没人，却看到靳大成的铺位上放了一个墨绿色硬帆布的箱子，还有一个大网兜和一根粗麻绳子，显然这是用来填装杂物与捆打铺盖的，靳大成本人到哪儿去了呢？总教练关了灯，走到楼外大门旁的传达室一问，传达室值班的李大爷说，刚才瞧见那个戴眼镜的山东小伙子出去。

"办公室的黄主任来了吗？"

"没见呀，他来干啥？"

"哦？噢，他送个人。您还见别人出去了吗？"

"好像还有个女的。"老李抽着一杆烟。说完就把绿石头刻的烟嘴塞进他熏得发黑的唇缝里。

"谁，肖丽吗？"总教练马上问。

老李一见总教练这焦急紧张的样子，好奇地扬起眉毛，连眼角的皱纹也带上去了。他把烟嘴拔出来说道："不是呀！怎的？"

"那是谁，您没看清楚？"总教练不管对方的问话，只自己一味地问。

"没大看清。肖丽那姑娘我还不认得？看过她们打球呢，谁还不知道小 6 号！刚才那个个子大，好像是那傻里傻气、大脚丫子那闺女。"

"大杨，杨光彩？"

"我可说不好。也不知道那闺女叫个啥。这楼里好几百号人，我哪能个个连名带姓都叫出来？能认得脸儿就算不错啦。"

总教练忙拉开门，站在门口扭头向上望去。肖丽的房间仍旧亮着灯，窗子里有个人影走来走去。那窗子虽然又高又远，人影又小，他一看就认出是肖丽。

肖丽在屋里，靳大成出去了，杨光彩没去看电影，这是怎么回事？他想了想，回到传达室掏出烟来，让一支给李大爷，自己也点上一支抽。他打定主意，反正不让肖丽和靳大成见面就成。靳大成是夜里十一点钟的车，黄主任一会儿带两个办事员来给靳大成送站。只要靳大成回来，他就跟着靳大成一同去捆打行李去；只要肖丽出来，他就设法拦住肖丽。他抱定宗旨就死守在这里了。反正好不容易解开的线头不能再叫他们接上，只等靳大成一走就此万事大吉了。

手表的时针快指向八点钟了。眼前，时针像分针一样快，分针如同秒针一般飞跑，秒针简直在表壳里飞旋起来。她一边在屋里来来回回地走，一边抬起手腕看表。看来她并非切盼约会的时刻，而是害怕这时刻的到来。生活中有些时刻是具有威胁性的。她几次热泪一下涌到眼边，忽然冲动地拿起外衣要去赴约，但好似有什么力量，磁石一般把她拖住不放，使得她走到门口又停下来，手背果决地抹下眼泪，转回屋中把外衣扔在床上，仿佛要断然与那难以摆脱的东西切割开来。当时针已经堪堪越过八点钟时，她给一种内心冲动的感情所推动，再难自制，一把抓起外衣就往外跑，好像这一跑便不再回来。就在这时，她的脚"腾"地碰到什么上，原来是个球儿，一个橘黄色崭新的球儿，给她的脚碰得飞快地向墙壁滚去，撞在墙上后又迅速地迎面滚回来；圆圆的、金色的、亮闪闪的，这正是她酷爱的、迷恋的、包含着无限未来事业的一个实实在在的象征啊！刚才好像要被她一脚踢去，可是这皮球却仿佛是一个与她有着深厚感情的生命，此刻带着一股热烈的激情朝她扑来。她感到心里又卷起一个更强劲的浪潮，把她刚刚那一阵子泛起的情感压下去。她忽然把外衣使劲甩到屋角，猫腰把滚来的球儿抱在怀里，拉开门跑出去，一直跑到训练馆，打开半个球场的灯光，将球儿朝着那挂着漂亮的雪白线网的球篮投去。她一个接着一个地投，空荡荡的训练馆内响着球儿撞地面的"嘭嘭"声。她投呀、投呀、投呀，尽力保持这股冲动，尽力使自己在这自我的强制中忘却其他一切。一边，她不自觉地流下泪来，泪水滴在衣襟上、地板上、球儿上，并给球儿带着飞进篮筐。她像一个机器人没完没了做着同一个动作，又像一个发狂的人不叫自己稍有停歇。最后，她连时间都忘却了，身上的力气渐渐没了，精神也麻木了，还勉强地把球儿一下下朝篮筐扔去。扔呀！扔呀！扔呀！失去力量控制的球儿，歪歪斜斜地飞出去，撞在篮板又弹回来。她还是扔呀扔呀……

忽然，馆内的灯灭了。只剩下门口一盏照明灯。灯光里站着一个人，是总教练。总教练走过来。

"我……"她喉咙干得厉害，沙哑得几乎没有声音。

总教练看见她满身汗水，满脸泪迹。他被她感动了，表露出会心的满意的微笑，还有种怜惜之情。

十一点过了。那时间是她生涯中第一道难渡的关山，她却翻越过去了。

她终于凭着自己的力量克制住自己，以一种爱战胜了另一种爱，从爱之中站到爱之上。

她身体抖颤得厉害，不知由于内心激荡所致，还是由于夜凉，总教练忙脱下外衣披在他心爱的运动员的身上。

第二章

十一

没有果实的花，开了就是痛苦的。

但它兀自开了，无法收却，再不能合拢成原先那紧紧的花苞。只有一任凋谢，没有果实。没有种子，只剩下一根秃秃的残梗。

她好痛苦了一阵子。

那离去的山东小伙子，曾在她心里占了很大的空间。失去了他，心里便空了一部分，一时拿什么也填不满。她不叫自己想他，但她无法管住自己。想念受感情驱使，不受理智管束。她只有劳累自己，在训练中成倍地加大自己的运动量，用身体的困乏压住精神上翻腾不已的苦恼。苦恼也是无形的，就像那顽强的野酸枣秧子，有点缝隙它就钻出坚硬的、尖尖的芽子来。

可是，时间一长，渐渐就好多了。正像靳大成也想过的那句话："时光如水，能够渐渐把一切冲淡。无论是快乐，还是痛苦。甜的不再甜，苦的不再苦。"

时光还像一张砂纸，慢慢地磨去你的棱角，你的光泽，你惹人注目的凸起处。叫你适应原先根本不能适应的东西。她像走钢丝，开始摆动得厉害，左摇右晃，几乎栽下来，可是逐渐她摆动的幅度就愈来愈小，直至取得了平衡，找到了稳定住自己的重心。这重心，就是在爱情曾经狂扯她时，使她终于没有被扯动的东西。

总教练也看准这个东西在她身上发挥过神奇的威力，使她战胜了爱的魔法、爱的诱惑、爱的争夺。这东西正是总教练担心她丢弃的，也是总教练本人所痴迷的。因此总教练就更喜欢她了，并且牢牢抓住这万能的法宝，叫它在这姑娘身上继续发挥神力。

在这一段时间里，总教练有意给女篮一队安排许多场比赛，其中几场是硬场。有的比赛在本市，有的在外埠。她们有输有赢。赢球时的欢愉，输球时的别扭；打好一个球，哪怕一传一递，打得漂亮、谐调、出奇、痛快，所带来的快活；失掉一个球，哪怕无关紧要，所带来的恼火，都是其他任何人难以体会的。而对于一个真正的运动员来说，赢球对他的鼓舞与输球对他的鞭挞，同样是一种激励。这一切都一点点把凝结在肖丽心中的痛苦分割开，把她游离不定的目光渐渐吸引过去。总教练在每一场比赛都叫她上阵，出任全队的"灵魂"的主力后卫，以使每场比赛的胜败得失都与她切切相关。场下总教练就集中力量训练她。用剀切和精到的战术分析引起她的兴趣，并把多少年积累的经验一股脑儿往她脑袋里灌输……这样就使原先在本队打主力后卫的老队员徐颖不满，以为总教练有意想使肖丽顶替自己。因为在这之前，徐颖一直打肖丽这个位置，现在为此而常常上不了场……

总教练的用心谁也不明白。但他高兴的是，他的做法已经在肖丽身上产生作用。而且还收到另一个意想不到的效果，肖丽的技术明显进步了。她的聪慧、吸收能力、善于创造性地发挥的才华，以及优良的身体素质，都再次得到证实。尤其她有种如饥似渴的进取心，仿佛拴结在这一切前头的快马，带着她向前飞奔。这样，尽管徐颖和队里的三两个姑娘说出些不满、牢骚，甚至很难听的话，变成风言风语，传到总教练耳朵里，总教练也不以为意。因为，观众、行家、对手，以及本队的大部分队员都一致承认，在短短的时间里，这个二十岁刚过的姑娘已经奇迹般地一跃为这支全国篮球劲旅中当之无愧的主力了。她的出场与否，关系到全队的阵容、实力、士气和成败。任何地方、任何团体、任何一群人中都有一个关键性的举足轻重的人物。她就是这样的人物。她还是她的球队在最近举行的全国十二城市篮球对抗赛中夺得亚军的突出的因素。

她终于从个人爱的天地中彻底跳出来，看到一片无限广袤深远的天地。她像从小沟游到湖泊里的一条鱼儿。原先那小沟里的生活是充满迷人的诗意的。恬静、安详、温柔、清甜，沟旁是碧绿的苇秆，沟底是棉絮般又厚又软的水藻；偶尔兴起一点点波澜，不过是徐徐轻风吹动的，岸边垂下的柳梢儿撩拨的……那也是一种诗意。可是当它游入湖泊，感受到的全然是另一番景象。四外开阔，岸边陡峭，湖底满是坚硬的岩石。随时随地，都能碰到排天的大浪，飞动的漩涡，疾猛的潜流。需要搏斗，需要竞争，需要进攻；因此也需要意志，需要勇气，需要刚强和韧性。这里的一切都是强烈的、运动的、刚猛有力的，一切都是硬碰硬。一派壮观的景象，一股劲猛的气势，像大海的浪潮永不停歇地奏着一种激昂的调子。只有强者才能在这中间获得快乐。而尝到这快乐的鱼儿，是不会再返回原先那小沟的……

运动员有他们特有的快感与欢欣。

当他们在聚光灯的强光下，准备上场投入激烈的对抗，他们猫下腰勒紧鞋带，直起身子轻松地弹跳几下，此刻全身洋溢着充沛而渴望勃发的活力，洋溢着一种激情，这激情就像将要在歌唱家的喉咙里变成响亮的声音那样；当他们在观众热烈的助威声中，球儿脱手飞出，在空中划一道优美的弧线，轻巧地落入球筐，这感觉就像画家在纸上画出最得意、最生动、最奇妙的一笔；当他们带着球机智地摆脱一个又一个防守队员，就像数学家一步步顺利解开一道复杂的方程式；当他们终于打败一个强有力对手的瞬间，好比伐木工人你一锯、他一斧，终于合力轰然放倒一棵参天大树。那青葱的大木躺在地上，树干的积雪还莹莹闪烁地从半空飘落下来……

这不是由事业中所得到的幸福吗？职业中包含着事业。有职业的人，并不能都感到事业的存在。谁感到了事业，谁才会懂得生活和工作的幸福，谁就会从个人的天地里跳出来而不觉得工作是一种迫不得已的负担，谁就会产生出一种忘我、无私、献身而使庸人莫解的壮丽精神，谁就会找到自己的存在价值并使灵魂变得更加纯净和崇高……

至于肖丽对于那桩随同靳大成一起消失的往事，是否还在思恋，别人很难得知。她与她要好的大杨也许会说些更深一层的心里话；这个傻里傻气的讲义气的高大姑娘总把自己放在肖丽保护人的地位上，即使她知道什么，也不肯向外泄露。而实际上她还知道有关那桩事一些关键的秘密，不曾对肖丽泄露过呢！本队一些细心的姑娘只注意到，自从那桩事后，肖丽很少再与男队队员接触，说话更少。有时男篮队长华克强找机会来和她说话，她却很少搭腔，甚至当众弄得华克强挺尴尬，别人看不过去，她并不以为意。人们说，她的心变冷了。果真是这样吗？她这样想过："早知这样，一切都不应该开始！"她后悔那桩事吗？

谁会发现，每天早晨在围着体育馆大街上跑步训练时，每每跑到曾经与靳大成密约幽会的小街口处，她总要把头扭向另一边，加快几步跑过去……如果有人知道在那条小街上发生过的甜蜜的秘密，就会由此而判断出，那件往事不过变成了无形的沉重的记忆，收藏在她心底。她丝毫不曾把它丢弃，不过将它藏得连自己也不想再看罢了……

一年后，肖丽她们的球队在全国篮球锦标赛上获得冠军。在刚刚比赛回来不久的一天，总教练把她叫到体委办公室，办公室黄主任也在。总教练光彩满面，用一种由于控制不住的兴奋而变了调儿的声音告诉她："我告诉你一个最好的消息。"

"是不是下星期要同欧洲劲旅布拉格女队比赛？"

"比这消息还重要！我——"总教练吸了一口烟，似乎以此停顿一下，使自己的情绪保持平衡。谁知烟是兴奋剂，反刺激得他目光灼灼发亮，他急不可待地大声说："我祝贺你！"

"什么事？总教练？"肖丽一点儿也不明白。

"你被调到国家队去了。打主力后卫。"总教练说完，眼瞧着她，等待她高兴的反应。

这是所有运动员都会高兴的事。谁想她怔了一下，微蹙的眉宇间竟然流露出一些怅惘情绪。

总教练问："怎么？你舍不得妈妈？"他知道她没有爸爸，又是独生女，自小与妈妈没分开过。

"不，不是为了妈妈，是您……"她下边的话没有说出来。

"我？提这做什么？我们把你培养成材，就是要送到国家队去，为祖国争光。至于我——"总教练说到这里，扭头看看身边的黄主任，神秘地笑了。

黄主任把他的短短的胳膊绕到颈后，搔搔胖胖的脖根儿，笑眯眯地对她说："卢挥同志也调到国家队去，任副教练，还是你的教练，你们还在一起，怎么样？"

"当然好！"她沙哑的嗓音透出强烈的喜悦，说，"什么时候？"

"等你们下星期和布拉格队打完比赛就走。"黄主任说，"肖丽，布拉格队可是个强队，这是场硬仗，也是你在这儿最后一场比赛。你可得给观众留下一个深刻的印象啊！不要人一走，也不肯费力气喽！"

她听着，笑着，全身却都热烘烘的，好像发烧似的。期待中模糊的未来已经变成现实，愈来愈明亮地接近她了。她抬起一双黑盈盈的大眼睛闪闪发光地瞧着她的教练。

十二

电动记分牌上显示出绿色的比分数是 61 比 60，布拉格队处于领先地位。

计时钟的秒针距离终场还有五秒钟。钟面是红色的，正在"暂停"。暂停后的发球权在肖丽她们手中。这短短的、转瞬即逝的五秒钟就变得至关紧要。在比赛场上，在运动员的生涯里有的时刻真像到了生死关头那样令人提心吊胆。在这五秒钟内，只要肖丽她们投进一球，加两分，就反以一分超出，获得胜利；如果投不进球就会以一分之差而失败。这样的失败会成为运动员一件抱憾终生的事。但谁又有把握进球或不进球？两方的胜败都决定在这难以预测的五秒钟内！看来布拉格队的姑娘们要在球篮前架起一座不可逾越的高墙，肖丽她们却非要破墙而入不可了！

双方队员都围在教练身边。在这些高个子的姑娘中间往往只能看见教练一双比比画画的手。

穿梭一样，一胖一瘦两个裁判员在空闲时间里，随随便便地溜达着，不时掏出手绢抹抹亮闪闪的前额；那个几十分钟内一直在场上、在双方姑娘的手里、在观众们的眼中飞来飞去的球儿，此刻一动不动地停在打蜡的地板上，等候姑娘们对它最后的争夺。

四边挤满观众的看台比起这比赛暂停期间空无一人的场内要热

闹多了。四千张嘴巴，没有一张闭着；即使哑巴也在"呜呜哇哇"地发声。人们的猜测、焦急、担心、切盼，都混在声音里。整个体育馆像个嗡嗡响的大蜂房。布拉格队来我国已经赛过三场，全都取胜。今天是她们来访的最后一场比赛。观众们都巴望自己国家的运动员能够获胜，更巴望自己城市的运动员能够把荣誉和胜利从这强有力的对手的手中夺来。但还有五秒钟啊！除非是一名神投手，变神奇为事实。神投手也有失误的时候！

肖丽夹在她的女伴们中间，听候卢挥布置战策。她不断地下意识地抬起左手掠一掠头发，尽管她一贯头脑镇静，此时此刻也难免有些紧张。面对着平均身高比她们高出十公分、防守严密、经验丰富的对手，如何能在五秒钟内发动一次急如闪电而又能奏效的进攻？

总教练卢挥沉默了十几秒钟才说话。他想使队员们的心情平静一下。尽管他内心的焦虑已到了快要燃烧的地步，但他的声音和表情却异常平稳。他知道，此时他的情绪最容易感染和影响队员们，他稳稳当当地向她们口授一条对策。他说要有一名"敢死队员"，接过球强攻上篮，有意制造对方犯规，夺取罚球权。只要罚中一球就能战平，投中两个就能反败为胜。他布置完策略后，才一指肖丽说："你来完成！"

肖丽今天打得出色又顽强。总教练布置战策时，已经看到肖丽狠狠咬着下唇，眼睛直直盯着他，目光里有种要求充当这名"敢死队员"的强烈渴望，就像一名勇敢的战士打仗打红了眼，要舍身去炸掉对方的碉堡一样。实际上总教练也认为肖丽完成这任务是最合适的。他之所以事先没提出她来，是为了先在她心中点燃起求战的欲望。他深知，一个运动员没有这种欲望，就没有勇斗的锋芒、决心和行动。果然肖丽说："好，我来！"

裁判吹哨，暂停时间已过，比赛就要开始，运动员纷纷上场。肖丽转过身正要回到场上时，总教练赶上一步，一拍她肩膀轻声说："带球往里冲，什么也别怕。无论如何也得拿下这两分！"

肖丽从总教练这句话感到了他内心的焦灼。她什么话也没说，上场了。她具有一个优秀运动员必备的素质，在火烧眉睫的关键时刻也尽力能使情绪稳定下来。

哨儿响了，球儿传出来，这群高大的布拉格队姑娘都张开长长的手臂，采取死死的人盯人战术。表面一闪变成绿色的计时钟的秒针开始向终点移动。全场的观众沸腾起来。肖丽摆脱看守她的队员，接到球儿，转身运球，以异常突然和快速的动作切入对方防守的腹地。对方两个金头发的防守队员扑过来，她肩膀猛地左右一摆，并预感到这个防守队员中间会被她虚晃出一个空当，果然一个防守队员被她晃开了，空当出现了！她不顾一切腾身跃起，斜着身子像一张纸片插入那空当，单手托球上篮。她知道，这两个防守队员只要"关门"堵截她，就会造成犯规。但对方在这至关紧要的时刻，也是不顾一切硬扑上来堵截她。过于猛烈的前冲使她的身体失去重心；这时，她感到小腿什么地方被一个滑溜溜的东西绊一下，身子像飞出去的箭直条条向前栽出去，收也收不住，再做任何自我保护性动作也来不及了，跟着"嘭"地摔得头昏眼花，她使劲摇摇头，以使自己清醒过来，看到的却是许多腿、许多只脚，还有红黄色的袜子和白球鞋……她竟摔出五六米远，直到端线外边。裁判员紧急地吹响哨子，对方犯规了，计时钟的表面又变成红色，秒针停止在最后一秒钟上。该由肖丽主罚犯规球，肖丽还卧在地上没站起身。大杨跑过来，把她扶起来，问她："你怎么样？"

这声音淹没在四边观众对防守队员明显犯规的不满的哄喊声里。

她刚要站稳，忽觉自己的左腿好像不是她的，麻木，没感觉，好像根本不存在这条腿，力气也用不上，身子忽地一歪就倒了。运动员都围上来，布拉格队运动员也过来对她说着听不懂的外语，跟着总教练带着背着药箱的保健医生急急忙忙地跑来。当保健医生轻轻捏一捏她的膝盖，她突然感觉疼得钻心；她有生以来从未这样疼痛过，差点叫出声来。保健医生站起身附在总教练耳边说了两句，总教练的脸色立刻变了，扭头对大杨说："快抬下去，送医院！"

但是肖丽坚决不肯下场，她抓着大杨粗粗的胳膊，用右脚支撑地面爬起来，她两次尝试着用左脚触地，但脚尖几乎掠着地，未及用力，膝头部位就发生难忍的、撕裂般的剧痛。莫非膝骨摔碎？她来不及想，双方的角逐正处在千钧一发的时刻。她两手抱住大杨的肩头，右脚一蹦一蹦跳到罚球线前。她坚持要罚球，无论总教练、保健医生和裁判怎样劝阻她，她也不肯。

她在罚球线前，微微抬起左脚，将身体重心移到右腿上。由于剧痛、紧张和一时不能控制住身体的平衡，她的右腿有些抖颤。举起球的双臂和上半身有些摇晃。刹那间，她感到篮球架距离自己那么远，球那么重，她几乎没有力量把球儿投到那里。她就死盯着篮筐，努力使自己稳定和平衡。汗水从额头淌下来，"嗒嗒"滴在地上。四外观众都给这场面、这做法、这顽强的精神惊呆了。大部分观众不觉站起身来，没人出声，怀着担忧心情，紧盯着她在这艰难情况下的两次投篮。

记分牌上还是 61 比 60。罚球之后的比赛时间还剩下最后一秒钟。无论哪一方都无法利用这过短的时间了。两方的胜败都押在肖丽的手上了。

当肖丽身体略略稳定，手上也略有把握时，她一扬手，球儿从她手上飞出，好像她的心也跟着飞去了，数千观众的心也随着球儿飞去了。这球儿在空中有些飘飘忽忽，也不像她平日投篮那样干脆利索地应声入网，而是碰到篮筐，并在篮圈上弹了两下，这时人们的心就像球儿一样蹦了两下，终于落入网内。

鸦雀无声的体育馆内，突然爆发出一阵震耳欲聋的欢呼声。

裁判拿着球，等候她第二次投篮。她抬起手背抹抹汗，有了这一分，她心里镇定得多了。但她独腿支撑的身子又开始左右摇晃起来，似乎站不住了。她抬手叫大杨过来，手扶着大杨硬邦邦的肩膀小憩片刻。大杨眼里噙着泪，一双小眼睛亮闪闪的，对她说："小肖，算了。平了就行了，咱不受这份罪了！"

这话反在她心里激起一股倔强劲儿，她一推大杨的肩膀，说："你躲开！"然后大声对裁判说："开始吧！"她伸手向裁判要球儿。为了避免由于疼痛而止不住牙齿咯咯打战，她的上齿把下唇都咬破了，渗出血来。

裁判员明白这姑娘不会支撑许多时间，赶紧把球儿递给她。这次她一接过球就好像有了十足的把握了；她果断而熟练地把球儿举手投了出去。金黄色的球儿也仿佛毫不犹豫，一下子把人们的希望填进篮筐，唰的一响，球儿进去了。

一片欢呼声、掌声、叫声。不知谁欢叫一声："赢了！"

过度的紧张和兴奋，与随之而来的彻底的松弛，使她再也支撑不住。她眼一黑，身子一软，倒下去。在她昏倒下去那一瞬间的朦胧的意识里，感觉到几条有力的胳膊架在她的后腰上，好像还有总教练的声音："快抱住她！"

十三

　　总教练愈是回避谈论她的受伤情况，她愈感到自己这次摔伤非同一般了。一个被医生和亲友封锁真情实况的伤病人总是极其敏感的。她透过总教练脸上的尴尬的微笑，看到了这硬撑着的微笑后边隐藏着一种深深的悔意与担忧，又透过这悔意与担忧模模糊糊联想到自己的以后与将来。她表面上依旧那样沉静，而每当医生、护士和总教练走进屋来时，她就用一种探询和追究的目光盯着他们的脸。他们便不禁扭过脸去，躲开她的目光，倒好像对她有什么愧疚似的。她呢，从不向他们问一句有关自己情况的话，似乎她不敢问，不敢从对方嘴里证实自己已然猜到了的可怕的伤势。

　　她的膝部打着厚厚的石膏。这石膏在她眼里却像一层透明的玻璃，连皮肉也是透明的，可以一直看到自己的膝骨。有一天在她的梦里，那膝骨忽然没了。

　　总教练常来看她。医院探视病人时间是一周四次，总教练几乎天天来。但从来也不谈那场球，不谈临近眼前的去国家队的事，甚至连任何有关打球的事也绝口不谈。那么谈什么呢？总教练向来是，一沾上球就滔滔不绝，一离开球就成了哑巴；好像世界上的事离开了球就不多了。现在只有尴尬地笑，不安地搓着手，还不断地重复这两句话："别着急，别着急……没关系，没关系！"

医生只说:"你感觉怎么样?"

护士的话就更节约,总是这三个字:"有事吗?"

什么叫有关系和没关系?肉体再痛苦也不怕,骨头断了、裂了、碎了都没关系,只要能复原、上场,依旧像先前那样龙腾虎跃般驰骋在比赛场上就成!一个运动场上的强者,时时都有种冲入剧烈的对抗里抖一抖威风、施展一下本领的渴望,这渴望火辣辣地烧着她的心。但是她从周围找不到可以使她这种渴望获得些许安慰的迹象。

体委领导、各队队员,甚至还有些球迷来看她,打听情况,为她担忧。她一直硬装出一种不以为意的样子,好似她明天就能上场比赛。难道她就这样一下子被抛出灯光辉煌的球坛,难道她这条劲健有力的腿竟然一转瞬就变成残废?这怎么能令人相信!于是她以惯常的镇定把不安压制在心里,自尊心还帮助她守住感情的大闸,不使它流露出一点一滴。只是一天傍晚,妈妈来看她,房里只剩下她娘俩时,她流了泪,却没说为什么流泪。妈妈当然知道她受伤的真情,没说什么,也没掉泪。妈妈靠着做一名普通内科医生的微薄收入,把她从小拉扯大,娘俩相依为命。家里没有男人的女人,整天必须和生活、各种事、各色人直接打交道。生活把妈妈磨炼成一个倔强的人。肖丽个性中的倔强因素就是从妈妈那里受熏染而得来的……

有一次,她队里的几个伙伴来瞧她,其中有徐颖和大杨。徐颖表现得轻松、快活、有说有笑,比起平日来分外反常。自从肖丽近一年多在队里受到重用而渐渐取代了徐颖原先的位置后,徐颖便对她有股说不出的别扭劲儿。在一些有争议的小事上,徐颖总是故意站在她的对面，用一些或明或暗的话刺激她，背后还说了她一些不咸不淡的话。今天徐颖竟然有说有笑，尤其与坐在一旁的高个子姑娘大杨阴沉不语、皱巴巴的神情形成鲜明对照。虽然不能说徐颖有些幸灾乐祸，但她的笑声却化作一根根尖硬的针芒扎着肖丽的心，使肖丽受不了！

女队员们走后，总教练来了。他又坐在她床头的椅子上，尴尬地笑，搓着手。但肖丽已经不能忍受这种状况继续下去，她不等总教练说什么"别着急……没关系"之类的话，就突然问："我问您，我以后还能不能打球？"

总教练惊呆了。他知道早晚会出现这种场面，这场面已经摆在眼前。他吞吞吐吐，有口难言。

"您为什么不说，为什么不说，其实您什么都知道，为什么瞒着我？"她说。她动了感情。

总教练慌了。这个表面上沉静镇定的姑娘，一旦受感情驱使就像脱缰的马一样难以驾驭。在靳大成离去那天上午他已经领教过一次，当时自己慌乱无措的感觉现在他还能回味起来。他真怕她再来一次，便忙说："肖丽，你先镇静一下，事情并不像你想象的那么坏！"

"不管想象如何。我就问您，我还能不能打球？"她问，已然不知不觉流下泪来。

总教练一见这眼泪，自己的眼睛也潮湿了。这是他抑制了半个多月的眼泪。每每在这心爱的、曾经前途无量却突然失去一切的女队员面前，他都有股热泪要涌溢出来。他一直在努力约束着自己。但此刻他失去了那股自我的约束力——因为，眼泪能够引出眼泪，尤其在亲近的人之间。它还能冲开理智的堤坝，使情感得到奔泻的自由。他再没有力量对肖丽守住秘密了。

"听我实说吧！你的伤确实很严重。这责任在我，是我叫你不顾一切去制造对方犯规；没料到，这场比赛的胜利竟以你的腿为代价……作为教练，这是不能原谅的错误。我已经向领导申请，不去国家队了，并请求撤掉我总教练的职务……"

"您说这个干什么？"肖丽流着泪说，"我不问这些。我问您吧——我是什么类型骨折？"她泪光闪闪的黑盈盈的眼睛直逼着他。

看来他不说不成了。他沉吟半天，用极低沉和极平稳的语调说："粉碎性髌骨骨折。"

似乎这种语调可以减轻事情的严重性，但这消息的本身却等于宣布一个运动员的"死刑"。

她听了这话，瞪大眼，足足呆了一分钟，突然她抡起双拳疯狂地、像擂鼓似的"嘣嘣"砸着自己腿上的石膏，一边用吓人的声音大叫："我恨我的腿，我恨我的腿呀！"

总教练赶忙上去用力抓住她的手腕，流着泪说："你恨我吧！是我害了你。"

肖丽摇着头，哇一声大哭起来。这哭把多少天里积满心中的苦水一下子迸发出来，好似溢满洪水的大江决口一样，倾泻得那么猛烈和痛快。

十四

在骨科医院后院僻静的、空气清爽、绿荫深处的角落，每天上午都有一个姑娘挂着单拐来到这里锻炼。起初，她是靠拐杖和一条腿一走一跳地来到这里的，另一条腿不得不打弯儿，脚掌不着地面地悬起来。此后不多时间里，她便扔掉拐杖，一瘸一拐地走着；她走得那么艰难，不时因疼痛而咧一下绷紧的嘴唇，并经常抬起手背抹一下汗津津的前额。偶尔还因支持不住而栽倒在地，倒了再慢慢爬起来。很快她就能比较平稳地行走了，并开始用那条受伤的腿做单腿的轻跳，还抓着一棵溜直的小树干蹲下去……而站起来又谈何容易？她必须抓住小树干，用双臂力量帮助无力的膝头直立起来……三个月过去了。她已经能够离开小树，单凭自己的双腿蹲下去再站起来。有一次，她病房的护士小刘看见她这动作，大吃一惊，悄悄告诉给吴医生，吴医生又将这令人惊奇的情况告诉给卢挥。卢挥说："吴医生，您不是说，她的腿要僵直吗？"

吴医生说："精神因素所能发生的效力，往往会超出科学的估计。"

"那么您认为她可以重新回到运动场？"

"不，我不这样认为。因为她现在的活动量已经超出负荷。她膝盖里积水很多。"

"您为什么不制止她这么做。"

吴医生说："依我看，这姑娘绝不会听从我的劝阻。除非她相信她的腿不会恢复如初，便会自动停止这种又傻又执拗的做法。"

卢挥沉吟不语。

其实肖丽已然感到她的腿不能复原。每次锻炼回来，那膝头都酸痛、肿胀、积水，转天早晨疼得脚不能挨地。但她强忍着痛楚，依旧坚持锻炼，这动力来自强烈的愿望。任凭痴想来支配她迂执的行为。可是时间一长，她的愿望就由高调转入低调。事实愈来愈清楚地、不可改变地摆在她面前：她的膝盖就像一个破旧、生锈、残损的车轴，生涩、发皱、转动不灵。四头肌开始萎缩，原先那发亮的、凸起的、坚硬的肌肉，软软地变平了，失去饱满丰腴的光泽……她渐渐心灰了，希望落空了，意志崩溃了。人在不能左右自己时，就容易感到命运的存在。她觉得命运仿佛有意跟她开了一个无情又狠毒的玩笑。偏偏将要把她举到顶点时，突然反手把她猛摔在地上。此生此世，壮心未已，难道只能等着它一点点耗干待枯？她心情真是坏极了，尽管每天早晨还在锻炼，那只是给几个月来生活的惯性推动着，并没有任何目的，正如她的前景一片空茫，哪里是她的去处？哪里是她的归宿？

今天她在后院活动一会儿，有些疲惫。每每膝头一疼，心情就格外沮丧——这疼痛是那条伤腿提醒她依然未愈。她心境黯淡地拄着拐杖慢慢回病房。走到大楼的拐角处，只见一个男人背朝她坐在一个石凳上。在她的印象里，这男人好像天天都在这儿。她无意地瞥见这人在画画儿，留意地一看，这人的腿上放一个硬皮本，在画院里的杂树、小沟、木桥和远处那房舍……她忽然发现这人没有右手，是用左手在画。她有些好奇，走过去伫立在这人身边看他画画，也不打搅他。这人似乎感到背后有人，回过头来，那是一张瘦削、苍白的中年人的脸。这人看看肖丽说："刚练完？"

"是的，你在画画。"她客气地答话。

"对，这是我的职业。"这人说。

她看一眼这人缠着绷带、吊在胸前、短了一截的右手，禁不住说："你……"

"我到船上画画时，右手不小心被缆绳绞断了。我只好锻炼左手画画了。"

"可是，左手能同右手一样熟练吗？"

这位中年画家露出微笑，风趣地说："画画是我的生命。我从小就把生命给了它，答应一辈子为它服役。这就像欠了一笔债。右手还不了，左手接着还，能还多少就还多少。还不清下辈子再还。"

她觉得，这半开玩笑的话里好像含着什么东西，等到她回到屋中细细一琢磨，竟被这句话打动了。多少天沉重地压在她精神上的搬挪不动的烦恼，仿佛给画家这句话一扫而空。精辟的思想像一把钥匙，会一下子打开幽闭很久的大门。她感到心里像推开一扇窗子那样敞亮，曾经激动她、迷惑她、吸引她的那种灼热的力量，又来紧紧攫住她了。她从上午想到中午，忽然在午饭前穿上外衣走了。护士小刘来送饭时，发现屋内空空，不知她到何处去了。

当天下午三点钟，是医院病房的探视病人的时间。总教练和胖胖的黄主任来了。他们此次来不单为了看望肖丽，还带着一个艰难的任务。因为医院通知体委说，肖丽可以出院休养了。体委必须对肖丽的安置做出决定。今天他们就是来向肖丽宣布这个决定：要肖丽离开球队，调到体委办公室做办事员。卢挥预料到如果把这个不得已的人事变动的消息告诉肖丽，就会引起这姑娘在感情上的再一次风波。因为他从肖丽近些天异常的颓丧与焦躁的表露中，已经感到这姑娘精神上几乎不能承负任何重压了。重压之下，不是压垮，就要爆发一次骚乱：大至社会，小到心理，都是如此。因此他把黄主任找来。在需要用嘴巴解决问题时，总是多一张嘴巴比少一张嘴巴强些。

他俩走进病房，却听护士小刘说肖丽在午饭前就不辞而走。他俩听了颇觉奇怪，三个多月来肖丽从来没有离开过医院，她会到哪儿去呢？等了一个小时，仍不见她回来。总教练心里有些惶惶然，他正要打电话到肖丽妈妈的医院去询问。护士小刘跑进来告诉他们肖丽回来了，跟着就听到单拐头一下下触及走廊地面的声音，由远而近，渐渐清晰。总教练最不能忍受这声音，这一下下就像敲击他的心一样。

他猜想，肖丽进来时准又是近些天那一副眉头紧锁、心事重重的样子。可是当肖丽走进来时，却使他暗暗吃一惊。这姑娘的脸上竟然容光焕发，黑盈盈的大眼睛闪烁着奕奕神采，就像当初在比赛场上，他叫："肖丽，上场！"她应声跑过来时那样。

"您二位来了！"

肖丽朝他们点点头，把拐杖往床头柜上一倚，似乎她跑了很长的路，身子已经疲累，但精神分外而异常的好。

"我们来看你……"总教练说，"顺便还想跟你谈一件事——"说到这里，下边的话就含在嘴里说不出来，只得扭头求援似的看黄主任一眼。

黄主任短粗的胳膊搔着肥胖的后脑壳，硬掬着笑，用尽可能温和蔼然的口气对付这个难对付的姑娘："医院通知体委说，你可以出院了。"

"我知道。"肖丽说。她鼓鼓的浅黑色的脸儿上，表情很平静，这就使黄主任减少了顾虑。"肖丽，你人很聪明。我不说你也明白——"黄主任略略停顿，肖丽的平静好似鼓励他接着说下去，"你的腿不能再打球了！这是出乎大家意料的事。对你，对球队，对篮球运动都是一个无法挽回的很大的损失。卢挥同志已经接连向体委做了几次书面检讨，并打报告请求不去国家队担任教练，还请求撤销他总教练的职务。领导上初步研究，同意他前一个请求，至于是否保留总教练的职务，领导还在考虑。"

"我——"肖丽说。

"你先别说。我知道，你想替卢挥同志辩解，对吧？现在先不谈这个问题。我们想和你谈谈，关于你的工作安置问题……"

"您不要管了，我已经解决了。"肖丽说。

"解决？"卢挥问她，"什么时候解决的？"

"刚刚。"

"谁给你解决的？"

"我自己。"

"你想到哪儿去？"

"还干这一行！"

"那怎么行？"卢挥说。他以为肖丽还犟着劲儿要打球。几个月来，肖丽明知自己的体育生命已经结束，却抱着异想天开的痴想，苦苦锻炼，也等于为了一种不切合实际的精神而苦苦折磨自己的身体。他宁肯叫她感情上再出现一次风暴，也不能叫她这样麻醉自己了。他下狠心断然地说："你，你的腿不行了！"

"行！"

"不行！你不能再上场了！"

"可以在场下。"肖丽说。

卢挥听了这话不觉一惊，心中大惑不解，他迷惘地问道："什么意思？"

"您不是也在场下吗？"肖丽反问道。

卢挥依旧没明白她的意思。他扭头看看黄主任，两人面面相觑，互相在对方的脸上都找不到答案。肖丽深深的嘴角微微浮现出一点笑意，声调平稳地告诉他们自己所做的决定："我做教练工作。"

卢挥怔了一瞬，等他明白过来之后，便立刻喜形于色，大声说："这个，这个完全可以。你有头脑，完全可以成为一名好教练。哎，老黄——"他对黄主任说："这个要求，体委可以考虑吧！女队正缺教练，肖丽可以跟着我，我保证能把她带出来。"

不等黄主任开口，肖丽就说："不用了。我有地方去！"

卢挥又是莫名其妙。他自以为对肖丽的一切都了如指掌，但肖丽的做法总超出他的意料。

"你去哪儿？"

"去河东体育场，教业余体育学校的少年女子篮球队。我刚才去过，一切都联系好了，你们给我办手续吧！我的东西请您转告大杨，替我送到河东体育场职工宿舍第十二号。我明天出院直接到那里去！"

"你为什么不回到体训大队，非到那儿去不可？"卢挥问。

肖丽没有回答。她低下眼睛，下意识瞧着自己盲目搓动的手指。而卢挥已经给自己的问话找到恰当的答复：一个倔强的人，是不愿意回到自己栽倒的地方的。

"那你为什么偏去业余学校，不去一个正式的球队做教练？比如市体院队，你如果去，他们准欢迎。"卢挥说。

肖丽忽然抬起头来，"我想，您应当明白。"

卢挥一接触到她那亮闪闪、燃烧一切的目光，就全明白了。共同的嗜好与志向，使他们不需要用语言作为桥梁就能相互理解。他刚刚来医院时，萦绕心头的那些顾虑流烟一般消散了。这姑娘像曾经摆脱与靳大成的爱情一样，又一次用自己的精神力量战胜自己精神上沉重的苦痛。从一个失却了的天地之外，找到了另一个更广阔的天地。本来，卢挥是想给她充填力量来的，此刻却受到她的鼓舞，周身都是热烘烘的。他找不到能够表达出内心激动情绪的话来，只是不住地朝她赞许地点头、点头……

她每一次出乎他的意料之外，好像都叫他明白了什么。

第三章

十五

　　河东区是这座城市里新开发的、不大像样的一个区。它与繁华的市中心隔着一条即便干旱时节也依旧有水的宽阔的河，由于地处河的东岸，便不知给哪个缺乏想象力的人在当初划分市区时起名叫作"河东区"。

　　它没有一座旧式建筑，也没有一座新式的漂亮楼宇。大多是构造简单格局一致的、四四方方又没有任何美化装饰的红砖楼房。更多的则是一排排灰瓦顶子的简易的工人居住的平房。每间房子一户居民，煤球炉子、自行车、乱七八糟的东西都只能放在屋门口。一片房子只有一个带水泥下水池的自来水管和一个小小的、群蝇乱飞、臭气冲天的厕所。这些工人住宅是由于距离工厂上班较近而择地建造的，故此工厂与住户相杂。千家万户不起眼的小烟囱与工厂林立的高射炮筒般的高大烟囱交错在一起。住家烧饭、炒菜的香味越不过工厂高高的围墙，工厂燃烧过的废而无用的烟尘灰渣却由烟囱口居高临下地撒入万家。这里商店、饭铺、酒馆，都是应急需而开设的，虽然简陋却营营地挤满了人。整个区仅有一家电影院，座位很少，但最劣等或最陈旧的影片也会赢得场场满座，即使酷暑严寒和雨雪天气里也一样如此。

　　这个区的东西边缘还与田畦水洼相接。如果外地人在这里走一走，很难相信它是这座有名的大城市的一部分。好似盛馔佳肴的宴席上莫名其妙地摆上一大碟乌七八糟而又没味儿的炒野菜。又很像一个内地新兴城镇尚未成形的胚胎。它还没有一条像样的街道。由于多少带着一些自由发展的味道，一切都没纳入有条不紊的管理，各处的电线都像老房子的蜘蛛网一样东拉西扯；道边的小树不过碗口来粗，夏天里投下的阴凉遮不住人。伏天里，没有修整和保护的土地经烈日曝晒，表面粉化，热风一吹，漫天黄沙，于是街面、树木、房顶和所有放在户外的东西都蒙上灰蒙蒙的一层。

就在这中间，有一座体育场。所谓体育场，不过是四边有围墙的一块很大的黄土地。这种地方最大的优越之处，便是地皮非常富余。体育场只在南北两面有不大高的砖砌看台。看台下倾斜的空间被分隔着一个个洞穴式的小屋，便是体育场的办公室、器械室和少数的职工宿舍。场子东西两端孤零零立着两个不挂网的足球门，好像戳在那里的两个单薄的木头框子，球场四周的跑道是用附近工厂废弃的炉灰渣子轧上的；一边有几副新旧不一、歪斜不整的篮球筐架。这点点体育设施便使得体育场愈发显得空荡。逢到雨天，体育场就要关闭几天大门，担心孩子们来踩坏满是黄泥的场地。这里的孩子们却有无数地方可玩，球场外到处可以找到宽绰的空地，用两块碎砖头摆个球门就能玩半天。可是喜欢打篮球的孩子们则必须等候体育场开门。但心急的孩子往往不等开门就翻墙而入，光着脚丫，把沾着泥巴的球儿扔来扔去。就在这简陋的条件下，却产生了大批足、篮球的人才。市队中大部分队员都是从这野地里、风沙中、大太阳下跑出来的。体育场的工作人员每每看到这些不守规矩、翻墙进来的孩子，就大声吆喝轰赶他们出去。孩子们对体育场这些人恨透了，却只喜欢一个瘦瘦的、黑黑的女教练。她从不驱逐孩子们，相反总是带着一种温和的笑意看着这些大胆而快乐的小球迷们。日子一长，孩子们都知道她姓肖，是业余体校少年女子篮球队的教练，左腿有毛病。每当她给少年女队上课时，围墙的墙头上便坐上一排大大小小、脸蛋沾土、皮肤晒得乌亮的孩子们，欣赏地瞧着这位女教练每一个漂亮的传接球和运球动作。她那出奇准确的投篮，引得孩子们脏得发黑的小嘴唇里不断发出"啧啧"的赞赏声。

她对这些小孩们的赞美声有何感受呢？一个原先在成千上万观众热情的欢叫和颂扬声中生活的运动员，如今好比脱开轨道的飞船，跌落到这远避尘嚣的冷清的一隅之地，竟以天真稚童们的赞许为满足吗？

运动员退出比赛场之后的生活，难免寂寞和苦闷。火热通明的球场，发狂一般的观众，争先恐后蜂拥而来的记者，总是和风华正茂的运动员做伴相随的。那时，看台上不断呼喊你的名字，报纸上不断报道你的消息，电视屏幕上不断出现你的形象。连你爱吃冰棒都是球迷们津津乐道的事。你是花坛中最惹眼的一朵啊！在每一个时间，都有一个生命处于鼎盛状态；而每一个生命都有它夺目的黄金时代。过后，时间会将这一切无情地从你身上摘下来，转送给另一个人，一个昨天还是默默无闻、不声不响的新人。荣誉只是一个接力棒，它仅仅在你手上传过而已。于是你在舆论中、在宣传上、在人们口头和目光集中的地方，以至在人们的心中渐渐变得淡漠。你最多只给同时代的观众留下一个美好的回忆。但新一代的观众总盯着比赛场上新一代的佼佼者。随后你就被遗忘，或者根本不被人知。更尤其像肖丽这样一个运动员，她是在突然之间——几乎是在一瞬间，永别了球坛的。那就如同把绿叶青葱的一大枝，猛地从树上扯落下来。她的兴衰仿佛海上大浪一样大起大落。想起过去那一切，真好似流星般一闪即逝呢……

她今年已经三十岁出头了。十年过去了，谁也不知道她心里的事，谁也不想知道她心里的事，谁也休想知道她心里的事。

她一年四季，无论春风拂面、燠热蒸身、秋凉爽体、寒冽袭骨，她天天都做着同一件事。早晨带领从本区中小学选拔来的小姑娘们做身体素质训练。每周两个下午，进行篮球技术训练。星期天，她要和小姑娘们形影不离地周旋一天。其他时间，她或是在太阳底下平整场地，或是在自己的单身宿舍里修理有关训练器械。她一直住在这看台下边的、只有十来平方米的小屋里。由于看台是倾斜的，这屋子的里边便是坡顶。还由于背阳，终日透不进一缕光线，只是偶尔从远处工厂的一扇高高窗子的玻璃反射来一块黄黄的光，斜映在墙壁上，只一会儿就消失掉。逢到秋雨连绵的季节，小屋地面返潮，总像刚洒过水一样湿淋淋，潮气沿着墙根向上渗升，壁上满是斑斑驳驳、重重叠叠、有湿有干的水渍和湿痕。空气污浊和阴冷。她那条受过伤的腿就感到疼痛和沉重，可是不论腿怎样难受，她从未放弃过一次课。她对她的小队员们要求严格、认真、不宽容和一丝不苟，有时甚至是苛刻的。在上课时，她比她们耗费的体力都大，为了纠正一个姑娘的错误，她要拖着那条伤腿接二连三重复地做示范动作，致使损坏的膝盖里边发出咯吱咯吱的声音，她常常用自己的行动感动某些稍生懈怠念头的小姑娘们。每天晚间，她疲惫不堪地躺在床上，那条放平了的左腿几乎疼得不能转动。她连这肉体上的痛苦也从不对别人说。她已经向市体育学院输送了三名有前途的女篮队员，成为市体育界众所周知的一位能干和勤苦的教练。但市区每次举办有关教练工作座谈、交流、进修活动，她从不参加，只要来一些材料看。她不愿意在那些场合露面，也不愿意见到原先那些熟人。她销声匿迹，好似隐居起来了。

在这间小屋，只有一张床铺，塞在坡顶的里角；还有一张小桌，床头和案头堆着许多专业书籍和其他杂书。垂在屋子中间的一盏没有灯罩的小灯，给她接长了电线，拉到桌子和床头之上。每晚她就在这灯下撰写训练教案，做有关攻防技术的研究。墙上没有画，没有电影剧照，没有任何装饰，只有一张标示着她的少年队出勤的表格，还有用硬纸板自制而成的球场模型，桌前有个原来装中药的纸盒，里边放着许多纸块，漆上红白两种颜色，写上号码，好似棋子，作为两个队队员的象征，用来向小队员们形象地讲授比赛时各种战术和应变的阵形。除此之外，还有一个装衣物的木箱。平时箱上铺了报纸，可以坐人……这便是她多年来生活的全部内容。至于本人吃穿好像都是多余的。三十岁出头的老姑娘，整天穿一身褪了色的、沾着球印的运动衣。偶尔外出便在外边罩一件蓝布褂子，骑一辆旧车。整天不苟言笑，只忙着她的事。在她来到体育场最初一段时间里，体育场的负责人多次表扬她的工作成绩、生活作风俭朴，等等。几次选她为先进工作者、劳动模范、红旗标兵、学习毛主席著作积极分子等，每每这种场合，她都是尴尬、下意识、习惯地抬起左手掠一掠头发，并不显得怎样高兴，似乎这种事对于她并不重要。当一个人对某件事非做不可时，不大在乎旁人对他的毁誉及荣辱，更不需要从哪里借一些堂皇的名义。

生活并不是公正的。它常常像个昏君，赐福给恶徒，却降灾给忠于它的人。他不费举手之劳，往往会获得意外之财，一生一世也享用不尽；你勤奋不已，却会给贫病纠缠终身。无能之辈可能飞黄腾达，默默劳作的人可能终生永伏社会的底层，承受着重负和捶击。如果你认为生命的快乐，不是付出和贡献，只想酬报，期待荣华，那么你最终多半会落得绝望……

前几年从天而降的"十二级台风"使肖丽失去了妈妈。妈妈受到早已死去的爸爸的历史问题的牵连，死得颇为凄惨。在这之前，她还有时骑车回家看看妈妈，现在连这唯一的亲人都没有了。肖丽更是孑然一身，整天待在体育场里，哪儿也不去。而在那个时代里，人们看待一个人有个奇怪的、荒诞的逻辑，就是完全看他的爸爸。爸爸身价的高低，能够使一个蠢材受到重用，而人才被视如粪土。这一逻辑竟然改变和决定了那时代无数人的命运。尽管肖丽在儿时就失掉爸爸，她对爸爸的印象都是从爸爸留下的照片上得来的，但肖丽照例在人们的眼里一下子变成了个灰溜溜的人物。单位领导好像忽然发现她脑袋后边有反骨似的，对她另眼相看了。至于人们，已经把注意力从工作中移到人事关系上；人事上有条妙不可言的阶梯，有心计的人可以从这里扶摇直上，平步青云。在这个世间万事、道德人伦、是非曲直可怕的颠倒中，肖丽却依然如故。她像一池凝固的水，任何狂风也吹不起波浪；又好比一座钟表，按照自己一贯的速度运行。在那个如同万花筒一样瞬息万变的生活舞台上，她身边不少同事，为风头、机会和利欲所诱惑，刚在一个潮头上出头露面，又给另一个潮头灭顶淹没。有的被作为坏头头搞垮，有的被单位掌权的势力挤走，有的在波动中调离了事。唯有她，依旧默默做着自己的事。屈辱、歧视、淡漠、打击，好像都没有感觉到。有人说她麻木不仁，有人说她冷漠无情，有人说她胆小怕事，有人说像她这种家庭成分的人只有乖乖干活才能在单位站住脚。这些话她都听过，又好像从没听过。谁能想到，当她在运动场上用哨儿声招呼那些小姑娘们时，当她从某一个小姑娘身上看到进步、找到潜力、发现才华时，她会把任何难熬的痛苦一下子都忘得干干净净，把除此之外任何富贵荣华都不看在眼中。

有一次她带着自己这支少年女子队到一家工厂进行表演比赛。这群十五六岁的姑娘是她多年培养起来的队员中最有希望的一批，前锋后卫，人手也齐。这群姑娘是她的宝贝，当她想到她们可以预见的锦绣前程时，心儿都跳快了。在表演赛中，她的一个得意的后卫队员张莉，打了一个十分漂亮的连续过人而后上篮的动作。四周观看的工人们都大声喝好。这时她身后发出一个苍哑的声音："瞧，这多像当年的肖丽！哎，你知道肖丽吗？"

她一听，心立刻揪紧了。她没有回头，只听另一个人说："不知道，肖丽是谁？"这是个年轻人的嗓音。

"嘿！那是十多年前市女篮一队的后卫，外号叫作'小燕子'，打球打得真叫绝，后来腿摔坏就不打了。真可惜，那种球不多见了！"

肖丽还不知道自己当初在观众中有过"小燕子"这么一个外号。这是头一次听到。

此刻她心里陡然翻起一股热浪。谁知是甜蜜、是苦涩、是自豪，还是自卑！

十六

肖丽吃过晚饭，有人告诉她传达室有封信。她取来一看，信上没有署寄信人的地址姓名，只有简简单单"内详"两个字。她在寒气逼人的当院把信启开看过，心里发生一些微妙变化，她把信折了两叠，揣在衣兜里走回屋子。

过不久有人敲门，她以为是写信约会她的人来了呢，不免有点紧张。推门进来的却是卢挥，多年来只有卢挥和原先同队的大个子杨光彩一直常来看她。经过这些年天翻地覆的变乱，体委里也像经过一次大地震一样。现存的一切遭受破坏之后，重新出现的一切便全然改观。体委不存在了，体训大队改名为"体工大队"。人也换了一批。原先的人所剩不多，有的高就，有的调离，各凭各的本事。气氛与先前也不大相同。大杨早调到一家纺织厂管理仓库，已经和厂里一个搬运工结了婚，有了孩子。卢挥在六六年是体委"第一号反动权威"，挨过斗、挨过骂、挨过打，并在"坚决把资产阶级的'炉灰'扫出体委"的口号下被轰赶到农场接受监督劳动，而后又调回来，要他组建一支球队。主要原因是他还有"可用"之处。他的职责是教练，名义是顾问，有职有权的男队教练却是原先男队队长华克强，女队教练是徐颖。他对这种局面并无反感与怨言，一切听之任之。几年来，生活专门折断人的触角，消磨人的创造的欲望，才能到处受到嫉恨而不敢绽露。他受过重创不久，一时也难以振作起来。尤其在这空前惨烈的人与人的搏斗中，致使一切工作无不笼罩着一层结实的网状的人事关系，要想接触工作，先要花费很大精力去解开那些纠缠绞结的人事纠葛。更何况他在农场待了几年，对这里复杂的人事关系的形成一无所知，只好把一阵阵要大干一番的冲动强压下去。他之所以常到肖丽这儿来，不单他俩一直保持深深的情谊，更因为只有在肖丽这里，才能感受到以前生活那种味道、那种气息。别看肖丽掌握着一支少年业余球队，而且队员们都是由于兴趣和爱好自愿到这里来的，大家反倒能专心专意、认认真真地做着该做的事情。好比一座没人管的小花园，没人摆布，自由自在，反而保存大自然的本色和原貌。

他来，哪怕不说话，坐一坐也很好。

他坐下来，只摘下帽子手套，外衣没脱。这间背阳的小屋到了冬天，逢到西北风起，炉子烧不旺，空气里有股透人肌骨的阴冷。嘴一张就有股白色的气儿冒出来。肖丽给他斟杯热水，他马上接过去用传到杯子外边的热力暖手。他照例很少说话，有时像与陌生人对坐，不知说些什么。尽管他遭受磨难，现在过得也不痛快，但他很少谈这些事，好像他对这些事的感觉麻木了，也好像这些事不值一说。肖丽似乎也这样。于是他俩常常是默默相对，只有火苗在炉膛里轻微的呼呼声，但他俩并不因此而感到尴尬。其实内心何尝没有更丰富、更深沉的潜台词呢？

对于卢挥来说，他那些人人都知道的遭遇，在他人人都看不见的内心深处刻下抹不掉的印痕。六六、六七年两年里，在他被抄被斗的高潮中，老伴儿被吓疯了，而后投河死去。仅有一个女儿，在他受困于农场时没有出路，随着一支开垦团远去寒冷的黑龙江谋生，由于日子难过，刚刚过了二十岁，就只好嫁给一个家住哈尔滨的中层干部子弟，借了这层关系，人也调到哈尔滨定居。这样，他在这里就成了单身一人，尝到了人生的孤独。尤其那自小与他兄妹相称、青梅竹马、两小无猜，又和谐相处了几十年的妻子死掉后，他才感到感情这种无形的东西多么珍贵。爱情，在他们结合为伴时不曾觉得它的存在，但在他们永别之后却分外强烈地感到了。太晚了！在它鲜嫩饱满的时候，没有尝到它的甘甜，此时含在口中只剩下一颗坚硬的苦核了。这个饱受重创、四十大几的人，有生以来头一次这样渴望爱、渴望伴侣、渴望感情。为此，他便对肖丽暗含着一种深深的内疚。是自己把肖丽从爱人身边扯开而拉向球场的，又是自己使肖丽变成残废后被迫离开球场的。这姑娘三十多岁了，没有母亲，没有亲人，也是孤单一人，夜深人静时只有影子为伴，关上灯时连影子也没了……他吹开自己吐出来的、凝聚面前的浓烟，看了看她这间冷清寂寞的小屋，心里一热，有句话涌到嘴边。这句话已经几十次涌到嘴边了，就是说不出来。

命运真能改变一个人。他真的变多了呢！性子变了，声音变了，连容貌也变多了，头顶上早早生出了不少白发！

这当儿，又有人敲门，肖丽心里又一动，以为给她写信那人来了。又不是！原来是杨光彩来了，还抱着一个三四岁的胖男孩儿，围巾棉帽裹得严严实实。大杨每次走进屋时都下意识地低一下头，其实门框比她还高。大杨一来，屋里的气氛立时变了。别看这大个子姑娘原先那么傻里傻气，在城市生活久了，人也灵活多了。她那直来直去的性子，使她开朗而爱说话了。她扯开又粗又响的嗓子一说，孩子一闹，屋里就有了生气。肖丽给孩子找吃的，但她除去只有个馒头和一点咸萝卜，防备晚上饿了垫垫肚子之外，再没有什么旁的零食了。忽然她想到，一个学生给她留下过几块糖，她赶忙拉开抽屉，从一个硬皮教案夹子下边，一堆按钉、曲别针、粉笔头、发卡、眼药瓶和食堂的菜票中间找到糖了，拿出来一剥，糖纸早死死粘在糖块上。大杨粗声粗气地说："卢教练，您瞧，咱们小肖过的是什么日子！"

这是句玩笑话。若是平常，肖丽会淡淡一笑而过。而且这笑在她一贯的沉静的神情里，仿佛含着一种不可动摇的意念。但她今天听了这话，一反常态，沉默了。脸上没有那胸有成竹、自信自足的笑意，相反有种焦愁不安的心情出现在眉宇间。大杨是粗心人，没有注意到，正蹲在地上，拿一个球儿和她的胖儿子来回轱辘着球儿玩。卢挥向来不会观察在球场之外的人的情绪，现在他变了，人情世故多了，感到了肖丽的变化，但他不知为了什么。

就在这时，再一次有人敲门。肖丽的反常就表现得愈加明显。她没去开门，而是对大杨说："劳驾，你开开门。"

大杨打开门，走进一个穿一件崭新的军绿色棉大衣的男人。大杨和卢挥马上认出来，是华克强。

经过十多年风霜消磨，华克强的外表几乎没有什么变化。他属于那样一种人：脸上皮紧肉少，骨骼的凸凹清晰地显露在外。不易发胖，不易出现皱痕，脸颊的肉也不易松垂下来，也就不易显老。他还是那尖尖的下巴、高高的额头和深陷的眼睛，聪明的目光依旧敏感地在深眼窝里闪动着。外边的寒气把他的脸冻得发红，简直就是当年那个年轻、矫健、活力充沛的华克强又站在这里了。他虽然比卢挥不过小七八岁，看上去竟像相差一代人呢！他进来时，看见大杨和卢挥在屋里，一瞬间显得不大自然，跟着这种神情就闪电般消失，他笑呵呵地说："今天肖丽的客人不少呵！"

"可不是嘛！"大杨接过话说，"哪阵风又把华教练吹到这儿凑热闹来了。"

"别逗了。我是路过这里，顺便看看肖丽。"华克强说。其实他近两个月常来，有时每周来两次。

"哎，华教练，听说你正和老婆打离婚。"大杨忽问。她还是那么直来直去。工厂的姐妹们都说她舌头底下应该安上一个轴承，必要时可以拐一下弯儿。

华克强给大杨的话问得挺尴尬，立即这尴尬的表情就闪电般消失了。他低下头来，慢慢摇了两下，似有难言之隐。

"华教练，你们夫妻俩有什么解不开的节结，非离婚不可？弄得孩子将来不是没爹就是没娘的。"大杨说着，忽然瞅他一眼说，"你这家伙别是有外心了吧！"她说的是句玩笑话，但也像正经话。

华克强脸颊顿时涨红。屋里的人谁也没发觉，肖丽忽把身子转过去，她去拿暖瓶，掩盖一时的慌乱。华克强过去逗弄大杨的孩子，好避开大杨没轻没重、直逼面门的话锋。

卢挥坐在一旁抽烟。他不比当年，那时如果他和屋里这三人在一起，他是当然的主角；如今他给华克强当顾问，是一个无足轻重的可有可无的配角。在社会上，人与人的关系由于地位不同，相互的心理感觉就会变得很微妙，以至影响人的行为。无论在什么场合，主角总是放得开，信口开河，谈笑自如；配角就多多少少有点拘束。因此卢挥一直没说话。

过了一会儿，大杨抱起孩子要回去了。肖丽送她娘儿俩到体育场大门外，说完再见，站着没动，瞧着大杨的背影犹豫片刻，忽然叫一声："大杨！"就追上去。

"什么事？"大杨停下来问她。

肖丽没有马上回答。风不大，但很冷，寒气硬往袖口和领口里钻，她用手向上提一提领口，然后轻轻推一下大杨，两人一直往前走。大杨在等肖丽说话，肖丽的嘴却闭得紧紧的，好像并没什么话说。

"你还不回去，送我走这么远干什么？"

"我……我有件事要对你说，和你商量。"

多么有主见的人有时也需要借助于另一个大脑的分析力；这样，缺心眼儿的杨光彩多年来就把自己一直当作肖丽的参谋长和保护人。她感到肖丽要说的话非比寻常，故此急着问："什么事，你说。"

"华克强这些天总来找我。他说，他说……"肖丽沉了一下说，"他要和我做朋友。"

"去他的吧！"大杨大叫一声。这声音在体育场漆黑旷阔的空间传得挺远，"癞蛤蟆想吃天鹅肉！他还没离婚呢，就跑来打你的主意，谁知道他安的什么心！他老婆虽然厉害点儿，可待他并不错……哎，该死，这么会儿就睡着了。"大杨忽然发现怀抱里的孩子趴在她肩上睡着了，她停住口，解开头巾盖在儿子的脑袋上。这时她瞥见肖丽低垂着头，沉吟不语。这神情使她不解。多少次她要给肖丽介绍朋友——工人、医生、干部、民警，什么人都有，肖丽总是伸出一只手捂住她的嘴，含着沉静的笑，固执地摇一摇头，表示拒绝。今天的表情却超乎常态。她不禁问："你，小肖，你的意思呢……"

"我……"她没说什么，可是已然表示她在犹豫不决。

大杨急了，她也不管大嗓门会吵醒酣睡在肩头的孩子，朝她说："小肖，我可告诉你，你要结婚，也不能嫁给这号人。有件事我一直瞒着你，当初靳大成走，就跟他有关系。"

肖丽直瞅着大杨一会儿，声调平静地问："你怎么知道的？"

大杨为了阻止肖丽应允华克强的追求，索性把那一桩一直贴了封条的往事揭开："靳大成离队那天晚上，我本打算偷偷送他上车，但没送成。体委原先办公室那黄胖子送他走的。九点来钟时，我在体育馆外边的大街上碰上他了。他告诉我，他曾经托华克强交给我一个条子，要我转给你。我根本没见那条子。就是华克强把条子从中交给了卢教练，卢教练火了，才把靳大成轰走……你想想吧，华克强是什么人？"

肖丽听这些话时，脸上的表情遮在夜色里，不易察辨，声调却依旧很镇定："当初，靳大成离队，我猜到了华克强起了作用，但知道得不这么具体。"

大杨以为自己的话没有在她身上发生效力，愈发着急，她不知该怎样劝阻肖丽，顺口往下说："那天晚上，靳大成约会你，你没去吧！你知道他当时是什么样？"

"什么样？"肖丽这声音似乎动了心。

"简直要死要活。我在大街上碰到他，正是他没有等着你回来时！"

"你为什么一直没告诉过我？"

"靳大成不让。他说，他不怨卢教练，也不怨你。你们做得都对。他说他不想影响你的前途，回去后连信也不会写给你。他说，你们的事虽然完了，他这辈子也不会忘记你！靳大成这人不错。我看就是华克强这人差劲。"

在这几句对话里，消逝的往事、难忘的情景，以及当时种种心情又好似复活了。那一切就像一幅画，那么具体、逼真，连细节也不曾遗忘。一拿出看，都如在目前……她忽把头一甩，仿佛要甩开又要来纠缠她的那件事。她说："别提了。谁是谁非，早就是过去的事了！"

"可是，你总不能……"

"我明白你的意思。"肖丽说。她站住了，直看着大杨高高的影子渐渐变小。

她独自往回走。

谁知她此时的想法呢？她为什么一直独身，恐怕自己也不能回答自己。是因为爱情的波折曾经深深刺痛她，使她不敢再去触动？还是她根本没有时间、精力、兴趣去做那种事？独身吗？独身自有独身的快乐，无约束，无牵绊，无拖累，一任自由。过惯了的生活方式，时间愈久就愈不容易改变。但三十岁以上的女人若要独身下去，也并非易事。孤独和寂寞并不可怕，可怕的倒是周围的舆论压力。这种舆论，包括暗地里的讥笑、嘲弄、挖苦、贬损、非善意的猜测，以及种种有意中伤的小谣言。别看这些布尔乔亚的飞短流长多么庸俗无聊，但庸俗是社会生活的一条鞭子，天天抽你，至少能渐渐使你低下傲然昂起的头颅。她原先不把这些舆论当作回事，甚至抱定独身主义反抗庸俗的旧习。但不知为什么，年龄大了，逐渐感到外界的压力，自身的反抗也就软弱无力，难以承受。近半年来这种感觉愈来愈强烈。她竟常常想起母亲临终时对她说的话："你不能除去球，什么也不想。你现在还年轻，慢慢就大起来，怎么办？男人可以独身下去，一个女人……不行！当初要不是为了你，我也嫁人了。这些年我受了多少委屈，多少苦？"她现在觉得母亲留下的嘱告也是一种压力了。

正在她刚刚要面对这件事情时，华克强找她来了。十年前凭着少女特有的敏感，她就知道华克强喜欢她，也不止一次拒绝过华克强或显或隐的亲近的表示。华克强在结婚前，还曾给她来过一封信说，只要她答应和他为伴，他宁肯悔婚。她没理他。可是近来华克强居然找上门来，并且来得很勤。他正和自己的妻子吵嘴、打架和闹离婚，希望肖丽同情和了解他，并用温情把他从婚姻的不幸中解救出来……一个人对异性的追求者不易产生反感。而且她和华克强属于青年时代熟识的朋友和同事，还有着共同语言。她最怕在这种事情上，经什么人介绍，和一个完全陌生的人打交道，那真是烦死人了！当她正要打开那无力守住、幽闭已久的大门时，华克强头一个挤进一张脸儿来。当然，这一切在她脑袋里只是一团没有理清的朦胧模糊的想法，只有设想与虚构，没有打算和决定。

她回到屋里时，只剩下华克强一个人。卢挥已然离去。她问："卢教练呢？"

"他走了。他说要早回去睡觉。"华克强说。

肖丽哪里知道，是刚才她在外边与杨光彩说话时，华克强对卢挥说："我今天找肖丽有事！"卢挥这才走的。

十七

"反正我离婚已经定了。过去的事都不必谈，我今天郑重其事地请求你做我的朋友。当然我这样直截了当地说明意图，你可能不好表示什么……"华克强说到这里，发现肖丽一直对着他的目光躲开了。浅黑的脸上微微泛起羞涩的红晕，他感觉自己的念头有要达到的可能，他的话说得更爽快。一如他打球，发现对方的防守出现破绽就立即发动攻势，"我们相识已久，我的优点缺点和各方面情况你都知道。我怎么说呢？就这么说吧——如果咱们在一起，我担保你能幸福。真的，三个方面。"

肖丽一听这话，感到奇怪，好像他们在换房子那样摆条件。她顿时有种从梦里醒来那样的感觉，抬起眼睛重新瞅着他，问道："哪三个方面？"

"政治上，生活上，工作上。"

"好，你具体谈谈。"肖丽说，她已经恢复了往常那种沉静，仿佛跟他商谈一件与自己无关的别人的事。

华克强却一本正经兴冲冲地说起来，好像他的道理准能征服肖丽："政治上——这你清楚。我出身好，你出身不好。跟我在一起，我就是你的保护伞。你别冷笑！你以为我想用出身好作为争取你的有利条件吗？难道我还会对你搞血统论？不，咱们谈的是实际问题。现实就是最实际的。现在连孩子入托儿所都要调查爷爷、外公、舅婆的成分。尽管这么搞很无聊，很愚蠢，但你必须正视这个现实，乖乖地服从它才是聪明人！第二，我结过婚，东西都齐全，再结婚不必添置任何东西。每月收入都能用在吃穿上。我离婚后，孩子归我那老婆，我每月最多只担负十块钱抚养费，这没什么，比起孩子平常的花销少多了。瞧，你又冷笑了，其实这也是个非常实际的问题。第三，你的工作问题，我可以给你解决——"

"什么工作？"

"我可以把你调到体工大队来。不用再在这破体育场当业余队的教练，整天和一群孩子混了。我现在体工大队的处境很好，上上下下都有熟人。你也不必再当教练，这种工作受累不讨好。现在的球队不比从前，人头乱，矛盾多，个个都是大爷，谁也不听谁的，教练和队员整天吵架。徐颖在女篮，女篮的队员都和她处不来，比赛时故意装病，成心晾她的台。我可以推荐你去办公室工作，事情不多，很省心，球票倒不少……"华克强说得诚恳又迫切，一股股白烟儿一直不断地从他嘴里冒出来，散在屋内的寒气里。他很想一口气把肖丽说服，但他看见肖丽眼里时时闪出一种睥睨的神情，就不免担心了。他不明白肖丽心里究竟怎样想的。肖丽的回答却比白纸黑字还清楚："你这三方面好处，我都不需要。"

华克强听到她这般答复，惊奇而瞪圆的眼珠儿简直要从深眼窝里掉出来了。

"为什么？"

"我出身不好，但我从来不认为我比别人低下；我生活不富裕，但我没有更高的要求；至于工作，我想，现在的工作对我是再好没有的了。我也一直没想过在工作中节省力气……对于你，我坦率地告诉你，我不喜欢你。你听这话可别生气，这是事情逼着我不得不说的。"

华克强惊呆了。他想不到能受到如此坚决、不留余地、直言不讳的回绝。在他没有弄懂肖丽的这番话的根由之前，他还想做最后的努力："肖丽，别的不说，单说工作，你总不能一辈子在这么个破……"

"你别说了！"肖丽阻止他，"正是在这方面，你根本不了解我，咱们没有共同语言。"她强硬的口气里还隐含着一种高傲。

"咱们怎么可能没有共同语言？你想想……"他几乎是一种恳求了。

"语言不通是无法解释的。咱们别谈这些了。"肖丽说。她好像撂下一桩很沉重的负担，神气轻松，口气也极其平常了。仿佛先前那样，他俩之间不存在任何超出一般朋友熟人的因素。"你喝茶。"她斟一杯热水给他。

华克强没有接过杯子，遭到这番拒绝之后，他的自尊心受到刺激而有些恼羞成怒，脸色通红。语气也就突然变了。他"嘿嘿"笑了两声后，说道："我不是傻子。我不信刚才那些话是你真正的意思。我问你，成为我们之间障碍的是不是还是那个靳大成？"

肖丽一怔，手里的茶杯没放在桌上就反问他："你提他干什么？什么意思？"

华克强见自己的事没有希望，索性撕开面子，嘲讽地说："你不用再装不知道了！靳大成的妻子早死了，单身一人。他还惦着你，给你来信了吧！你们之间旧情很深，我自然排不上号！"

肖丽根本不知道靳大成的任何事。关于靳大成亡妻鳏居的消息还就是刚从华克强嘴里得知的呢！十多年来，他俩像分别投入两个湖里的鱼儿，互相间全无消息。她从来没收到过一封靳大成的信。但这一切又有什么必要向华克强解释呢？她感受到屈辱，她为什么从来没有察觉到华克强竟然是如此一个人？他虽然有些缺点，但绝不至于这般俗气。他从什么时候开始变化的？一个人怎么会在他内心袒露之后，就完全变成另一个人了？一改他多年来给人一贯的印象！自己又怎么这样不会观察人呢……她刚刚开启那封闭已久的独身主义大门，竟然闯来这么一个不伦不类、庸俗不堪的人，大声敲打她的门板。真叫人恶心！她内心有股愤怒止不住地冲上来，使她的眼睛炯炯发光，嘴角痉挛，手抖得厉害，连杯里的热水都快晃出来了。

她把杯子往桌上一放，尽量使怒气遏制在她惯常的镇定的态度里，但声音还是哆哆嗦嗦的："请你……以后别再来！你走吧——"

华克强在绝望和懊丧中，产生一种恼恨，甚至要报复的渴望。他什么也没说，站起身，把帽子往头上一扣，没戴好就匆匆地走了。

他走后，肖丽忽然扑在床上，把脸贴在被子上。一声没出，泪水却把被子濡湿一片。

十八

卢挥进来，他与肖丽的目光一碰，都感到不大自然。莫名其妙的尴尬，像一种不流动的皱巴巴的气体，连同清冽的春寒，停在两人中间。

卢挥已经三个多月没来了。这期间，体工大队里盛传着一条新闻，说肖丽要给比她大十多岁的卢挥续弦。天哪！这是谁造出来的呢！这类谣传是照例找不到出处；如果问谁，谁都会摇头摆脑地说连听也没听过。但这谣言几乎在所有嘴巴都出入过。而且像民间传说那样，经过许多想象、补充、加工，愈来愈完整、愈有来有去、愈令人深信不疑。有人说这是肖丽正式向她一个朋友宣布的。至于她对那个朋友怎么说的，无人核实，无人查对，无人负责。人的名誉却在这传来传去的谣言里被糟蹋得像一堆垃圾，这真是毁掉一个人而又不负任何责任的最有效的办法！据徐颖说，当年卢挥轰走靳大成就出于一种嫉妒心，因为他喜欢肖丽是当时体训大队无人不晓的。可是，现在的体工大队所遗留的"文革"前的人不多了。新来的人只认得卢挥这个死了老婆、年奔五十、落落寡欢的半老的家伙，很少有人见过肖丽。于是就有些闲得难受的人到处打听肖丽。这样，这狰邪的谣言又像流行感冒一样很快传到与体育界有关的各个地方，包括河东体育场。肖丽听到了，又是一个压力。为什么霉气总缠绕着她，多亏这个老姑娘的个性里很少伤感成分；在坎坷的人生中，也像在比赛场上，各种刁钻、急险、劲猛的球儿，她都能从容地接过了。故此依旧那样镇定如常。

卢挥却一直没来，显然为了避嫌。但掉进那些无聊嘴巴里的人，很难逃逸。卢挥不找肖丽，反被人们议论为有意避人耳目，事情显得更加确凿。而谁又能证实这事是真是假？

卢挥坐在屋里抽着烟，心里的话又一次不能忍禁地跑到嘴边。由于他阻止过肖丽的爱情，负疚殊深，这句话仍在唇内徘徊；世界上最容易和最困难的，往往都是一句话。但此时此刻迫于无形的舆论和压力，他不能不说了，"肖丽。"

"什么？"

"你，你应当换一种生活方式了……"他说，明确的意思吐出口来时，却变得含蓄了，"真的，你不小了，换一种生活方式吧！"

肖丽用她那黑盈盈的眼睛注视了卢挥一会儿，十分平静地说："不久前，我也曾想到过这件事。但我觉得，还是我现在这样好！"

"好？"卢挥的目光在这破旧冷清的小屋里四下扫一眼，黯然地嗫嚅着，"好……好在哪里？"

肖丽沉默了。一时找不到确凿有力的话回答他，但心中有一团模糊不清但异常充实的感觉。卢挥默默抽着烟，他似乎没有更多的话说了，吐出来的阵阵浓烟遮翳灯光，一道灰暗的黑影掠过他俩的脸。

这时，门外忽有一片清脆的笑声，好像在沉寂森郁的大森林里，听到外边一群载着春光飞来的小鸟儿叫。

卢挥抬起头，问："谁？"

肖丽好似林间的鹿，听见春天来临的声音，立刻昂奋起来。她站起来，两步上去把门儿一拉，说声："快进来！"

应声呼啦啦进来一群姑娘。有的穿戴整齐，有的草率邋遢，入夜后分外冷冽的春寒把她们的脸蛋儿冻得个个红彤彤，好像擦上浓浓的胭脂团儿。她们都不声不响地站在门口，闪着一双双明亮的眼睛瞧着卢挥：有的调皮，有的郑重其事，有的好奇，有的怯生生。卢挥知道这是肖丽的得意门生，其中有三四个他还在这里见过几面。他指着其中一个短发、胖胖、翘鼻子的姑娘说："你叫什么？咱们没见过，不认识。"

这姑娘扬一扬她翘起的圆圆的鼻头儿说："我可认识您呀！卢教练！"

七八个姑娘全笑了。有的开朗，有的腼腆，有的只露一丝笑意。

肖丽好像对卢挥展览什么宝贝似的说："张莉、顾红、陈小凤、余美琴，您都认得吧！这三个您大概没见过。她叫白丽丽，打前锋的；她叫邢小玲，也是前锋。这个调皮鬼是我们的中锋——"她拍拍那个翘鼻子的胖姑娘说："她三个月前才入队，名叫——"

一个梳短辫的俊俏的姑娘口齿伶俐地接过话说："胖狗子！"

姑娘们发出清脆又开心的笑声。刚说话的这姑娘叫张莉，是肖丽逢人便夸的弟子，也是这支女子队的队长。

"去你的，坏张莉！"胖姑娘一本正经地说出自己的姓名，"我叫刘扬。"

卢挥抽着烟，脸上含笑，不自觉地用他那职业上习惯的方式打量这几个姑娘。他总听肖丽像夸耀自己的珍藏一样，赞美这群姑娘。此时他的目光就分外着意，好似一个真正的马师，看到一群良种的骏马。由于兴致勃发，眼睛烁烁闪光。这双眼睛多年来罩着一层困惑与忧愁，头一次又像夏日夜空的星星那么明亮。

这群姑娘进来后，也不客气，有的往床上一坐，有的拿杯子倒水，有的提起暖瓶去给肖丽打热水。那张莉从外衣的衣兜里掏出两大包吃的，一包酱油瓜子，一包糖，拿出一些给了卢挥和肖丽之后，姑娘们就上来一人一大把，又让又争，嘻嘻哈哈，然后就一边说笑，一边"咔嚓、咔嚓"嗑起瓜子来，并"噗儿、噗儿"地从嘴里往外吐瓜子皮。张莉说："肖教练，您说昨天下午那场球最后五分钟，为什么总攻不进去。我昨天晚上琢磨半天，也没琢磨出她们用的是什么法子防住咱们的。要不那场球起码能拿下二十分！"

肖丽听了想一想，把挂在墙上的硬纸板制作的篮球场模型拿下来，放在桌上，说："你们过来，今天就请卢教练给你们上一课。"她说着，从桌上一个中药盒里拿出五个涂了红色、标上号码的硬纸片，在球场模型的纸板上摆了一个防守阵形说："我现在摆的是钢厂女队昨天终场前五分钟的防守阵形。瞧，这是双中锋保护篮下，一个前锋突前盯住我们控制球的队员，这两个后卫封住四十五度角投篮点和底线，并准备断球后打快速反击。好！我们就看卢教练怎么进攻了！"她同时把五个白纸片放到卢挥手中。

卢挥双手捯动着五个白纸片，就像摆布着五个上场的运动员。他的注意力马上全部集中在纸板上。他想了一下，摆出一个奇怪的进攻阵形。一个中锋横穿三秒区跑来跑去，其余四个队员频繁地交叉换位。肖丽也来回挪动她的红纸片，封堵对方可能发动的突然性突破。卢挥说："我的后卫到你右边的四十五度点上准备跳起投篮。"

"我的一个后卫上来堵截。"肖丽说。

"我的前锋绕过后卫下到底线。"

"我的中锋上来封锁底线。"

"我还有个中锋呢！我的这个中锋过来接应。"卢挥大声说，并且忽把自己当作中锋的白纸片迅速挪向右边来！

两人又像下棋，又像真正比赛那样。肖丽和卢挥手下的纸片来回穿梭，阵形随时变化，路数又异常清晰，使姑娘们看呆了。此时，这十个小纸片就像十个有头脑的运动员；在这群想象力丰富的年轻姑娘们的眼里，简直是有鼻子、眼睛、胳膊、大腿，会喊会叫的活人。而肖丽和卢挥也是如此，好像他们自己在场上那样紧张、激烈和全神贯注。纸片在纸板上摩擦得唰唰响。

"卢教练！"肖丽也叫起来，"您别忘了，我是双中锋，并且还有个后卫，可以前后夹击您的中锋。您只要把球传向中锋，就会给我造成一次断球和快速反击的机会。"

"可是——"卢挥的声调里显得沉着又有把握，他把左边一个白纸片飞快地挪到左边篮下，"我这前锋可是没有阻拦地插到这里来了！"

"哎呀，我上当了！"

"好，一记妙传，球到这边前锋手里，我的进攻成功了！"卢挥一拍纸板，高兴地大叫一声，好像有个球儿巧妙而漂亮地飞入篮筐。

姑娘们都给这精彩的模拟比赛吸引住了。嘴里的糖块含着没嚼、瓜子皮儿也忘记吐出来。那翘鼻子的胖姑娘叫一声："这攻法真叫绝！"

张莉问卢挥："这是不是以频繁的交叉换位，扰乱对方的阵形。再突然加紧一边进攻，造成对方防守的另一边出现空当？"

"对！你很聪明！"

卢挥拍拍这姑娘丰满的小肩膀。他很喜欢这姑娘的接受能力。一瞬间，他有种恍惚的感觉，觉得这姑娘很像十多年前的肖丽——当年他在市中学女子篮球赛碰到肖丽时，他就像肖丽现在这样的年龄，张莉就和当年的肖丽差不多大小——这种感觉，一闪即逝，却使他重温到往日的温馨和当年教练生涯的快乐。

翘鼻子的刘扬依旧激动不已，她叫着："卢教练，您真的，真是什么来着？对！真是'名不虚传'呀！您——哎呀！"她说着忽然停住话，瞪大了眼，张大嘴发出"啊——啊——啊——"的声音，并用手指着自己的喉咙。

"谁叫她瞎咋呼，活该，准是给瓜子皮儿卡住了！"张莉说，"快咳嗽两声就出来了！"

"拉一拉耳朵也行！"另一个女伴说。

刘扬用力咳嗽两声，闭上眼，使劲咽一口唾沫，然后睁开眼，直向上翻眼皮，好像体会着喉咙里的感觉。

肖丽问她："怎么样？"递给她一杯水。

刘扬一推水杯，快活地说："好了！没事了，一个瓜子皮儿。"她一扭脸，瞧见张莉，便说："都是给张莉闹的。"

"有我什么事，怪你鼻子眼朝上，准是从鼻子眼掉进去的！"张莉说。

大家哈哈大笑。在这笑声中，肖丽是最快乐的。她那浅黑的脸上显出平时难见的笑容。但她现在笑得多畅快！多舒心！笑是一阵驱散愁云的风，仿佛这一笑，天下都太平了。卢挥在这笑声里，在这些年轻的、充满希望和青春活力的小球迷们中间，感觉自己陡然变得年轻许多，肖丽也好像年轻许多。同时，还有一种与自己隔绝已久、十分熟悉、令人痴迷的东西又回到身边。犹如久困笼中的一只鸟儿，突然感觉周围一片山影、绿色、泉声……一时他觉得自己有许多事要做，倾身陷入一阵甜蜜的冲动中。偶然间，他与肖丽的目光相触，肖丽的眸子正像节日的小灯那样兴冲冲地发光。他俩好像共同感受到一种东西。肖丽说："您说，这样生活不好吗？"

"噢？"他发出这一声之后，好像跟着明白过来什么，便禁不住乐陶陶地频频点头说，"好，好，这样好！"

十九

在四周看台阵阵狂潮般的喝彩与助兴的呼喊声中，肖丽指挥下的河东区业余体育学校女子篮球队与市女子队的比赛将临终场。胜利不可改变地将属于业余体校的年轻的姑娘们，希望也属于她们。这场比赛的结果令人吃惊。它出乎观众的意料，出乎市女子队的意料，也出乎坐在市女子队一边教练席位上卢挥的意料。在这个曾以篮球运动驰名全国、近些年来颇不景气的本市球坛，哪里冒出这么一群生龙活虎、素质优良、技术坚实的姑娘？她们几乎个个有着雄厚的潜力，任何行家里手一眼就能识得。今天又发挥得异常的好。几乎一开场就把市女子队打得落花流水，尽管比分差距不大，但一支业余的年轻队伍能够打败市专业队，还是本市运动史上破天荒头一遭。观众的心，总是倾向于自己的地区、倾向于年纪尚轻、无名和后起的新人。于是，业余体校的姑娘们就获得很大动力。整个体育馆许多年来也很少这样沸腾过。

在七六年那个改天换地的大转折之后，卢挥尽管恢复了总教练的旧职，今天来给徐颖当参谋，他的心却在肖丽一边。他原先为肖丽捏一把汗，认为肖丽那些缺乏比赛经验、发育又没完全成熟的小姑娘，很难成为市女子队这些强壮的大姑娘的对手。但事实没有符合他的预见，却意外地满足了他的心愿。这可真是一批难得的宝贝啊！只要看一看这些姑娘准确、实用、漂亮又熟练的动作，就能想到肖丽在她们身上倾注了多少心血！只有同行，才能深知其中的甘苦与艰辛。故此，当业余体校的姑娘发动每一次精彩的进攻而获得成功时，他都禁不住偏过头去，看一眼坐在另一边教练席上的肖丽。肖丽的目光始终没有离开球场。她今天会怎么想呢？

十多年来，肖丽第一次坐在市体育馆里。她带着一种渴望——胜利。她并没想到自己，只希望她看中的这群姑娘能得到公认，风姿绰约地踏上球坛；而事实上，这群姑娘给她争了气，赢得了脸面和声誉，对那些只能在暗地里施展本领诋毁她的人，给予痛快淋漓的报复。她的眼睛紧紧盯着场上每一个队员，好像都是她自己。当队员出现失误、漏洞、错失良机时，她会在场下急得发出声音。有一次，张莉执球没有看到突然潜入篮下的刘扬时，她差点喊出一声："给我！"

这群姑娘终于露出头角了。这角一露出来，就是一对闪闪发光、辉煌夺目的金角。教练很像考古人员，凭着慧眼和辛劳把埋藏地下的宝物发掘出来，整理和修饰好，放在大庭广众之中。在人们大声赞美和惊叹这稀世之宝时，没人想到他们的劳动、智能和才干。但此时他们却获得了最大的满足。

终场的锣声响了。

她站起来，走过去与徐颖握握手。两人多年不见，中间却发生过一些不快活的事情。徐颖的表情挺尴尬，但她依旧保持惯常的沉静。她对徐颖是宽容的。她找卢挥，却没看见。此刻，热心的观众已经把她的队员包围起来；跟着她也被一些记者和体育界的人包围起来，向她询问这群姑娘的情况。有的要她马上回答，有的约她谈话。这情况很像她当初驰骋球坛时代的景象。这时，卢挥忽从人们的肩头露一下脸，叫她过一会儿到自己的宿舍去一趟。

她一听就有些紧张了。因为，早在两天前就听到大杨告诉她一件事，为这件事卢挥也找她谈过一次。她想是不是就是这件事？

她依旧是多年来一直没有改变的装束——运动衣外边罩一件硬布蓝外衣。并非她追求朴素，只是她不舍得花掉时光来修饰自己，而为那些以貌取人的庸人眼睛服务。

绕过体育馆，穿过花园，去往体工大队的宿舍。相隔十多年，这也是头一次回到她生活过的地方。旧地重来，会引起深远又复杂的情感。你自以为对往事记得一清二楚，但你真的回到那里，看到了具体的一景一物，却会唤醒沉睡你心中、早已淡忘的某些往事。它每一个细节都包含着与你的过去生活紧紧相连的一些内容：瞧，那窗子、那拐角、那面墙、那特有的一切，都使肖丽的心不能平静了。但使她产生这种恍如昨日之感，并不单单由于此地此景，还有她预料中将要碰到的一件事。

她愈走近卢挥的房间，步履愈慢、愈怯缩、愈迟疑，仿佛她有些怕这件事。

她敲了卢挥的门，听到里面卢挥说"进来"的声音之后，她推开门，果然看见一个男人与卢挥隔着一张小桌坐着。屋顶是一条日光灯管，没有灯罩，没有阴影，荧荧银白的光把屋里的一切都照得清晰逼真。她一眼就认出来，这人是靳大成呀！一去就此杳无音信了十多年的靳大成呀！瞧他吧，还是十多年前的老样子嘛！厚厚而噘起的嘴唇，宽宽的一张脸盘，连眼镜片后边的目光还是那样宽和而不锐利。细细瞧瞧吧！哪有历尽多年磨难而不变模样的人？除非是留在照片上的、印在心上的、出现在梦幻中的。他不再是当初虎虎生气的小伙子了。脸上的肉多了，身子发胖了，当初唇上的软髭都变成硬胡楂子了，额头居然还添了三道深深的抬头纹，目光里含着一种倦怠。只是他看见肖丽时，不觉站起身，瞬间的惊讶驱走了眼睛里的倦怠神情。他为什么惊讶？是因为又见到了青年时代的恋人？还是在他眼里，肖丽也大变样子，不再是当年那一个苗条而鲜亮的少女，那个穿着印着6号红衫子的姑娘。时光早把他们身上那层新鲜喜人的光泽打磨掉。尽管他们对于对方这些年的生活经历所知甚少，但他俩之间似乎有种超越时间和空间的神秘的联系，仿佛是一种亲切的、融融的、秘密的、阔别已久的气息，在语言之前就不知不觉把他们悄悄沟通了。

肖丽坐下后，出现一阵沉默。有的沉默是久久难以打破的。但在她与靳大成之间的沉默，却像一面纸糊的假墙，就看怎样推开了。而卢挥则不然，十多年前的纠葛使这个认真的人的心是沉重的，好像依然压着一块石头似的，此时此刻便分外尴尬。尴尬的人总是先说话，好打破这种叫人难受的尴尬局面："肖丽，我得和你商量件事。你这群姑娘，我可看中了，得调上来几个。"

"几个？"肖丽问他。

"三个，不，最好……不知你肯不肯，最好是全部主力。"卢挥说到这里，已然不再感到尴尬了。强烈的欲望像小火苗在他心里跳跃着，还蹿到他眼睛里。目光像火光一样灼热和明亮。自从他恢复了总教练的旧职，已然从这些年的消沉中摆脱出来，重新变得振作，又有些"事业狂"的架势了。此时，仿佛他要向肖丽讨取什么珍宝。

"行。"肖丽答应他，"都给您。"

"真的？"

"真的。"

"我想以这些姑娘为主力，组织一支青年队。两年内替下现在的市女子队。"卢挥说得兴致勃勃，"要不你来当教练。"

"不，我那里挺好。"肖丽说。她依旧不肯到这里来。

"那么……"卢挥犹豫一下，然后说，"我得实话告诉你，你这些姑娘可就得归徐颖训练了。"说完，他看看肖丽，不知肖丽同意与否。因为他深知徐颖与肖丽的个人关系。

肖丽沉了一下，说："可以。"

肖丽回答得果断干脆，大大出乎卢挥的意料。他不禁说："那么你的队就散了。"

"散不了，我再找新人。"她回答他。

一个人的心胸怎样开阔、怎样纯净、怎样壮美，才会有这样的想法？卢挥被她感动了。激情冲上来，脸涨红了，映衬着头上一些早生的白发像霞光辉映下的霜条雪枝一般好看。一个人耗费多少心血，头上的白发就是见证。他像孩子一样高兴地摇着头，在屋中间来来回回地走着；对于他，世界上再没有得到一个有潜力和有天资的运动员更使他心满意足了，何况今天他得到了一批！他高兴得忘乎所以，竟然忘掉屋里另两个人，一扭脸看见他俩，思绪也就回到这两个人身上。他想到自己今天安排好的要做的事，心情便从刚才的狂喜迅速低落下来。好像从键盘上最高一组音，一下子滑落到最低一组音。心情也陡然阴暗下来。他点着烟，抽了几口，却不知话

114

从哪里开头。当他想到肖丽转让她那些新队员时，便找到了下边这些话的开头：

"我今天太高兴了。为了我们又有了一批有出息的新队员，也为了你们……谈到你们，叫我怎么说呢？当初是我赶走了靳大成，拆散了你们，否则事情不该落得现在这样的结果……我用强硬粗暴的方式毁坏了你们的爱情，后来生活也用了同样的方式毁坏了我的爱情，代替你们惩罚了我……不，不，你们别说，听我多说两句吧——"

卢挥显得很激动，他不叫肖丽和靳大成打断他的话。平时，离开了球和比赛，他几乎无话可说，但今天他很反常，渴望着说话，显然这些话在他心里早已锤打成熟并拥塞得满满的了。他的话好像不能把心情都表达出来，两只手就比画起来，手里的烟卷似乎碍事，他把大半根烟卷迫不及待地戳碎在烟缸里，紧接着说："你们可能要说，你们并不恨我过去所做的那件事。是的，我全看到了。这也是对我的过失最大的安慰，但同时更加重我内心的痛苦和负担。我呢？其实我当初的想法十分简单，只是一心盼望肖丽成材。我简单得可怕呀！可能由于我太热爱篮球运动了，便希望任何有才能的人都投身进来；如今，肖丽投身进来了，轰也轰不走！大成，我还要感谢你呢！你走后一直没给肖丽来信，你也想成全肖丽，不分她的心——这说明你完全了解我。对于你我来说，了解就是原谅了。对于你和肖丽来说，尽管你们音讯断绝，你们却是真正的知己。为了——为了球——一个球儿——在别人眼里不过一个皮球而已。你俩都做了痛苦的牺牲……过去的事不谈了，幸好事情还有挽回的可能。不管你们在各自的生活中出现过什么事情，现在你们都是单人独身，需要伴侣。给我一个补偿过失的机会吧！过去是我拆散你们的，现在允许我把你们重新连接在一起吧！这次是我写信把靳大成请来的。你们不反对吧？至于你俩之间怎么谈，自然没我的事了。你们也不必在这里多泡，到外边走走去吧……"说到这里，他忽停住口，脸上带着欣悦、满足又歉意的微笑，眼球上包着一层厚厚的、亮晶晶的泪水。肖丽与卢挥相处多年，很少看见他干巴巴的眼窝里闪出泪光。这人的眼泪太吝啬了，好似非要到这关口、到这种心中的酸甜苦辣压缩一起而互相激化的时候，才会亮晃晃地出现。唯其这样，这眼泪才会打动人。

肖丽垂下头来，尽量不看卢挥的眼睛，好抑制住心里翻腾的情感。靳大成已然把头扭过去了。

"去吧，你们去吧！"卢挥说，"时间不晚，今天天气也好。"

肖丽慢慢抬起头来，正与靳大成的目光相接。目光是心的导线，一下子两人的心全亮了。青年人的羞涩早从他俩身上消失；无情的现实敲掉了他们精神上脆弱的部分，把软弱的部分锤炼得结实了。他俩都是成熟、深沉和有主见的人了。他对她说："走一走好吗？"

肖丽点点头。他俩推开门。门外一片月光。

二十

夜的静谧廓清了城市一日的喧嚣。它使纠缠人们眼前的那些是非、麻烦、忧喜都像浮尘一般，被抹去了。夜是一张巨大而神秘的被子，盖住了现实的一切。于是，沉淀在心底的、给时间过滤澄清的往事，都清清楚楚地、次第地、从容不迫地凸现出来。它的再现，便不像昨日那样激烈，那样火辣辣，那样难以接受。它都是被接受过的了。如果你依旧接受不了，可以重新再把它收藏起来。

两个曾经难舍难分的恋人，在痛别之后，各自跨过自己的青年时代，经过坎坷多磨的路，带着一身伤痕，又走到一起来了。有多少话要说，又有什么可说呢？年轻人看了一场悲剧，会被感动得谈了再谈，流泪、难过、受不了；可是当人们自己也做过悲剧的主角后，谁还想回述悲剧的过程？摆脱痛苦不是心理上的一种本能吗？还是谈一些高兴的话吧！但一时又怎能提起这种兴致……

他俩谁也没说话，走啊，走啊，不知不觉走的还是十多年前常走的那条路线。但今天的路为什么这么长？好像他俩走过的这十多年，长长地兜过一个好大的圈子。紧随着他们有两双身影，一双是月光投下的，朦胧模糊，好似昨天的影子；一双是灯光投下的，清晰逼真，这就是眼前的身影啊！

他偶尔悄悄地扭过脸瞧她一眼，她正默默地垂着头；她时而也悄悄瞧他一眼，他同样在默默地垂着头。他俩此时此刻想着什么呢？互相都猜不透。在十多年生活激流的淘洗之后，谁能知道对方现在有无变化？隔在他们中间的又竟然是一种陌生呢！

随后他俩不知不觉拐进一条小街。正是当年幽会的小街。这里的树影浓密，街灯寥落，一切依旧，而且还是那样宁静，再轻的脚步也是清楚可闻的。他俩的脚步都不觉放松了，好像怕惊醒留在这光影斑驳小街上的昨天的梦。他俩的心都跳得厉害，分明那场甜美的梦在他们心中已经被唤醒了。于是他俩又像当年那样，谁也不敢挨近谁；在这无人的小街上，反而距离得远远的。

忽然，眼前一亮，他俩已经走到小街口，前面横着体育馆外那条灯火通明的大道。这正是靳大成返回青岛那晚约会肖丽的地方。那天她没来。他们约会的时间是八点钟。

"现在几点？"肖丽忽问。她好像想起那个约会来了。

"嗯？"靳大成看看表，回答道，"十点钟了。"

"十点了……"

肖丽自言自语地重复一句。命运多么会同人开玩笑；不管你玩世不恭，还是严肃认真，它的玩笑一样无情。谁想到，那时间一错过，就错过了整整十几年！她有些迷惘了。

靳大成一看她那股迷茫的、追悔莫及的神情，也想起那次在此落空的约会，不禁怅然说："一切都迟了，咱们在生活中失去的东西太多了！"

这句凝结着许许多多苦乐悲欢的话，像一块石头投入她心中。但在这非同一般的姑娘的心中激起的却是一片劲猛闪光的浪花。只见她眼里掠过一道振作、倔强、自信的光芒，将一时泛起的愁悔驱逐净尽，黑盈盈的，依旧像当年一般明亮。脸上的神情也恢复了惯常的那种沉静。她那略带沙哑的嗓子镇定地说："不，我认为，还是生活给咱们的东西更多！"

她每一个字，都沉甸甸的，经过生活的锤打，有着十足的分量。

但是，迷惘的神情依旧停留在靳大成的眼睛里。他接过她的话嗫嚅着，仿佛自言自语地说："给我们……生活究竟给了我们什么？"他声音深沉又压抑。

肖丽听了，微微一怔。她犹豫片刻，却还是止不住地问他："那你说……生活与人——谁是强者？"

他垂下头来，好似一边沉思，一边说："有的人自称为强者。那只是他的一种……一种自我感觉罢了！如果他是强者，生活就是强盗。很少有人不是最后被生活抢劫一空的。因此，所谓的强者并不比弱者的结局更好。"靳大成说。他有他的经历，自然有他的结论。

"你甘心做一名弱者吗？"她问。居然不自觉地摆出一副挑战者的姿态。好像此刻站在对面的人，不是她年轻时的一位朋友，一个曾经倾心相与的恋人，而是一个什么对手。这大概由于她遇到了一种与其相反、不能接受的生活态度，便习惯而本能地针锋相对了。

他没看出她的反应，只想把自己从多年生活的教训里所寻找到的思想，当作一种财富告诉她："我想，顺从生活的逻辑就会免除许多不必要的烦恼。"

"什么是生活逻辑？潮流？逆流？一概顺从？随波逐流？逆来

顺受？荒谬的逻辑，也心甘情愿地听其左右？……"

她情不自禁地一连串反问下去。她像问对方，也像问自己。忽然她觉得自己的口气过于激烈，对于久别重逢的老朋友是不大合适的……她停住口。但是，她黑黑的眸子炯炯发亮；刚刚那些怀念往事的缱绻柔情一扫而空；好像从一场美梦里醒来而睁开的眼睛，变得清晰又明朗。她突然明白了，站在她面前这个曾经爱过的男人，并不是自己想象的那样。陌生人可以一下子变得无比亲近，老相识也会一下子变得异常陌生。他与她有着多么大的距离啊！世界上变化最大的是人，距离最远的也是人！而原先那个靳大成究竟是怎样一个靳大成呢？她也弄不明白了。当初……当初那场恋爱，现在回想起来，也变得轻浅模糊、虚无缥缈、不可思议了。在无忧无虑的少男少女的时代，感情就是一切；在中年人之间，却只有把思想的导线接通了才行。人在不同年龄、不同时期中，所想和所要的，竟是那么俨然不同呢！

看来过去的，不可能再重复，也没必要再重复了。

她沉了一会儿，说："靳大成，天太晚了，我得回去！"说着，她伸出手给他，"欢迎你有时间来串门！"

十多年前，她也是这样伸出手给他。但此刻靳大成分明感到，这一次不像那一次。这握手不再是联结，而是分别，恐怕是此生此世永远的分别了。她浅黑发暗的脸上像一阵风儿，掠动一缕流连和惋惜之情，跟着却现出一种冷静的、客气的、明白的与他保持距离的微笑。这微笑好像告诉他，在他俩之间有一条任何解释都无法弥合的、看不见的、莫名其妙的深沟。他看看她伸向面前的手，不得已地，甚至是被迫地抬起自己的手，和她握了一下。

"再见！"她说了声就转身走了。在这一转身时，她只是不大自然地、习惯地用手撩了撩额前的头发。她的目光却再没有一点留恋与惋惜的意味了。

他知道，对于这个从来不肯迁就别人的倔强的姑娘来说，是不能有半点勉强的。因此他站在原地没动。他看着她在街灯照耀下渐渐远去的身影，感到她似乎很孤单……

她真的孤单吗？孤单往往不是一个人，而是一颗心。但她的心是充实的。何况在这颗心中，还有一个真正理解她、实际上她也离不开的人。过去她从未考虑过那个人，而谣言和顽固又平庸的世俗观念就把她和那个人弄得都十分尴尬，现在她却要认认真真来思索这件事了，她若这样，那么在她的前面，还有另一个战场，需要她去搏斗呢……

一九八一年七月天津

走进
暴风雨

整整一冬，天气出奇的温暖。年年从西伯利亚冲涌而来的寒潮，好像在那边遇到了什么麻烦，迟迟未到。河水入冬就没上冻；它是漾着快活的涟漪过冬的。可是立春过后个把月，眼看着草绿花开，却忽然来了一股异常凶猛的风雪，几夜之间，河面就冻上厚厚的坚冰，白茫茫的大雪遮盖一切；枝条上刚泛出的绿意，又给这股奇冷硬逼回去。好一派凛冽的严冬景象！那些过分勤快而早早收拾起冬装的人，忙着把皮帽暖靴找出来，打算重新过冬。然而这股寒潮来得急也去得快，转眼无影无踪，尾随而来的就是春天的脚步了。

北方春天的步履是缭乱的。十年九旱，无雨多风，苏解的地面给这没完没了的风一通死吹，粉化成黄土面子，再给风扬起来，搅得昏天昏地。而且这风忽暖忽凉，弄得人糊糊涂涂分不出春天还是冬天。可就在这当儿，嫩绿色的草芽子硬钻出地面来。这些最早露头的草芽，受不到雨露润泽，无人疼惜，还免不了遭到一阵不期而来的凌厉的春寒袭击。如果它要想旱不死，冻不蔫，就非得有股非凡而强劲的生命力不可！

今年壬戌，狗年，清明才过，春寒未尽，滴雨不落，风沙漫天。城市东区挨近那座新建油库的工艺品总厂，正是最不景气、乱子层出的时候。

125

一、小夫妻闹罢工

今儿打早，厂保健室里就坐了一群男男女女，叽叽嘎嘎地说笑打闹。保健室是厂里一个特殊的休息室。谁要是干活干腻了，随便瞎诌个头疼脑热的病，来找厂医兰燕要点吃不吃都差不多的小药，就在这儿歇歇坐坐，若是碰到几个说得来的，还能吹气冒泡，海聊一通。人家是打着看病的旗号的，厂里的头头们再厉害也管不着；厂长关国栋是设卡子的能手，却卡不住病号。所以人称保健室是"合法休息室"。因此这儿是一个情报交流中心。大家从四面八方、各条道儿上听来的消息，都在这里互相交换，再散播出去。厂里有两个情报中心，官方的是政工股，民间的就在这保健室里。这几天，工厂后墙外刚刚盖成的那八间宿舍房的分配问题是顶顶热门的话题。连一些有房子住、根本不打这儿算盘的人也掺和进来，东西南北乱打听。可能唯有房子问题才能扯进来这么多人和人的关系。生活中，最复杂、最微妙、最难捉摸的就是人事。大家还可以借此把厂里种种龌龊事折腾出来，骂骂咧咧评论一番，好叫心里舒坦一些。关于这八间房，厂里每天起码有一二十条能够引人兴奋的新闻。此时，保健室里的人们扯来扯去，自然也总在这件事情上转。

大家有话都抢着说，只有司机邢元例外。他坐在床上，无精打采地靠着墙，故意拉下来的帽檐遮住那张小白脸儿，帽檐下只能看见死死闭着的薄嘴唇。他像得了鸡瘟，已经打蔫儿两天了。厂里总共三个司机，都有外号。一个叫"马半天"，一个叫"刘一会儿"，一个是他——"邢没准儿"。"马半天"是厂里的老司机，常年血压高。厂医兰燕从区里的保健培训班里学了个词回来就安在他身上，叫作"不可逆的"。兰燕自己也解释不清这个词儿怎么讲。"马半天"从厂里第二号大学问、技术股长伍海量那里得知，这"不可逆的"就是再也治不好了，最后必定死在高血压上。这么一来，他就逮着理，每日上半天班，不再出车，只管汽车维修。"刘一会儿"是肝炎老病号，多年来只要到厂，打个照面就走。唯有邢元是个不折不扣的壮劳力。厂里拉料进货，头头们去开会，接送宾客，大小车全是他一人开。因此，头头们对他也就客气三分，否则他一撂挑子，有急事也得干瞪眼。再说厂里上上下下的人们，谁有私事办都得求他，比如娶媳妇接新娘子啦，运家具啦，拉病人啦……他高兴时，又好求又肯卖力气；不高兴就耍起大爷脾气，叼根烟到各个车间乱窜，找个消停地界，沏一缸子热茶，连喝带聊，一坐半天，有事也很难找到他。有一回他夜里出车，会计不给他误餐费，他赌气跑到五楼顶上待了多半天，急得生产供销股长王魁用扩音器把嗓子都喊哑了，他也不搭理。后来那会计从厂里分了半立方木料，请他帮忙，他却不记前仇，热心帮那会计用车拉回家。他为什么以德报怨，原因无人猜得，人们摸不准他的性情，就叫他"邢没准儿"。

邢没准儿这两天更叫人摸不着头脑。许多进货出料等着他，可他说自己泻肚，出不了车，但也不回家休息，整天守在厂里，躲在一个角落，帽檐往下一拉盖上脸，耸起的两肩把耳朵坠托起来，尖下颏儿往领口里一插，死样活气，动也不动，嘴巴像活蛤蜊一样死死闭着，一声不吭。谁都不能说他装病，因为厂医兰燕就是他老婆。虽说这保健医是"二五眼"，擦皮伤肉抹点红药水，头疼牙疼给两片止疼药，可她给邢元确诊胃炎，谁敢推翻？要是惹翻兰燕，不比惹翻邢元更好受。保健室总共两个医生。另一个外出半年学化验，她就成了这里的"皇上"，惹了她，有病说你没病，要假不给假；那张伶牙俐齿的小嘴更不饶人。但是她今天竟和邢元一样不吭不哈。一张五官好动、表情丰富、招人喜欢的小脸儿，变得像板凳面；弯弯而秀气的黑眉毛拉成一条直线，好像有股气横在脸上。平时到处插嘴，不说话难受，可今天逢人不理，眼都不瞧人。不看病，不给药，不开假。有病找她，她就开个转院单子往人家手里一塞，说："到外边卫生院去看吧！"这究竟是怎么啦？小两口子一个神儿，吵架了？

屋里这群男男女女，年纪轻轻，社会经验并不少。他们深知小两口子打架最好别管，这种架打起来像一对仇人，转眼就好成一个。而且看他们这架势又不像是自己互相斗气，难道有谁敢来招惹他俩？于是人们表面上装着看不出来，眼珠子不时移到眼角，留神察看这两口子一反常态的真正缘故。

这当儿，门儿"呀"开了。人没进来，一个圆乎乎的大脑袋先伸进来。脑袋上一对圆眼镜片忽闪发亮，看不见眼神。可大伙一瞧这呆头呆脑的样子，哄的笑起来。笑得这人发窘地抬起手背遮挡着嘴部。屋里一个瘦健漂亮的小伙子说："郗捂嘴，怎么脑袋进来，脚丫子留在门外边了？是不是又穿了一样一只鞋？"

这一句逗得大伙笑得更厉害，直笑得两个女工眼睛流泪，捂着肚子直不起腰，一个长着连鬓胡子的结实高大的汉子，手里烟卷拿不住，掉在地上。一直板着面孔的兰燕也绷不住，她不愿意让人瞧见自己脸上现出笑容，掉过身面朝窗外，但别人从她后背丰腴肌肉的颤动中照样看得出来。

这人是厂设计室的头号设计郗半民，五十年代工艺美术学院的高才生，厂里唯一的名副其实的大学生。人老实得出奇，呆得出奇，胆小得出奇。遇到尴尬场合，总是习惯抬起手来挡着嘴部，人称"郗捂嘴"。头年里，全厂职工健康普查，兰燕错把他满是脂肪的肚子上的肉褶，当作肝脏的边缘，误诊他"肝大三指"，吓得他一夜没睡，第二天上班米，糊里糊涂穿错了鞋，一只黑布鞋，一只绿球鞋，到厂里才叫人发现，轰动了全厂，从此这事就成了这呆子的一桩典故，也是工人们闲谈时的笑料。

郗半民一进屋，大家更加兴奋，发亮的眼珠子围着他转，好像要从他身上找到可笑的事情。

"郗捂嘴，想吃点嘛药？"那小伙子又逗弄他，脸上溢满调皮捣蛋的劲儿。

"我这几天闹眼。"郗半民认真地说。他不大听得出别人是否取笑自己，便摘下眼镜，给大家看。他左眼红肿，好像一个大红果儿。

"好呵，郗捂嘴，你要这样子在胜利路上一站，保管所有车辆都停住——人家以为你这是红灯信号哪！"这小伙子机灵得很，抓到话茬，俏皮话说来就来。他的后腰上别着钳子改锥，一看就知道是个电工。

在大伙的笑声里，郗半民赶忙戴上眼镜，请兰燕给他瞧病。兰燕也不看他，却冷着口说："我没能耐看你这种病。你去卫生院吧！"

"不行，兰大夫。"郗半民马上焦急起来，"羽毛画组等着要样子呢！你给我点眼药水滴滴，叫它别总流眼泪就行。"

兰燕瞟他一下，说："这是急性角膜炎，滴眼药不成，除非打针！"说着把身边的针盒用劲儿拍得啪啪响。

旁观者明白，郗捂嘴胆小，兰燕这是故意吓唬他。谁知郗半民活忙心急，认头挨一针，顿时引得屋里这几个小伙子兴致大发。"郗捂嘴，快，脱裤子，把屁股露出来！"那电工小伙子立刻叫道。

"王宝，你起嘛哄，这么多人……"郗半民手挡着嘴说。

"王宝，你对人家老九别讲粗话。你应当说——"另一个长脸的小伙子说，"您请卧下，高抬尊臀……"

笑声灌满屋子。郗半民显得很紧张。那名叫王宝的电工小伙子叫着："你这屁股怎么跟房子的分配方案一样见不得人？今儿我们非看不可了。哥几个，来，帮帮他忙。"王宝闹得最欢，他是成心要拿郗半民取乐。

还有一个长得黑生生的胖小子也从旁起哄闹着："郗师傅，捂嘴干吗，捂屁股呀！"

屋里两个女工立刻吓得尖嗓门叫着，夺门跑掉了。郗半民死抓住裤腰带，扭着屁股，生怕这几个不知轻重的小子上来扒裤子。兰燕忽然气势汹汹朝王宝他们骂道："你们再没皮没脸地胡闹，我就轰你们啦！"

若在平时，这几个小子非跟兰燕耍几句贫嘴不可，但今天不敢，兰燕那副气哼哼的样子叫他们不敢闹得过分。开玩笑的深浅，不在自己，而在对方。

那个络腮胡子的大个子，是保全车间的钳工刘来。他说："算了吧，哥几个，别拿人家老实人开涮了！"

刘来在这几个小伙子心中有些威信，郗半民这才从威胁中解脱出来。他左手在胸前抓住裤腰往上提，右手绕到背后把裤子谨慎而不情愿地褪下一小截，露出肥嘟嘟一块肉。兰燕用镊子夹着浸了酒精的棉球抹一下，飞快把针戳进肉里。可能她心里有股气，用劲就过猛。"哎哟，妈哟！"郗半民不觉疼得一挺肚子。

打针的就怕人家说疼。兰燕没好气地说："凑合点吧！好处都叫你们老九捞走了。赶明儿，住进新房子，嘛病都没了。"

这几句话打她那又薄又快刀片一样的嘴唇中间吐出来，字字好像带着刀刃。郗半民听了，摸不清头脑，只好"嘿嘿"赔笑应付。

言者无意，听者有心。旁边那几个精明小子，从兰燕这几句话仿佛一下子猜到她耍脾气的根由。没等他们用话往深里探一探，技术股的股长伍海量闯进来。伍海量是个五短身材的矬子，比普通人还矮半头，其貌不扬。他窄脑门，方下巴，大嘴又总张着，好像钱罐的投钱孔，大鼻头往上翻，鼻眼直对人。有一次，电工王宝装电扇时，假装搞错而故意把插头往他鼻子上插，这事也算他的一件提起来叫人大笑不止的轶事。在厂里，人人都叫他"武大郎"，不知是由于他个儿矮又偏偏姓"伍"，还是因为他那模样不错的老婆和他离婚，另嫁了别人。

他一进门，就往屋里一张张脸上看，像是找人。

"找西门庆吗？"王宝笑嘻嘻说。

"闭住你的烂嘴。我找——哎，这小子在这儿！"伍海量一眼瞧见倚在墙边儿的邢元，立刻眉开眼笑，"快跟我来，邢没准儿！"他这一笑，五官挤在一起，像个干柿饼。

邢元没动劲，帽子遮着脸。

伍海量上去一把抓过帽子。邢元闭着眼，好像睡着一样。伍海量打趣道："唔，你小子成佛啦！"

邢元忽然睁开眼，目光挺凶。旁边几个工人互相递眼色，意思是伍海量没长眼眉，专往烧火炉子上撞，看来准有乐儿在后边。刘来不声不响换支烟，紧抽两口提提兴致，一只手摸着自己下巴上的三角胡楂，好像等着瞧这意料中的大戏。果然，两天来一言不发的邢元开了金口。

"武大郎，你是厂里第二号大学问，我是头号文盲。我斗不过你。你有能耐跟关老爷（厂长关国栋的外号）用不上，可别找兴我。我姓邢的没招你没惹你！"

伍海量看他神色不对，不明根由，却知道这小子不好惹，便赶忙换个口气说："我打一早就找你。找你整整两个小时，哪知你在这儿呢！"

邢元把小白脸绷得硬邦邦，没好气地说："你找我两个小时，我还找你两个小时呢，也没找到你。我找不到你，你能找到我？"

旁边几个工人一听邢元这机灵巧妙的答话，不觉都啧啧称绝。伍海量无言对答，只好说："外贸退回那两万个长了霉的彩蛋得赶快拉回来。怎么，你今儿不大舒服？"他用柔和的话哄着邢元，生怕邢元给他一个硬钉子，"不过这事还非得你不行。没你办不成。嘿嘿……"

虽说伍海量曾是轻工业技术学校的学生，但在工厂混油了，天性和善，学不会心硬手狠，却早学会了厚皮赖脸。

"少来这套！别把我往高处抬，再撒手摔我！老伍，这事你少管。你是管技术的，生产归人家关老爷和王大拿管，彩蛋出问题有你的嘛？你想当厂长？好吧——"他一手从伍海量手里拿过帽子，不管歪斜地扣在头上，然后交盘手臂，往肚子上一放，扬起下巴说，"你先分给一间房子吧！你要是像那帮头头们答应了不算，哼，秃蛋再来求我！"

这两句话，等于把他两天来装病怠工的底儿泄了。原来这小夫妻俩阴阳怪气，闹罢工，撂挑子，是给头头们一点颜色看！房子分配方案一直是个谜。那几个工人一听邢元的话里必有蹊跷，便撬乎着说："邢没准儿，我们都听说，房子不是你稳拿一间吗？"

"稳拿？狗屁！这回公司的工作组一来，戏法又重变了。我那间吹了！"

王宝接过话说："吹不了！凭什么吹？谁敢？你告我，咱哥儿们拿三百八的电电死他！"这话好像是为邢元打抱不平，实际是挤他往下说。

"谁说不敢？这工作组是公司新来的那个姓贺的书记派来的。我早就听说过，这个姓贺的原是局技研所的所长。新官上任三把火，人家正想做出点样儿给别人看。咱厂那群捞不上房子急了眼的，瞎起哄，往上反映。要不公司会来插手？"邢元气哼哼地说。

"公司不插手，你们几位又得手了！"刘来靠着药柜，抽着烟，不紧不慢的话里含着冷嘲热讽。

"嘿，大胡子，你还别气，小心生气长癌。人家该得手的照样得手。就说人家关老爷，在公司里、局里、市里有多少人？工作组来了还得帮他的忙，帮不了我的忙，也帮不了你的忙！"邢元听出刘来嘲讽他，有意回击几句。

"怎么，这房子也有关老爷的？他城里不是有两大间吗？"王宝紧着问。

"弄来这房子他自己住，城里那两间给他闺女儿子！"邢元心里有火，平日嘴里那道闸也关不住了。

"你别胡扯了，人家关老爷的事你怎么会知道？"刘来假装不信，故意刺激他多吐出一些秘密。

"我？我嘛不知道。头头们上下班，出门开会，坐在汽车里嘛都说。还有武大郎一间呢！"

"别胡安，哪能有我的份儿！"伍海量虽然这么说，意外的好消息使他那张短脸闪出惊喜的光彩。

邢元说："我不骗你。我也不跟你争。要是分房给你，我服气，咱俩条件一样，都是倒插门女婿，住着老丈人的房子。可是咱一条男子汉不能总寄人篱下。当然你比我更难，你老婆又和别人结了婚，你住在人家算哪一号？多窝囊！我就是不服那群头头们，哪件事他们不吃香喝辣的？天天上班，干脆就说是找便宜来的。他们要把我惹火了，我把他妈的那些见不得人的事全兜出来。咱光脚不怕穿鞋的。无产阶级，天不怕地不怕！"

"行了，行了，什么乱七八糟的。没鼻子没眼儿的事别随便往外扔。"伍海量阻止他继续说。

"去！要不说你是武大郎！连骨头都不够长！我姓邢的虽然小学毕业，人事不比你懂得少。你原先在制镜厂是管生产的，为嘛王大拿一手抓着生产供销两样偏不给你，愣叫你管技术？懂得吗？就因为你不是关老爷的人，人家不信你。你别像孙猴子，拿着弼马温当个什么官儿！别看分给你一间房，那是因为不给你说不过。拿你去堵住人们的嘴，再怎么干都成了！"

"好呀！"刘来突然把半支烟往地上一扔，发火道，"敢情你们在上边暗含着把油水都分光了，把我们几百号工人都蒙在鼓里。邢没准儿，你小子也不够！要不是工作组拿掉你的房子，这些话你死也不会往外说！"

邢元怔住，他忽然醒悟到自己话说多了。冲动最易坏事。兰燕插进嘴来："你们可别往外边去瞎造！我早对小邢说过，给我们房子也不要。头头们叫小邢搬去，不就因为他是司机，晚上看电影看戏，半夜去接站看病，随时都能把他从被窝里掏出来？"

"别唬我们了！"王宝说，"要给我一间，每天夜里掏两次我也干，别净说头头们吃香喝辣的。近水楼台先得月，沾一沾也捞点油腥呢！"

"滚，别在这儿耍臭嘴！"兰燕上来使劲给他一巴掌，掉下脸儿说，"就这样还想在我这儿泡假？美的你！"

"唷！"王宝挨了一下，不但没急，反而扭过脸逗弄邢元，"嫂子拍我肩膀一下，你可瞧见啦，吃醋吗？哎——"

邢元的心思在房子上，根本没理他。

伍海量怕他们逗翻了脸，一推王宝说："耍什么二皮脸，还不干活去！贝雕车间好几台电砂轮都不转了。"然后又转脸求邢元："去拉几趟吧！那两万个彩蛋霉成什么样子还不知道呢！天再热，霉得会更厉害，将来返工都洗不干净。"

"怨谁？怨我？"邢元小眼一瞪说，"你们头头们没弄好，叫我来回拉，我不受那份累。汽车不在院里吗？自己拉去！"

刘来嘴角含着讽意说："反正外贸给钱了，叫外贸赔呗！"

"那怎么行？"伍海量半仰着头对大个子刘来说，"发霉的原因是咱们没洗净蛋壳。再说，外贸还压着咱一笔贝雕和羽毛画的钱呢，人家正要用这笔钱顶这批货。"

"人家是正正经经做买卖，咱们头儿才不费这份脑子呢！我给你出个主意吧——"刘来似笑不笑地说，"把这两万个彩蛋都处理给职工。五分钱一个，拿回家把蛋挖去，至少外边那锦缎糊的小玻璃盒也值，我们情愿不要这个月的奖金了。"

"那厂子就该关门了！"一直站在旁边没说话的郗半民着急地说，"五分一个得赔多少钱，最少也得四万块钱！"

大家看他这副急啾啾的样子，都笑起来。那个黑黑的小伙子取笑说："要不说你们老九办不成事。一张嘴就是傻话。"

邢元说："你急得嘛，郗捂嘴？厂里养了五十多个干部白吃饭？告诉你，一个钱也赔不了！"

"不赔？那我可不信！除非头头们把工资和存款全捐出来！"王宝说。

"想得倒好。个个瓷公鸡、铁仙鹤，哪个肯拔毛？不多拿就算好的！"邢元说，"人家不赔钱自有绝招。叫你小子把脑袋里的水挤净了，也想不出来！"

"如果是王大拿出的主意，准有倒霉的！"刘来说。

"算叫你说着了。"邢元的话里带着三分佩服。

"说着了嘛？"王宝十分感兴趣地问。

伍海量生怕邢元再捅出什么来，上去一手拉着邢元的胳膊说：

"别胡捅乱捅了，还嫌厂里的娄子不够？彩蛋霉成什么样子还不知道，你有这胡扯的时候三趟也拉回来了！"

"我说过，不给房子我就——"邢元说到这儿看了兰燕一眼，把下面的话改为："我就有病！"

伍海量急中生智，扒在邢元的肩膀，微微踮起脚，尽力把大嘴叉子凑向邢元耳边。邢元一推他，"离远点，嘴怪臭的！"

伍海量不但不恼，反而笑呵呵又亲热地拍他一巴掌，"你听着呀，好事——"跟着又凑上去小声说两句。声音小得屋里没有第二个人能听见。

这话像魔法吹进邢元的耳朵里。邢元的小黑眼珠立刻好似通了电的小电珠一样亮起来。他问："武大郎，你这话当真？"

"骗你是孙子！"

"你们老九心眼多。"

"我算哪号老九。我是中专技校毕业。"

"矬子里拔高个儿，别看你矬，跟我们比还算大学问。"小邢说，"郗捂嘴老大，你老二。咱厂就数你们俩。"

郗半民在一旁听了，不觉又抬起手背挡嘴。

"小邢，我保你了，怎么样？"伍海量说。

"你的话不如放屁。谁保你呀！你还保别人？要是工作组他们保还说说……"

伍海量又附在他耳边说了一句，邢元立刻神采焕发，好像中了什么头奖。他叫一声："你这矬子心眼就是多，你怎么——"他看看屋里的别人，便把下边的话留在口中，只是说了声："走！"声音里带着抑制不住的兴奋，手一拉伍海量，开门就跑出去。

屋里那几个人虽然没听见伍海量的耳语，但从邢元转瞬突变的神气，看出来这小子得了便宜。兰燕八成也猜到了，脸蛋好像开花的小河，盈盈漾出活气。于是王宝他们就拿兰燕开起心来。兰燕抓起一把笤帚像轰鸡一样，噼噼啪啪把他们全打出去。不过这一次不是赌气，而是高兴。

这几个小子一出保健室，立刻把刚才屋里这些新闻散扬出去，不出两小时，就有声有色地传进了所有人的耳朵里。于是，这八间房子的分配方案在揭开之前，更富于魅力，像谜底一样吸引全厂工人的眼睛全都瞄准它！

二、彩蛋变松花

　　看不见、听不到、摸不着、猜不准……猜不准就多听听；耳听为虚就用眼瞧。瞧哪儿？那儿，那边的办公楼！

　　全厂总共三座楼。前楼是旧厂房，做的是植绒和浆印的床单、桌布、枕袋、头巾，多年来不变的老品种。单是这破旧杂乱的车间厂房就显出一副靠惯性缓缓运行的老态。一楼是植绒车间，从剪绒机里飞出的细小的绒毛，用风扇排不出去，就混在空气里；黑暗的地方看不见，光线里密密麻麻亮闪闪，好像牛毛小雨到处飘飞，十分吓人，工人们最容易得尘肺。上班时工人们一律像医院手术室里的医生护士，大口罩捂在脸上。逢到伏天夏日，嘴唇四周捂出一大团痱子，像吃了鱼虫子。年轻的姑娘们爱美而不肯戴口罩，得尘肺的多是她们。二楼和三楼都是喷花车间。一条长长的巨型桌案从车间这端通向另一端，几十名工人对面坐着，用喷枪把各色浆液喷在绒花上，色雾也像绒毛那样乱飘，于是这二、三楼就成了色彩世界。桌案上、衣服上、地上、墙上、手上、头发眼毛上全都花花绿绿，真像当今舞台上时髦的那种五颜六色、变来变去的灯光"效果"，有时弄到脸上就像戏里的小鬼儿。四楼上搞丝漏浆印，虽然看上去整齐得多了，人也少，可是制版房里喷漆稀料的味道专往人鼻眼儿里钻，再加上制版用料含有容易挥发的苯，容易引起苯中毒。厂里几次开会，大张旗鼓地喊叫要把绒毛、色雾和苯这"三害"从楼里清除出去；然而，不少头头似乎习惯了这种用"运动"的方式解决问题，凡是靠运动这股猛劲办不成的，过后反而无人过问。"三害"顽固地存在，厂里唯一能拿出的办法是每人每天两角钱"有毒作业补助"。没有补助倒也罢，这两角钱却引得人们去想；谁愿意为这两角钱找病？没病装病倒不错，可以到兰燕那里弄几天假，回家干点私事，但谁也不想真有病。人最大的福气莫过于有个硬邦邦、经得住折腾的好身体……这就是旧厂房全部内情了。楼梯走廊上全是绒毛、破布头和草绳。楼外的大棚里堆满没拆包的原料布匹和包装成捆的成品。看上去，这座楼就像一只正在装卸货物的破船。

这老厂房对面，竖着一幢漂亮的新厂房。红砖、青瓦，白水泥抹得见棱见角的窗户框，上下六层，十分爽眼。这是七年前厂里恢复工艺品生产时，外贸拨款资助盖起的一座新楼。厂里从旧厂房选出几十名年轻能干的工人——自然又都是与头头们有着各种各样瓜葛和裙带关系的人，分成三批，一批去营口学习羽毛画，一批去大连学习当地精熟的贝雕技艺，另一批人跟随着重金请来的两位老画工学画粗糙而地道的仿古国画"苏州片子"。自从尼克松来中国，外国闹起中国热，从长城故宫到熊猫，以至泥胎的小花脸和月饼模子，一概惹得外国人眼珠发亮。一百年前，不少外国人靠着中国古董发财，外国人脑筋并不灵活，这次他们抱着原先那种旧成见和新的神秘感，竟把所有没见过的中国玩意儿，不分良莠都当作宝贝，这就使国内的工艺品厂发了一笔洋财。这座楼也就应运而生。楼里生产的东西招人喜欢，它成了厂里向外炫耀的资本。不知哪来一个奇怪的逻辑：凡是唬住外国人的，也就唬住自己人。于是这楼里的工人们给人的感觉不一般了，个个身穿平平整整、没有皱褶的白布大褂，手洁脸净，进进出出，比大医院的医生护士还神气。这帮人也算转运了！干着最轻的活儿，练的最拿人的本事，互相打趣还称什么"艺术家"！一幅画，动辄卖几百上千，等于喷花车间几十个工人干一天的。而且，这两年前楼植绒浆印的工艺陈旧，植绒不牢，浆印怕洗，砸了几家国内的老客户；广州那边的彩印床单图案新颖，价钱也便宜，不声不响地在广州展销会上把和他们保持多年关系的外商全拉走了；多亏生产供销股长王魁生拉硬扯，拆东补西，使尽浑身解数，才使前楼的生产没垮下来。但是，究竟是一个月只有半个月的活，楼里三百号人只能慢慢腾腾地磨洋工，如果一努劲儿，跟着就没活可干，该睡大觉了；只能这样有气无力地维持，时赚时赔。这么一来，"后楼养前楼"的说法可就沉重地压在前楼工人们的身上了。两座楼一新一旧，一高一矮，遥遥相对。后楼好似一群高等精神贵族，前楼却像一伙吃闲饭的食客，脑袋也抬不起来。唉，什么时候才能翻身哪！

身子没翻过来，压在上边的东西竟然渐渐变轻了。市场的变化谁也控制不住，国际行情比邢元的脾气更没准儿。机灵的人像兔子到处都是，到处乱跑。你不转脑筋，人家的脑筋转得一刻不停。如今世界上以不变应万变的，大概只有宗教和古董。当外商看到中国工艺品变成热门货，一下子香港和台湾都干起来，善于模仿的日本人很快就把一些做工简单的中国工艺品制造得惟妙惟肖。不大会变化的工艺品总厂有限那点招数叫人偷去，它的高潮也就很快过去了。技术股长伍海量有些买卖眼光，看准彩蛋在国际市场上抬头，立刻叫国画组改画彩蛋，抓住了几家国外客户，才暂时撑住后楼这个撑得过大的摊子。谁料到，彩蛋出了娄子！两万个彩蛋在外贸仓库里，没等出口全长了霉。如果外贸叫厂方包赔，切关全厂工人利益的大问题就要马上临头——没钱发奖金了！两楼之间的气氛变得微妙又复杂了。幸好这两天，分房是件超级大事，暂时压住人们对它的关注。

在这前后两楼中间，横插进一幢结结实实的两层小楼，这是厂里的办公楼。原先这里是篮球场，厂领导不管那群球迷们怎么恳求加吵闹，硬把篮球架子拔走，盖了这座楼。其实后楼后边还有一块宽绰的空地，但把办公楼盖在两座生产大楼中间，干部们办事就方便些，坐在屋里透过窗子就能把前后两楼的一切动静尽收眼底。工人们称这座楼为"岗楼"。可是此时的情况相反，两座楼几十扇窗子后边，那一双双眼睛正直勾勾盯着这"岗楼"有何异样，有何变化和可供猜测的蛛丝马迹。这"岗楼"就像被一群细心的侦察员紧紧地又悄悄地包围住了一样。

人们把鼻尖在冰凉的玻璃上按瘪了，也没看出任何蹊跷。大小干部们照样像平时那样在办公楼的门前进进出出。偶尔有两个干部在那楼前站着，凑着脸儿说几句悄悄话，这又不算什么，干部们一向喜欢这么说话。没有秘密干得还有什么劲！公司贺书记派来的工作组的三个成员自打驻进楼就没出来。他们已经来了五天，天天如此，不知他们在干吗！有些与"岗楼"里的小干部们要好的工人，偷偷打听，也问不出一二。回答的话好像统一过口径："我们也不知道，在搞调查吧！"这话和没说一样。

自打这八间房子分配的事闹到公司去，贺书记就派来三个人组成的临时工作组。工作组到厂当天就召开大会，宣布公司党委的三条决定：第一，原先一切分配方案立即作废；第二，工作组只做调查，不管分配，对外不接待；第三，全体职工安心生产，要相信公司和厂党委一定能妥善解决问题。

可是，在这之前，工人们并不知道什么分配方案。就因为分房的事一直闷在罐里，私下又谣传这八间房子都叫头头们包去了，大家才闹起来。工作组头天开了这会，大家心头一振，可拿眼一瞅派来的还是这老三位，心就凉了半截，又犯起嘀咕来。这三位是公司劳资科朱科长、保卫科韩科长和党委秘书谢灵。这位谢灵，人称"超级蜘蛛"，到处牵丝拉网，到处有熟人，到处走得通，他能办到的事，别人连想也想不到。他们三人无论为私为公，经常往厂里跑，与厂里的头头们不知互相串通办过多少事。尤其是朱科长，绰号"人贩子"，全公司职工调动和学生分配，都由他一手操办，随意摆布。在这工艺品总厂的后楼干活，真是少有的干净清闲、玩玩弄弄的美差。每年夏天，轮到学生分配的时刻来临，局和公司头头们都拜托他，把各自亲的厚的送到这儿来。当然，厂里的头头们也就要利用自己把持的这个地利，和他搞点交易，不过这些事都在人不知鬼不觉时成交。那个保卫科的韩科长，人虽老实，脸上从不带笑，叫人猜不透。猜不透的事再加上猜不透的人，可就叫人不放心。自从这三位到厂后，每天上午来半天，中午不出楼，在"岗楼"里吃饭，不与外界接触。所用饭菜都是关厂长特意吩咐食堂小灶做的"工作饭"。吃过饭，没过多时，便由邢元开车送走了，不知是回公司开会，还是回家。既然原先那分配方案别人没见过，谁又能保准这次方案不是原先那个方案？官官相护，利害相关，哪个头儿没便宜，肯去损害对自己有益的老关系？说得好听点，谁也得顾点人情。现在的人情不那么纯，里边包着利害。于是，立在前后两楼中间这幢门窗紧闭、悄无声息的"岗楼"，更给人一种神秘和不稳妥的感觉。可恨的是所有玻璃窗，都叫那些小干部们清闲时擦得锃亮，玻璃反光，反而看不进去。

上午十点钟，传达室的老龚头，去办公楼送热水，出来时提着一把高柄的绿铁壶，门口的地面明明很平，他竟像给什么绊了一跤，一下子就像给火枪打中的野鸭趴在地上，手里抓着壶把儿，壶盖儿早滚出七八尺远。由于各窗口都有人盯向办公楼，老龚头这一跤叫人看个满眼儿，摔得真不轻，六十大几的人不死也够呛！站在院里的人都跑过去，料想老龚准摔蒙了。谁知老龚头没等人跑近，一翻身爬起来，满脸皱褶里居然溢满了笑容，好像秋天的阳光照在一个干了皮的老南瓜上。他拍拍沾在前襟和膝头上的土，马上去拾那壶盖儿。这一下，他不但没摔晕，反而挺高兴。别人问他摔伤没有，他笑哈哈地一个劲儿说："不要紧，不要紧。"说着就赶紧乐不拢嘴地颠颠跑回传达室去了。

这情形叫人好奇怪！任何人摔这一下都难免龇牙咧嘴，他怎么倒像交了好运？摔跤能摔美了？那纯粹放屁！没这种傻蛋！王宝追到传达室问他："老龚头有嘛好事？"

"没嘛，真的没嘛！"

"别骗人！没一个人摔了跤还像你这模样的！"

"摔一下，脑袋反而清爽了。"老龚头咧开嘴，大门牙只剩下一个，好像大门缺了一扇。

"你又来'骗自己'啦！"王宝指着老汉说。

老龚头嘿嘿笑。他外号叫"骗自己"，原因是从来不说自己坏，总说自己好，人们才给他起了这个外号。他认真地对王宝说："真没骗你呀！"

"不对，你今天这样子，一看就不对。是不是工作组给你房子了？"王宝眨眨眼，连蒙带唬。

老龚头一怔，跟着摇着手说："哪能有我的房子呢？我是退休留下来补差的，还能给房子？房子是给你们站在生产第一线上的！嘿嘿。"

王宝不信他的话，却信他不肯说真话，就绕着脖子套老龚头的话："全厂只你这么一份，一家三代挤在半间屋里。你没找工作组说说？"

"小伙子，你不明白，一家人住在一起有好处，谁找谁都方便，嘿嘿。"

"去，你又来'骗自己'了！谁不知这几天你老伴为房子和你怄气！"

老龚头方要解释，忽听外边一声刺耳的喇叭尖叫，还夹着邢元一声叫喊："糟蛋来了！"

跟着一辆装满纸箱的大卡车从传达室的窗前掠过，飞驰一般直开到办公楼的楼前停下。这是邢元刚从外贸仓库拉回来的一车生霉的彩蛋。

不少人围上去，要看看这变了质的彩蛋是什么模样，尤其是前楼工人，穿着花花绿绿的工作服，好像一群防空伞兵，跑出楼来看。邢元跳下车楼子，爬上车槽，打开一个封皮纸箱，掏出一盒彩蛋举到半空中，"看呀！青皮大松花！"

在众人目光汇聚处，盒里的彩蛋没了画儿，霉成青绿色，长了长长的毛。工人们见了并不个个都笑，有的面露焦虑神情，反骂邢元："算了吧，邢没准儿！不是什么露脸的事，这下子连你的奖金也没了！"

"快拿去给王大拿看看吧！关门算了，干什么劲儿！"一个女工愤愤道。

忽然，从办公楼里走出几个人。衣袖间仿佛带着二三级的风，走起来很有几分劲势。走在前面的关厂长，沉着那黑黝黝而多肉的一张脸，眉眼横着，目光冷峻，还真有几分厉害样。人们立刻不言语。他沉吟片刻，对邢元呵斥道："干吗？扰乱人心？成心捣乱？还不快把车开仓库卸货去！"

要凭邢元的脾气，马上就会回敬关厂长两句。但他这次没吱声，仿佛浑身的毛都捋顺了，没一根倒戗着的。他顺从地跳下车，钻进楼子把车开走。

王宝和刘来几个正走来。这几个是厂里出名的捣蛋鬼，谁也不在乎。王宝叫道："邢没准儿，把它拉食堂里去吧！这些天净炒大白菜，这大松花正好下饭。"

工人们一哄而笑。这笑是成心给头头们难看。他们恨这些头头嘴里是公，办的是私，厂子都快散摊子了，还在争房子。如今彩蛋成了这样，谁能力挽这惨局？没有权，生气也没用，还不如寻开心，把气撒出来！

然而，关厂长并不以为意，相反却莫名其妙地一笑。仿佛他胸有成竹，根本没把工人们的嘲笑当回事。

王魁一挥胳膊，叫道："大伙快回车间生产吧！这事主要归我负责。不过请大家放心，厂党委研究了一个妥善办法，问题已经基本解决，一个钱也赔不了。这月奖金照发不误！"

好大的口气，两万个彩蛋变成青皮大松花，居然一分钱不赔，难道你王魁的本事齐天？可是再瞧王魁的神气十分自信。谁都知道，这王魁可不是心里能藏住事的人，心里有什么，脸上看得见。尽管刘来认定王魁又使什么缺德的招数了，但一时也猜不出。人们没了话说，只好怀里揣着疑问纷纷散去。嘻，又是一件叫人捉摸不透的事！

八间房子和两万个彩蛋，两个谜搅在一起，弄得人们不知议论哪一桩才好。一会儿从彩蛋说到房子，一会儿从房子说到彩蛋。费琢磨呀！不知这些头头怎么解决。有些懒于动脑筋的人就说，你们真是白操心，既然人家当头，必定会有超出常人的智力商数和神机妙策，等着瞧呗！

三、"您算把我们吃服了！"

北方人一听"涮羊肉"三个字，口水立刻从腮边往外冒。春天的铁雀，夏天的炸蚂蚱，秋天的河螃蟹，冬天涮羊肉，这四样，羊肉数第一。紫锅锅，鲜嫩绯红，纸片一般薄的肉片、青菜叶、白粉条，烤得焦黄酥脆的芝麻烧饼，再加上那浓香的卤汁儿和半斤六十五度的大直沽，嘿！当神仙也不过如此。无怪乎涮羊肉这东西在北方，要从小雪初降吃到春雨纷纷。

先前本地有三个带"庆"字的羊肉馆，牌号叫作"庆来""庆德""庆春"，都以涮羊肉驰名远近。如今，三个馆子都给历史埋藏了。这家新办的"宏祥羊肉馆"承继着当年庆字号涮羊肉卤汁的配方，还能叫一些吃过见过的老食客们点头称作"不错"。馆子开张时，颇有些小气派。人造大理石铺的地面，玉兰花蕾状的壁灯，服务员穿着一色工作服，宛如一家大馆子。可是自从后街开设了自由市场，卖菜、宰鸡、倒卖鱼虾的贩子们就进来吃吃喝喝，馆子立时变了样。原先桌上的花儿、写着桌号的牌儿、四味瓶儿，乃至印花塑料桌布全都撤去。这些贩子们肚大腰圆，胃口好，手里有钱，喜欢大鱼大肉，实实惠惠。店随主便，只要赚钱，该怎么干就怎么干；会做买卖的人，都不把劲儿使在受累不讨好的地方去。于是，这馆子就颇有码头上小酒馆的味道了。主顾们大帮大伙踢门就进，坐下来就大盘大碗地招呼，敞衣挽袖，一条腿扳上来，脚跟踩着椅子边儿，膝头垫着下巴，给酒烧红的脑袋一歪，腔调里带着几分江湖口，屋里什么味儿都有。但这月份里，几个共和锅烧开了，热气带着羊膻味儿一串，什么难闻的味儿都给遮住了。

靠墙那共和锅的桌上，一边是几个小伙子，一边一胖一瘦两个成年人；两伙人都涮得带劲。火炭烧旺，压在烟口的小碗里边的水都冒热气儿了，锅里的汤更是哗哗响；羊肉在他们肚子里发，酒劲往上蹿，就像看戏到了高潮。

再瞧这边的胖子，满脑门大汗珠儿，肥大的上衣扣儿全解开，摘开的腰带钩子耷拉在地上。他的筷子仍旧一个劲儿把大肉片子从翻滚的热汤里提上来，塞进嘴里，厚厚的嘴唇汪着一层亮光光的羊油。旁边的瘦子斜过身子，和他面对面坐着。这瘦子虽然喝了不少，锅里的热气连熏带蒸，却依旧不改面上干黄的气色。看样子他不过三十多岁，但脸上的皱褶像棉被的褶子又短又深；腮帮的肉塌下去，下巴连着脖子，几乎没有下巴颏，只显得那个鼓鼓的脑门和一双流光四射、精神十足的大眼珠子分外突出。最显眼的还是那对龇出来的门牙。无论嘴唇怎么嚅动，也不能把这对不安分的、总想出头露面的大板牙遮住。这对大板牙给他破了相，不然他还算得上漂亮。不过这牙吃羊肉倒分外方便，肉片一入口，大牙往下嘴唇上一切，就像闸刀一样"嚓"地把肉片整齐地切开。这人就是公司党委秘书、"超级蜘蛛"谢灵。人也称他"小谢"。一来他个头小，很像标准的"上海小男人"，二来因为熬到公司一级的中层干部，差不多都得四十五岁以上，鬓角见白茬，有点发胖，还有些轻微的慢性病。可他正是当年，浑身干巴劲，脑灵腿快，嘴巴说一天也不累，说话的速度极快，此时人笑着对这胖子说："怎么样，王大拿？肚子里的气儿没了吧！"

王魁大脸一扬，像面蒲扇抬起来，脸上笑呵呵，用粗嗓门说："没了，没了，都让这羊肉片挤跑了！"可是跟着说出的话依旧带着两分气："你今儿在场，你说这事怨不怨我？这矬子找兴我不是一天啦！到底还是人说得对——五短的人不好斗。"

谢灵笑道："人还说，个儿大的不傻必奸呢！"

"去吧！我没念过几年书。那矬子念过中专，心眼比我起码多一倍。平时跟我说说笑笑，赶到火候就来一下。尤其这彩蛋的事叫他逮住了，恨不得借茬把我和老关弄下去。说什么'生产管理……管好全过程'啦，'奖金是只金不奖'啦，'供产销不断循环'啦……还有什么来着？全他妈放屁！这套我虽然学不上来，可这厂子五八年合并时，不过十几家小买卖凑到一块的，现在折腾到嘛样？还不是我和老关？把厂子给他，三个月不关门，我'王'字倒写着！"

"'王'字倒写，不是还姓'王'？"谢灵逗他。

"你别逗弄我。我这人大老粗，火上来嘛话都往外兜。咱再说这矬子，他说我管生产，天天给自己擦屁股。你可别以为他这话是玩笑，他是骂我，我懂！不擦怎么办？鸭蛋没洗净我知道？我这个管生产的还能把鸭蛋个个拿来看洗没洗净？谁又知道堆在库里一夏天能长毛，我知道鸭蛋还能长毛？外贸退货，能认头赔吗？赔得起吗？两万彩蛋，几万块，还不把厂里的老本赔出去一少半？外贸那帮家伙唬我，说什么限期四个月，不重新交货合同就作废，从此彩蛋业务一刀两断。两头挤我，我又没长三头六臂。你说我这法儿对不对——叫我加工赶画一批，加工费减半，能画多少就画多少，敞开的活准有人干。现在谁不想多捞点钱？减价一半还五角钱画一个呢！一天画两个就白拿一块。外加工要是一气赶出三四万个，说不定还能赚呢！哎，你说这法子有什么不对？赔钱也不赔在我身上，赚钱也分毫进不了我的腰包。这不也是为了保住厂里工人们的奖金吗？这违反政策吗？犯法吗？"

"人家老伍也没说你犯法呢！人说你总这么办，自己也够呛！"

"受不了也得受，我算是看透了！无论哪儿都一样——谁能，谁受累！没能耐的，一边享清福，还一边挑刺儿！如今老九又吃香。不过我王魁不服他，看不出他有哪点能耐！"说着，他把油烘烘的嘴唇凑上前，"听说你们这次要给他一间房子，落实知识分子政策？"

"谁告诉你的？"

王魁笑道："你别问我，我问你，有没有这事？"他一边夹起一串连刀肉，赶忙歪过嘴巴，连续用筷子头捅两下才捅进口中，腮帮子立刻鼓起来。他紧劲嚼着，没法说话，眼睛直盯着谢灵等着他说。

"你的消息真快！这次贺书记特意提出改善知识分子住房条件，你们厂一共才两个够上线儿的知识分子，住房又都是'特困户'，不解决说不过去。不过我们工作组只管调查，不管分配。"

"算了吧！不管分，你们插手有什么用？这倒好，都捂嘴也捞上一间了。咱得说明白，别看老伍总跟我作对，分他房子我绝不阻拦，但要把原先打算给我的那间拿过去给他们，我可不干！"

"你家有三间房，还算困难户？"谢灵一边吃一边笑道。

"分房看不看贡献？天底下住房困难的多了，难道房子都是给不干活的人盖的？新鲜！"

"你跟我说有什么用？一个小秘书哪有拍板的权力？"

"没权的人比有权的人更有办法。你那'超级蜘蛛'是白叫的吗？全公司数你本事最大！"

"这么大嗓门干什么，又没说不给你房。"谢灵说着瞟他一眼。这句话也是一种暗示。

王魁立刻露出笑容，转口问："这次有没有老关的？"

谢灵犹豫一下，嘴张开又闭上，白花花的大板牙还露在外边。

王魁给他夹肉斟酒。待把他自己口中正嚼着的一团肉片咽下去，便兴趣十足地问道："你们那个贺书记怎么样？听说是个秀才，有人说像个大姑娘。"

"怎么说呢？倒是大学生。但不像一般人认为那么软……但他怕老婆。"

"那不算嘛。如今有几个头儿不怕老婆？我只问他在公事上怎么样？"

"他才来公司三个月，我哪摸得准。反正他挺有主见，敢拍板，说话做事都够利索。可是他和咱公司别的头头们不一样。你说他太愣吧，他前前后后都想得到；你说他知识分子太迂气，不懂社会这一套吧，也不是……我说不好。"

"我信这句话——老九不好斗！"

"话还不能这么说。你说咱公司大小头头哪个好斗？依我看这贺书记很少为个人打算……但我料他这套绝对行不通。"

"我明白喽！你说到这儿，我就全懂了。不过如今这社会，是你不买我的账，我就不买你的账。对不对？"

"你的意思，是他认死理，不识路子，对吗？"

"不完全对。依我看他还算够精明。他为嘛自己不伸手而先派你们三位来，是叫你们挡挡馋。如果他自己掺和进来，可就像这盘肉片——掉进烧锅里喽！"王魁说着，哧哧一笑，把一大盘鲜肉片倒入滚沸的锅中。

"够了吧，几碟了？"谢灵说。他看了看旁边许多空碟子。

"管它呢，吃，吃！"王魁说，然后再把话题扯到刚才没有答案的问话上，"你倒是透给我一个信儿。老关的房有没有问题？"

"我透给你，明早你就会透给老关。"

"你不肯说就算了。你处在的地位上不好讲话，我也甭问。"王魁说着，脸上不大高兴。

谢灵从他的表情看到他的心情，便凑近些说："王魁，你知道纺织公司的马经理吗？我表哥，他想在阳台上搭个小花房……"

"用什么，说吧！"

"你这人可真痛快。得用点方木和五层板，如果有松木板子更好。"

王魁手一摆，慷慨地说："好办，回头叫管仓库的杜兴把东西择好的弄出来，再叫邢元给你拉去。我给你开票，批发价，再接清仓处理打对折五扣收款。行吧！"他说着，不耽误吃，酒肉齐下。

这话谁听了都会高兴。但不等谢灵答谢，王魁便说："我听说老伍为了彩蛋的事，要去贺书记那里告我。"

谢灵拍拍胸脯，龇着牙说："这事包在我身上，管叫它大事化小，小事化无。"

王魁心喜，一扬眉毛，立刻有两颗汗珠子滴下来。他大手向下比画两下说："打住！就说到这吧！吃，再吃！"

当他再把一盘鲜肉片倒入锅中，用筷子涮动时，对面吃锅子的那三个青年人站起身走过来，前头一个又瘦又黑，满脸捣蛋相，鸭舌帽歪戴着，帽檐下伸出一些鬈发。他一手拿包烟，一手已经从盒里抽出一支送到王魁面前。王魁已经喝得微醺，更弄不懂这几个陌生的小伙子的用意。前头这瘦小伙子对他开口说："这位师傅，我们哥仨一边吃，一边数着，您自己就已经足足吃下去三斤肉！我们哥几个从来没见人这么能吃的，您算把我们吃服了！来，敬您一支烟！"

王魁听明白，哈哈大笑，接过烟说"谢谢"的当儿，这三个小伙子已经开门走了。弹簧门来回一摆动，有股冷风吹进来，王魁感到清醒些，跟着忽然对谢灵说："不好！"

"怎么？"

"刚向我敬烟的这仨小子，我认得。其中一个是春和街画外加工的。他要是听见咱们刚才那些话可就糟了！"

谢灵惊得张开嘴说不出话来。在酒意尚存的王魁眼里，谢灵龇出的一对大板牙，好像麻将牌里的一双光秃秃的白板直对着他。

四、哪里下手?

贺达用了整整一个小时，把办公桌上这堆成小山似的信飞快看了一遍。同时将信件归类，数一数，共一百四十一封：各种公函十一封，各处寄来的杂信八封，余下的一百二十二封全是工艺品总厂的告状信。按告状的内容又可细分为两类：一类是关于分房问题的；一类是关于彩蛋发霉事件的。他从来没收到过这么多信件。他从青岛开过发展工艺品新品种会议归来，前后去了七天，这里平均每天竟收到十七八封信！他只听说某某名作家和名演员会收到如此之多的信件。但那些信里都是快乐和赞美，他这些信全是麻烦。

他一边看信一边归类，做得有条不紊。这样走马观花看了一遍，已然将其中一部分只撒火、不谈具体问题的信件分出来放在一边，择出一些有人、有事、有看法的信件放在面前。然后摘下眼镜放在桌上，站起身用光洁的手指揉了揉疲乏的眼皮，做几下工间操中的屈腿和扩胸动作，活动一下待长了又僵又酸的筋骨，想让脑袋清爽些，再坐下来重读这些值得细看的信件。各种人、各样的字、各不相同的口气和问题，搞得他脑子发涨，他这才发现办公桌上蒙着一层尘土，袖子沾上不少。刚才他走进这分别了一周的办公室时，蓦地见到桌上堆着一尺多高的信，浑身一震，立刻趴在桌上看信，看完第一封就急着看第二封，一口气看了一百多封，根本没注意到什么尘土，显然在他这屋里办公的谢灵也没进来过几趟。他感到奇怪，自己在去青岛之前不是派朱科长、谢灵、老韩他们三人去厂里了解了住房情况吗，怎么又上来这么多告状信，居然比没派去人时告状的信更多！而且都是指名道姓写给自己的。那彩蛋发霉的事，在他去青岛之前就已知道，准备回来抓抓此事。没想到从哪里来了一群彩蛋的外加工，告状说工艺品总厂剥削他们，把本来低得可怜的加工费再压下去一半，目的为了抵偿这批发霉彩蛋的亏损。还有一封外加工联名来信，很像一份宣告书：如果压价，他们就联合不给工艺品总厂干了，情愿不赚这点外快，叫缺德的工艺品厂关门！

看来，那八间房子不但没解决，纠纷更大，彩蛋的乱子又出来了。麻烦缠着麻烦，从哪里下手？从信件的比例上看，有关彩蛋事件的告状信八十一封，有关房子问题的告状信四十一封，二比一。先让派去的工作组解决彩蛋问题吗？不行，内情还不明。他有条经验：中国的事不在大小，主要看参与的人事多少。人事少的，再大的事情也好办；人事纠缠多的，再小的事也难下手！

他抓起电话打给工艺品总厂找谢灵。谢灵接电话，电话里不仅有谢灵的声音，还有乱糟糟的吵嚷声。他问谢灵房子和彩蛋的情况究竟怎样。谢灵回答的声音又低又小——显然是凑着话筒说的。他说，彩蛋的事正乱着哪，一批画加外工的人员就在打电话这屋里和王魁辩论。房子的事更不简单，只能当面汇报。贺达想了想，说："好吧！"就撂下电话，回到桌前用抹布擦去桌上的尘土，坐下来戴眼镜，把那些特意择出的信一封封认真细读起来。

他先看关于房子的告状信。细看过后才明白，这次不是告关厂长，竟告他派去的三个人，主要是朱科长。信上都说，这三个人占过厂里的便宜，或调换工作，或分配学生，或买便宜货，或私分样品，或借用汽车，等等。吃人嘴短，因此在房子问题上只能偏袒厂里那些给过他们便宜的头头。来信有根有据，连谢灵最近从厂里拉走半方木料的事也告了！这事真是出乎初来乍到的贺达的意料！

贺达气得把这些信往桌上啪的一摔。上个月，他接连收到有关这八间房子分配问题的告状信。他认为这涉及干部作风的信件有典型性，就把这些信的内容核实后，摘编成一份材料打印出来，送给市局有关领导们看，同时在公司党委会上提出个人意见。经研究，决定组成三人工作组下到工艺品总厂去摸清住房情况的底数，并宣布原先厂里搞的任何分配方案都不算数。他想叫派去的这三个人成为三个厉害的公鸡，啄破罩在这房子上的人事网。谁料到，工作组去了不过十来天，原先那张网不但没有啄破，反而又通过另外一些不曾使用过的、更硬的关系和渠道，结起一张更密更牢的网。到底这三个人是公鸡还是蜘蛛？

如今这世界上有多少蜘蛛？大大小小的蜘蛛，上上下下到处拉网，如果你想切实去解决一件事，先要费出牛劲又十分耐心地解开罩在这事情上的一层人事大网，若要解开何其难，不把你死死缠住就算你神气。

贺达沉吟良久，眼前忽然出现他儿时看过的一本忘记书名的童话画册。上面画着一个小人儿挥刀斩破一张巨型的大蜘蛛网。不知为什么，这画给他的印象极深。画上那蛛丝根根像粗绳子，小人儿必须使出全副力气，因此显得非常勇敢。想到这小人儿，他笑一下，跟着这笑就在他平光光的脸上消失。他可不是一个初降凡世、人事不通的傻瓜，虽然他在技研所只是一名管业务的所长，但是个头儿，就懂人事这套。斩网的童话是画家想象出来的，他面临的这张网却是活生生的人编造出来的。一个人一天得用多少时间对付这些不该对付的事？百分之九十？还得多！

他再去翻看那堆关于彩蛋发霉事件的信。相比之下，这些信的内容就没有房子问题那么复杂，不过是外加工对工艺品厂压低加工费而表示的一致愤慨。但其中一封信引起他的兴趣，这是技术股长伍海量的信。这人的情况他略知一二。六四年中专毕业，起先在制镜厂管生产，管理上很有一套。七六年大地震时制镜厂毁了，公司就将所属的两个制镜厂合并。两厂的工人合在一起容易，两厂的头头合在一起很难。有如两个庙的佛爷合在一座殿堂里，哪个摆在中央，给哪个烧香？由于他是被合并的，处于被动，被并入那家厂的生产股后，连板凳都没有。公司又把他调进工艺品总厂来，可是工艺品厂的供销和生产向来都抓在王魁手里，公司原想调他来协助王魁管生产，但王魁两手死死各抓一摊，不肯闲着一只手，他就被关厂长安排到技术股，填补前任技术股长病退后的空缺。在上个月公司研究技改问题的座谈会上，有些看风使舵的人起哄般闹着要"全公司生产自动化"时，他却提出根据工艺品行业的特性，在生产线上分出手工和非手工两部分；取消手工部分，工艺品就不存在。因此应把自动化生产的目标放在非手工部分上。贺达听得眼珠子快从镜片后边蹦出来了。他一眼看出这矮人一头的矬子，在智能上高人一头。他向来喜欢这种人，既能尖锐地发现问题，又有解决问题的高招。现在伍海量这封信却像电报那样只写了两句话："请抽出一小时谈谈，此事涉及工艺品厂的存亡！！"后边加了两个吓人的惊叹号，表明事情绝非一般。从这只言片语里看得出来，这矬子必定是有见解也有办法的了。

贺达马上再一次拨通工艺品厂的电话，找到伍海量，要他尽快来，并带上两个发霉程度最严重的彩蛋。急事急办，他最怕有事拖着不办，也怕情况不明干着急。他不明白有些人在事情滚成一团时，居然会脑袋一沾枕头就打起呼噜来。

过午不多时，伍海量就坐在他宽大的办公桌对面。矬人腿短，坐下来并不显矮。他带来的两个生霉的彩蛋像松花样品一样摆在桌上。贺达只字没问外加工如何去厂里吵闹，他明亮的目光在这生满霉斑的彩蛋上停留片刻，便瞅着伍海量问："你说，怎么办吧？"

伍海量见这个不曾深谈过的贺书记挺痛快，心里立时顺畅，说话也就非常爽快："办法我有，就怕行不通！"

贺达一听，反而来了劲头，"你说说，什么办法。"

"这批彩蛋绝不能叫外加工包赔。责任不在人家，只在我们厂。鸭蛋抽完蛋黄后，理应清洗三次。但工人们偷懒，图快，只洗一次。因为，抽蛋黄时，只能打一个眼儿……"

"我知道——"贺达说，"打两个眼儿，蛋壳里没有压力，蛋黄反而弄不出来。蛋壳洗净后，要用石膏把眼儿堵上，免得里边万一洗不净的蛋黄洗出来变质。可是干活的人偷懒，想象超额奖，洗一两遍就了事，石膏也不堵好，或者根本不堵……"

伍海量不由得抬眼望了望这个干净瘦弱、略显谨严的公司书记，心想这书记不是白吃饱。他怎么知道的？人家告诉他的，还是他自己琢磨出来的？伍海量接过话说："您说得对，工人们抽黄洗蛋时根本不管这一套；画画的只管画，其他一律不看。最后往玻璃盒装蛋时也没人提出来。问题可就出来了！"

"好了，你说该怎么办？"这个看上去挺沉得住气的书记突然显得性子很急。

这句话正中伍海量下怀，他说："返工！全体国画组一律投入返工。从各车间调出一部分人把彩蛋从盒里取出来洗净，重新画。原先每人一天画三个，这次限定画六个。"

"噢？六个，画得出来吗？"贺达的眼镜片亮闪闪对着他。

"当然画得出来，画八个也行。"

"保质保量？"

"没问题！"这矬子很有把握。

"你对生产潜力的估计有没有出入？"

"我有根据。去年，国画组要去北京看法国绘画展览，王魁说，每人必须一天干完两天的活才准去。结果到当天下午四点钟每人都画了六个彩蛋，画得个个都比平时好。现在国画组有三十五人，其他各组能画彩蛋的大约还有几个人。总共能有四十人，每天出二百四十个，一个月就出七千，顶多三个月就能画完。"

贺达像得到什么稀世的宝贝那样高兴，笑着说："真的？"

"我还能编？又不是蒲松龄。"

"这么说，外加工是多余的了？"

"您说得真对！根本就不需要外工。关键在于自己不干，活儿堆在那里才找外加工呢！"

贺达听罢沉下脸，好像生谁的气，垂头沉默一小会儿，随后仰脸问伍海量："如果工人不肯干呢？"

"那就得宣布，不干不发工资。干多了提成给钱，但必须保证质量。这一下不单能干出两万，我看能干出三四万，厂里赚钱，工人也能多拿钱。工人们准干。您刚才问我生产潜力如何，如果拿眼一盯，处处都有潜力，人人都有潜力，整个社会更有无穷的潜力。可是我们这套把自己卡得太死了，有潜力也用不上！"

"说得好！很好！"贺达激动得突然一下子站起来。冲动使他不能平静。他在屋里来回疾步走着，边走边说："这样干明明很好，为什么不这样干？彩蛋可以，羽毛贝雕可以，植绒浆印也可以。干部不干正事，不干公事，就辞掉他！你想，这样厂子一下子就会增添多大力量！本来就应当不劳动者不得食嘛！马克思也没讲过，哪个人可以不劳而获，或者不计劳动多少，报酬完全一样。如果不改变这种僵死的有碍生产力发展的体制、规定、章程，我们就只能当撞钟和尚，靠着惯性向前滑行，那我们的社会就会成为一个畸形的平等社会。一个社会如果处处封锁自己，不是处处解放自己，渐渐就没有活气。困难的是，几十年我们一成不变，连突破点都找不着，甚至担心突破，害怕突破。怕突破会出乱子。可是没有突破哪来的创造？马克思绝不会希望社会变成这种局面。马克思主义之所以能推动社会发展，就因为它的灵魂是不断革新的。"他看了一眼伍海量，说："拿你们厂来说，就要敢于这么干一下子。变！"他说得激动极了，晃动的眼镜片像风里没关严的两扇窗子，一闪一闪发光。

伍海量有些吃惊。这个看上去沉静文气的书生，居然能说出如此有气魄、有雄辩力量的话。这些话和自己内心里积存已久的许多想法碰上了。心里的想法一旦受到外来的相同的东西的撞击，当当发响，把他自己震动起来。这些话如果出自一个工人嘴里，他最多只会有所感触地叹口气罢了。但这是出自公司书记之口。这只是他个人想法，还是上边有了什么新精神？小百姓要求再强烈也是空的。即使公司书记也是白搭，他有多大权力？他一个公司书记能改变一座大山似的整个社会的面貌？于是这矬子涌起一种渴望，他真希望更高的一层领导们也看到这些，顺乎国情民意，那么生活就会像大江那样翻滚起来，而且一泻千里，无可阻挡。

可是当这矬子思绪的端头一触到厂里那坚硬、纠缠不清、死疙瘩般的一团事，心儿就像云遮月那样暗下来，不觉说："我完全赞成您这些想法，但绝行不通！"

"如果我非这么干呢？"贺达对他的话并不怀疑，相反用一种挑战的口气问他。这话听起来，仿佛有种给自己打气的意味。

"失败等着您——真的！因为这里边事事关乎大局，不是您一个人力所能及的。"

贺达笑了，好似他把伍海量这几句话翻来覆去都考虑透了。他说："如果咱们卖卖力气，解决一两个问题并不难。可是这么多年我们一直是自己给自己找麻烦。整天解决那些本来不该出现的问题。社会的进步，是不断寻找和解决新问题，而不是总去和那些没完没了的同样的老问题纠缠不休。根源就在于我们这愈来愈顽固的漏洞百出的老一套。因循守旧，这本是封建时代养成的惰性，不知道什么时候，我们一些共产党人也学会了。哎，你怎么总笑，你总对吗？"

伍海量微笑着，笑得无可奈何，好像听一个幻想家在忘乎所以地发表美妙而空茫茫的演说。他这表情使贺达不自觉停住口，转身望着窗外春光普照、依旧料峭的景物。陡然，他好像也被一个巨大的什么问题难住了。是不是热烘烘的脑袋一旦冷静下来，不可抗拒的现实就透现在面前？远远的，一群鸟儿飞起，在低垂的云层下被挡住。他觉得自己就像那群鸟。他为什么像那鸟？他不知道，也没去认真想。一时空空怔了一会儿，转过身刚要说话，忽然电话铃响了，他拿起话筒一听，面露惊骇表情，沉一下便对着话筒说一句："你们就说我说的——没有公司党委决定，那八间房任何人都不准动。搬进去就算抢占。你们明儿一早来公司上班。还有，你办完事先马上回来一趟。"

他放下电话，问伍海量："邢元是什么人物？"

伍海量不知厂里出了什么事，答话像问话："厂里的司机呀！人挺热情，就是性子没准，脾气又大，挺难对付，怎么？"

"脾气大，性格不好吗？"

"如今俗话说，听诊器（医生）、方向盘（司机）和大秤杆（售货员）这三种人最吃得开。有人求，脾气就大点。"伍海量说。

贺达皱皱眉头，仿佛不喜欢听这种话，转口问："他跟你们厂长关系怎么样？"

"不错呀！关厂长坐他的车，原先传说关厂长打算给他一间房子。今儿早上我听邢元说，工作组把他那间房拿掉了。"

"怪不得呢！"贺达的右拳往左掌心里一砸，恍然大悟一样。他不避讳地把刚才电话里的内容告诉给伍海量："邢元刚在厂门口贴了一张房屋分配方案。把你们关厂长、王魁、政工股长万保华等几个人都写上去了。还有你的名字。厂里现在一团乱。关厂长发火了，名单已经揭下来，但工人们闹着不上班了。据说邢元竟然还要找我来告状，你刚才说那彩蛋返工的办法也是英雄无用武之地了。"

伍海量怔住了，跟着短短的小腿一抬，使劲一跺脚，"瞎来！这小子一向没准儿，胡捅乱捅！"

"胡捅？"贺达陷入沉思，"恐怕还不一定。他能平白无故惹翻你们厂里的头头？"

"是否在分房上有什么新考虑，叫他知道了。"伍海量想一想，说。

"他住房紧吗？算不算困难户？"

"紧倒不能算紧，可他也是倒插门女婿，不愿意总住在老丈人家。要说困难不困难，分房一向不看这个，就看谁跟领导近，关系硬。"

冷峻的笑浮在贺达脸上，他略沉一下便对伍海量说："老伍，这两个彩蛋留在这里，你先回厂。两件事，一是把你刚才说的那彩蛋返工计划再扩大一些，联系生产管理全面细致地想一想，不要怕涉及工资制度、干部制度等等。怎么符合实际，有利于挖掘潜力，调动各方面的积极因素，你就怎么想。第二，这彩蛋上的霉斑怎么搞掉？还没想吧！这可是个重要环节。你回去想想办法，回头我再找你谈。好，你走吧！"

伍海量起身告辞，走出屋子，心想如果这霉斑弄不掉，返工计划就会落空。市场上缺鸭蛋，一下子根本搞不来两万个鸭蛋的壳。于是他带着对这位外表文静、做事泼辣、胆大心细、富有魄力的秀才书记的一种佩服，甚至感动的心情，离开了公司大楼。这样的头头还真是第一次碰见！

贺达在屋里来回转了三圈，主意拿定，看来工艺品总厂的事必须先从八间房子下手！只要这八间房子在里边搅着，就是有再好的想法也无法去做，全闹得乱七八糟。这叫"先治标，后治本"。他心里盘算着，要拿工艺品厂做个试验。试验他刚才对伍海量讲的那些思考已久的想法。但是他要先拿这八间房子的事做个试探，试一试久闻铁板一块的工艺品总厂究竟有多厉害！

这时，贺达忽然想起谢灵刚才与他通过电话，但直到现在还没回来。再打电话给工艺品厂，厂里说谢灵早离厂，不知他到哪里去了。

五、生米熟饭

不等贺达伸手，先重重挨了当头一棒。

今早他刚到公司，楼梯上迎面碰到公司党委副书记鲍维。鲍维告诉他，昨夜工艺品厂突击分房，八间房全都住满了人。

谁搬进去了？谁决定的？鲍维只说声不知道，跟着说他有事要办，扭头就走了。

这消息使贺达蒙住了。他直怔怔站在楼梯上，不禁向自己发出一连串问题，这事谢灵和朱科长他们知道不？公司党委有决定，工作组绝不敢擅自分房，难道工艺品厂的头头们竟会这么霸道，胆敢置公司党委的决议于不顾而搞突击分房？当他想到，昨天谢灵一直没有回来见他，便觉得此事大不妙了！他在楼里转了一圈，没找到老朱和小谢，赶紧跑回办公室打电话给工艺品厂。他按照压在办公桌玻璃板下厂里的几个电话号码拨遍，都没有人接，他只好拨传达室的号码。接电话的是个小伙子的声音。这小伙子一听是公司打来的电话，就骂一句："房子都分完了。来晚啦，捞不上了，傻小子！"随后就"啪"地撂下了。

一听这话，突击分房的消息是确定无疑了。再琢磨接电话这小伙子的口气，可以断定厂里突击分房瞒着工人，出了偏差，闹起风波。再一联想桌上那些告状信，更大的乱子就在眼前。自己该怎么办？就在这时，朱科长、韩科长和谢灵三人，忽然一起走进屋来。他抬眼，严峻和审视的目光在他们脸上一扫。谢灵和韩科长感到这目光像一双利剑，不自觉耷拉下脑袋。朱科长双手摊开，无可奈何地一笑，朝贺达说："没办法，我们也不知道。"

贺达明白，这句话等于告诉他，即便知道也不会说。好厉害！自己还没张嘴，人家就把自己的嘴堵上了。他脸色由于气恼显得很不好看，问话的声调分外冷淡："这次搬进去的都有谁？"他眼瞧着朱科长，意思是要他回答。

"王魁，万保华，杜兴……"

"好啊！"贺达有些沉不住气，说话的声调挺高，"一个供销股长，一个政工股长，一个仓库组长。成了办公楼，嗯？还有谁？"

"还有老关——"朱科长略略发窘地嘿嘿笑，好像他自己占了房子一样。说完，他那双幽暗发蓝的眼睛从镜片后面，溜溜看着这个初来乍到、年纪不大、脸皮不老、经历有限而学生气犹存的书记。遇硬则软，遇软则硬，是他处世的一大功夫。有如武术中以实击虚，以虚化实，绝不硬碰硬，吃眼前亏。

贺达一听"老关"两个字，先是禁不住露出惊愕表情，跟着有一股更大的火气从他光洁、没皱纹的脸上冒出来。他问："他带头占房是不是？"

朱科长只是笑笑，不再搭腔。贺达便转脸对谢灵气冲冲说："通知党委委员，紧急开会——哎，老朱，咱们这就去吧！"

朱科长乖乖跟着贺达一起去会议室。贺达脑袋里热烘烘一团，完全没主意。他心里清楚，必须压住自己容易冲动的情绪。他便想起林则徐挂在书斋里的"制怒"两个字，每每在他火气难禁时，就竭力使自己服从这两个字；朱科长的脑袋却凉如水，他总代表地思考着怎么对付这个看上去不难对付的秀才书记。他在世上修行了将近半个甲子，三十年了；他自信跟这种皮嫩毛软的大学生斗法，过上三招，对方必定无计可施。他并没把贺达放在眼里。

二十分钟后，公司党委成员除去病假未到和有事外出的，大多数都到齐。贺达叫朱科长把工艺品总厂头头们突击分房的事件讲一遍，朱科长却叫谢灵先讲。

主持会的贺达表情过于严肃，影响得会场气氛有些紧张。谢灵平时那张能言善辩的嘴巴今儿也不灵了，好像是那对龇出来的板牙碍事似的，他吭吭哧哧半天，说的话有皮没肉，不过这也算他的一种本事。仅仅"突击分房"四个字，居然叫他绕来绕去说了二十分钟，没有碰着任何人。

这时，一个突如其来的想法，好像作家的灵感，跳进贺达苦苦思索的脑袋里，有如一道电光把他那阴云般黑沉沉的思绪照亮了。他突然插进来问道："为什么在邢元贴出那分房方案之后，我在电话里特意嘱咐你们，没有公司党委的决定任何人不能分房，他们反而当夜就把房子突击分掉？为什么邢元张贴的分房方案与现在实际占房情况基本相同？你们三人在工艺品厂搞过分房方案没有？"

朱科长没说话，点上烟大口吞吐，浓浓的烟雾把脸遮住。谢灵支支吾吾地说："我们只是议论过，没什么方案。"

贺达并不相信仅仅是些口头议论。

尽管这些事完全出乎贺达的意料之外，但这个善于思索、异常敏感的人，一旦稍稍冷静，很快就看出这件事其实并不意外。意外的事也是有根由的。他虽然没有任何确凿的发现，却实实在在感觉到，派去的这三人帮乱不帮忙。他们与厂里的头头们串通一气，非但没有解决房子的纠纷，反而帮助厂里的头头们把生米做成熟饭，把他逼进一个挥不动胳膊大腿的死角。当然，他根本不想搞清这三个人与厂里的头头们的龌龊关系。这些根本搞不清。当务急需是要拿出一个有力的对策，来应对这非常棘手的突击分房事件。事情本身需要他稳住劲儿，控制住情绪，连声调都要拿得稳一些，不能叫人家看出他这个年轻的书记遇事没根。他说："情况就这样。同志们拿出个人意见吧！"

话说出，马上和他呼应的只有两个人。一个是办公室主任邬志刚，复员军人，人虽刻板些，但他的主张很坚定，一句话，抢占房子的立刻搬出来；这话叫他那生硬的调门儿一说显得既肯定又有力。另一个是干部科的青年女干部顾红，去年分配来的学生，也是公司团委书记。她是一个无忧无虑又无拘束的姑娘，说话极冲，开口就带着一股雄辩劲儿："不但搬出来，还要提交到纪律检查委员会给予严肃处理。带头占房的党内要给处分，公司要通报。这种干部还是共产党的干部吗？如果我们纵容他们，必然在群众中歪曲干部的形象、党员的形象。那么责任就是我们的了！党员形象不是靠演员、靠小说、靠报告树起来的，是靠每一个党员实际的好作风、靠党的纪委树起来的！我就说这几句！"

贺达听了这高个子漂亮的姑娘吐出这些又干脆又清晰的话，就像口干舌燥的人灌了一大杯凉开水，痛快极了！他用十分欣赏的目光看了看这个毫无世俗气，甚至过于天真的姑娘。不知为什么，他一下感到了五十年代——他自己曾经经历过的大学时代那纯朴自然、快乐诚挚的气息。生活本来就应该那样单纯、透明、忠诚、温暖和自由自在。可是这气息与这场合，与这时代，为什么会如此强烈、如此古怪、如此尖锐地不谐调？看来"文化大革命"遗害之深，绝非制裁了"四害"就万事大吉。他目光扫视了在座的其他几个党委委员，个个不吱声，脸上反应冷淡，连副书记鲍维也是板脸闭嘴。这些人就像等火车耗时间那样直怔怔坐着。会议不能这样不了了之。贺达有些心急，催促一句："哪位接着讲？"

这话是面对朱科长说的。朱科长被逼无奈，接过话来，一只手慢慢腾腾敲着烟卷磕烟灰，一只手翻来覆去弄一个火柴盒，说话的节奏比磕烟灰的节奏似乎还慢半拍，口气恰与顾红形成对比："这几天，我们下到厂里了解了一下情况。这厂里问题不少，人人住房都很困难；房子只有八间，无论怎么分也难摆平。今天这事出来了，我看……既然出来了，先得承认这个现实吧，至于……"

顾红抢过话来反问他："什么现实？是遵守党纪的现实，还是破坏党纪的现实？"

"小顾，现在可不兴乱扣帽子。党纪，未免说得太重了吧。再说，这是工艺品厂自己盖的房子，厂里有分房的自主权，厂里还有党委。他们自己能解决的事还是由他们自己解决吧？我们不能包办代替！"

贺达听到这里，忘记自己是主持会的，更忘记"制怒"那两个字，一连串话像火车驶出山洞那样蹿出来："那要看什么样的厂党委，是为群众利益着想的基层领导，还是只顾徇私舞弊的一小群掌权人？自主权是谁的？是群众的，还是几个人的？如果群众利益受到伤害，我们上级党委就连过问一下，制止一下都不必要？我们把权力下放给基层领导难道能像封建时代把土地分割给藩镇诸侯那样吗？你们看——"他说着站起身跑回屋，把那上百封信抱来，"啪"地扔在桌上，"你们要是把工艺品厂这些群众的告状信读一遍，能不动感情？共产党之所以得天下，就因为它得人心。如果我们以为权力在握，胡作非为，就会一点点失掉人心，就会亡党。我的话一点也不过分，不是危言耸听，更不是要给谁扣帽子！"他说完，冷冷瞅了朱科长一眼。

朱科长与他隔桌相坐，连他两片薄薄、光亮、发红的嘴唇微微颤抖也看得清清楚楚。他原以为书呆子的天性是懦弱怕事，不敢得罪人，哪知道书生更憨直和认真，逢到紧关截要的关口，就更坚决干练，足有一种难以撼动的浩然之气。他感到，贺达的每一句话都像一根粗大的钢针，硬往他脸上扎。但他脸皮结实得很，什么热的、冷的、辣的、硬的、酸的、尖的，都遇到过，毫不在乎。而且他深知这些话绝对动不了他的根儿——罢他的官！他把现在这套摸得很透，像他这样的中层领导干部，如果没犯什么实实在在的错误，不但罢不了官，而且只升不降。即使调到别处，照旧是科长。他怕什么？对于他来说，最难对付的只是那种胸有城府、不动声色的人，最好对付的恰恰是这种喜怒皆形于色的人！故此他面对贺达，把两颊的皱褶都对称地弯成曲线，好像受了上司误解挨了批评，勉强笑一笑，索性不说话了。

其余几个人，好像打定了主意：不点名到自己头上绝不说话。这架势仿佛故意给贺达冷场。贺达的目光转向谢灵，谢灵担心贺达叫他再说话，赶巧有人叫他去接电话，就急忙抬起屁股跑了。

贺达扭脸问鲍维："你的意见呢，老鲍？"

鲍维摆出一副无能为力的神态，说："我有什么法子？总不能

171

把老关他们轰出来吧！真的要轰，怎么轰？轰出来，老关在群众中还有什么威信？今后工作怎么做？"

鲍维一向无所不能，练达得很。虽然他是从鞋帽公司调来的，不懂工艺品，但无能照旧可以当官。当官的秘诀是不犯错误。他死守这一条。因而公司换了几次头头，唯独他没换掉，全公司百分之七十的干部都是他的人。所以今天他这副无能的样子纯粹是装出来的。贺达听这话心里立刻明白，他想起鲍维一早告诉他"突击分房"一事时的表情动态，再听这几句话，分明是在袒护工艺品厂那些占房的头头们。"官官相护"——他一想到这四个字，心里就怒火中烧，止不住说："我看老关他们搬出来倒比霸在房子里边更能得到威信。'威信'这两个字挺有意思，一是以'威'取'信'，一是以'信'得'威'。凡是想从'威'上取得威信的人，绝得不到真正的威信！"说到这里，他忽一惊，这一惊是对自己。因为自己从来不用这种毫不客气、不留余地的口气说话，今天怎么啦？这种话会把一个心地狭窄的人得罪一辈子！

果然，鲍维听了，黝黑的脸上立即罩起一层不快的阴影，沉吟不语，双方也就僵住了。其他几个委员看到界限如此分明，开口就得得罪一方，只有装起哑巴来。于是党委会立刻变得无声无息，只有朱科长不紧不慢抽烟时，火烧烟纸咝咝响，还有近来手脚发麻的韩科长不断搓手的嚓嚓声。

这时，谢灵急匆匆地进来，好像有什么大事。他把一份电话记录交给贺达。贺达一看，脸颊发出光彩。这一微妙的表情叫朱科长看在眼里。不等他想方设法探听，贺达已然迫不及待，声调振作地说："吴市长刚来了电话说，工艺品厂领导突击分房一事，市里已

172

经知道了。市委的意见是——"

朱科长看出这突如其来的电话非同一般。突击分房是昨夜的事，市里这么快就知道并跟着做出反应，可见市里特别地关注。他止不住问："什么意见？"

贺达没瞅他，念了一遍电话记录原文："市里决定，把解决权力交给你们公司党委，请你们尽快办好，负责干部要得力。"贺达一边把电话记录转手给鲍维，一边抬起眼问谢灵："市长还说什么了？"

谢灵犹豫一下说："要您把解决情况直接汇报给他。那记录上写着吴市长的电话。"

谁都知道这个去年调来的市长是个颇有头脑敢做敢当的人。朱科长表面上不露声色，其实泄了气。顾红故意叫道："太棒了，市委作劲就行！"鲍维的脸色很难看，可是当贺达要大家发表意见时，鲍维却抢着说："我看这事最好由贺达同志挂帅来解决！怎么样？"这一次，鲍维丝毫显不出无能的样子了。

朱科长立刻明白鲍维的意图，接过话就说："好，贺书记一抓到底，我同意！"他明白关厂长那些人脑袋个个不好剃，现在厂里一团乱，只要这个不通世事的书生涉足进去，保管什么事办不成，不脱层皮也得落个神经衰弱！他这一句话就等于帮着鲍维把贺达往旋涡里推了！

顾红和邬志刚也同意贺达亲手解决。他们的意图自然和鲍、朱二人不一样。他们对这个正气在身的书记抱着信赖和希望。

贺达沉了一刻，没说话，脑筋却在疾转。他渐渐悟到这件事的分量。他虽然不完全明白朱科长原先不愿意他过问这件事，现在又急于把自己推进去的根由，但他知道这事要给他招惹一帮冤家，缠住许多找不着头绪的麻烦。然而如果他不干，他刚才那些气概非凡的话，就成了一大堆好听的空话，成了叫人耻笑的话柄。他无意间抬起眼，瞧见一双双眼睛正对着自己：年轻、明朗、期待的，混浊、窥察、老谋深算的，疑虑不安的，不可思议的……他觉得每一种眼睛都是一种压力，各种压力合在一起压力十足。但这压力在他心里激起一股热血，直往脑袋上冲。他端起茶缸喝了一大口，把缸子往桌上"梆"地一撂，扮出一副应战者的姿态，果断地说："好！我来解决！"然后扭脸对谢灵说："你马上给关厂长打个电话，叫他和其他占房的人三天内全搬出来，把房子腾空，钥匙交到我这里。如果不交钥匙——"他目光闪闪，下面的一句话像抛出一个重磅炮弹："那就别要党籍！"

这句话使党委会所有的人都惊呆了。朱科长镜片后一双幽蓝的眼珠子简直要对在一起了。他不明白这书呆子到底要干吗！是不是疯了？

六、铺天盖地

一天一个样。

贺达今天上班来，还没进屋，就听屋里的电话铃一声紧接着一声。现在十点了，电话像疯狗一样，一刻不停地嘶吼着。这铃声好像要扯断他的神经。

这些电话来自各处，却一律是为那八间房子的抢占者告饶求情来的。打电话的都是头头脑脑的人物。从上级局各处长、局长副局长，到其他一些局领导、区领导，乃至市里一些有关或无关部门的有职有权的要人。这些人中间，有些他认得，有些不认得。有的头一次听说，那就得先由对方作一番自我介绍，寒暄几句，再谈正题。他在社会上工作多年，头一次知道世界上原来有这么多大大小小的职称，这么多头头们。平时找不着，此时忽然一拥而来，上上下下，前前后后，左左右右，里里外外，一窝蜂把他死死困在中心。别看这些头头在大会上没有讲演稿差不多就成了哑巴，但此时此刻，各有一张硬邦邦、能说会道、嚼不烂的嘴巴。开始贺达只是做些解释，婉言谢绝，但解释是无力的，费尽唇舌挡不住那些死皮赖脸的要求。后来他累了，就干脆回绝，口气又直又硬。他明白只要他回绝一个，就会又得罪了一个，就会把以后办事的必经之路一条条堵上。尤其上级局的头头们，与他关系挺熟，不好硬来就还得软推。说多了，他连推辞的话也好像公文那样有了固定的格式，说来说去总那么几句，没词也得说。有一个电话，声音苍哑，自称曾是警备区的一个副司令员。但这位当年的"副司令员"连他的姓名都没弄清楚，把"贺"字念成"霍"字，错叫了一声"霍书记"，而后就以一种长辈儿口气要他"顾全大局，加强团结"，不要抓住关厂长"一时糊涂做了点错事就不放"，贺达起了火，吼一声："这里没有姓'霍'的，你找错了人！"就把电话"啪"地挂上。跟着他灵机一动，不等电话铃再响，拿下话筒，塞进办公桌的抽屉里。这法子真灵，铃声不响了，耳膜感到分外轻松和舒适。今儿一早，谢灵就被鲍维带着去到绒绢花厂，审查即将送往广州参加春季广交会的样品。不然，他还可以叫谢灵抵挡一阵子。

屋里一静，隔壁就传来吵架声。他走出屋，看见劳资科那屋门开了一条宽缝。透过门缝，只见一个细白精瘦的小伙子正和朱科长拌嘴。这小伙子坐着，看样子还沉得住气。朱科长一手叉腰站着，却有一股难耐的恼怒。屋里还坐着两三个年轻的办事员，时而低头看报，时而说几句劝解的话。可这小伙子嘴茬不软，又利索又挖苦，句句都挺气人，更气人的是他自己并不生气。朱科长居然不是对手。

此时，这小伙子正说着："那您就摆摆条件吧，现在抢占房子的那几个人，哪个比我条件还高？关厂长一家四口，在城里有两大间房；王大拿六口人三间房，独门独院。还有……"

"你别总拿关厂长和你比，你怎么不拿伍海量跟你比呢？伍海量不比你困难？离了婚一直住在丈母娘家里。人家离婚的老婆前一年就结婚了。要是你，早就闹房子了！"

"嘿！朱科长，咱谈正事，你可别拿我邢元开涮！我老婆嘛时候跟别人结婚了？"

"我这是打比方，你懂不懂？"

"你怎么不拿自己打比方呢？"

贺达在屋外一听，才知这小伙子就是邢元。果然是个很难对付的人。

朱科长气哼哼地说："行了行了，别胡搅蛮缠了，这就够热闹的了，你还火上浇油！我说了，你的条件要是跟伍海量一样，公司马上给你一间房。"

"可是人家伍海量并没搬进去。"

"他今儿就搬！"

"别糊弄我，伍海量昨天说了，明人不做暗事，叫他这么往里搬，人家还不搬呢！"

"他不搬也轮不上你。别饶舌了，回去吧！有事厂里解决，公司不是房管局，不管房子！"

"说得漂亮！不管房子你前些日子跑我们厂里干吗去了？买处理床单吗？告诉你，你要管就得管好了，你想这么一分就了事，没那么容易！"

"你要怎么着？你要告我，呵？你要批斗我，呵？你还要吃了我吧，呵？"朱科长发起火来，声音愈来愈大，顿时面红耳赤，扬着下巴喊道，"来呀！斗呀！批呀！吃呀！"

这时，屋里那几个年轻的办事员都来说邢元："哎，哎，算了！房子的事回去找你们关厂长。你跟他闹管什么用，他也没房子。再说我们科长血压高，闹出病来你可吃不了兜着！"

朱科长听了这话，立即在屋里快步走来走去，口喘粗气，做出一副怒火难禁的神气，好像弄不好就要大病发作。

"唔嘿——"邢元发出一声调皮的尖叫，白白的脸儿轻淡地一笑，并没搭理那套，反而跷起二郎腿，身子扭过来，一条胳膊懒散地搭在椅背上，朝这几个办事员连损带挖苦地说，"你们哥几个可别拿我当软茬！你们去扫听扫听，我邢元是怕吓唬的！他血压高可以歇假，他到这儿干吗来的，是养病还是工作来的？要是头头们办事不讲理，说一句血压高，别人就不准再言语，我们老百姓就得受窝囊气？话又说回来——你们几位是干吗的？管房子的？他血压高不能管，你们血压不高，我找你们怎么样？瞧、瞧、瞧，不说话了。瞧你们多美，整天一喝茶，二看报，三聊天，四睡觉，放着清福不享，往这里掺和嘛？你们都是这位科长大人调来的吧，房子早都解决了吧，吃饱没事了吧，不就想逮个机会巴结巴结你们科长，多捞点便宜吗？告明白你们，傻小子们，这里没便宜，麻烦一大堆。你们要是待得难受就找个僻静的地界打会儿扑克去！"

这小伙子好厉害，把这几个办事员硬噎回去，居然没人再敢吭声。朱科长见他们压不住邢元，就换句话说："你态度不好，我不跟你谈！"

"什么？又讲态度了，不讲条件了？我态度怎么了？"

"你嚷嚷什么？"

"是你嗓门大还是我嗓门大？再说，你是谁，我是谁？"邢元嘴角一挑，好似要笑，伶牙俐齿一刻也没闲着，"你是公司头号吃香喝辣的大科长，我是个臭开车的，你多大岁数，我多大岁数；你多少年党龄，我还在党外呢，你能跟我一般见识？"

"你到底还有完没完？跑这儿来耍贫嘴，你给我走——"朱科长再也受不住这伙子蔫损嘎坏的挖苦话，非轰这小伙子出去不可。这小伙子话里虽然也带着三分气，脸上却装出气人的笑。这么一比，朱科长不仅狼狈，还显得蛮不讲理。

"走？你这是军事重地？没事你请我还不来，今儿有事找你，想这么随随便便就打发我走——没那么容易！"

"我没房子。你走！"朱科长上来想拽他。

邢元唰的站起来，冲他说："你有房子全便宜给关系户了。告明白你，我邢元不是不讲情理的人，如果住进这房子的人比我更困难，我绝不找你来。今儿我来跟你争这个理，争这口气。吃几十年大米白面，不至于长出驴肝狗肺来！"

朱科长大怒，拍着桌子问邢元骂谁。邢元气哼哼的脸硬装出笑容，还想给他火上浇油。站在门外的贺达倒挺赏识这小伙子后边几句听起来粗硬，却知情达理的话，他一推门走进屋里。朱科长见了叫道："贺书记，您，这，他——"

邢元一听"贺书记"三个字，扭过脸来，用眼角上下打量这个刚走进门来的文质彬彬又沉静异常的中年人。贺达对朱科长打个手势叫他闭住嘴，然后对邢元说："你跟我来一趟。"

邢元一怔。朱科长巴不得贺达把这个软硬不吃的小子弄走，赶忙说："对，对，房子的事归书记亲手抓，你找他才正对口！"他这一手，很像"文化大革命"中常说的那句"嫁祸于人"。

贺达当然明白朱科长的用意。在三十六计中，这叫作"顺水推舟"或"移花接木"，但在这种情况下一用就成了无能的招数，不是高招了。邢元跟在贺达后边走出门时，故意摇着肩膀，还用脚"啪"地踹一下门，一来表示对朱科长和同屋的几个办事员的鄙视，二来也表示对这个没打过交道的书记满不在乎。

进了党委办公室，贺达叫他坐在办公桌对面，直截了当地说："你的情况我都知道了！"

邢元头一歪，嘲弄地一笑，说："你知道嘛？"这意思是，你们当官的不就会耍这套官腔吗？

贺达对这明明白白的挑逗并不介意。他面上没表情，嘴里的话说得清清楚楚："你大前年结婚。因为没房子，做了倒插门女婿，住在你老婆兰燕家。你老婆是厂医，你两口子的房子都该由厂里解决。你急的是该有一间自己的房子，不过那寄人篱下的日子。对不对？"贺达一口气说出来，像小学生背诵课文一样滚瓜烂熟。

邢元不免惊奇，"你怎么知道的？"

"你写信告诉我的。你还叫我给你快快'摘掉倒插门女婿的帽子'，我没说错吧？"贺达露出善意的微笑。

"你的记性倒不赖。"邢元说。刚刚那股不在乎、挑战般的神气登时没了，好似解除了一种武装。他抬起手摸了摸自己又光又瘦的后脖梗子，小白脸发窘地笑笑，"那是气话！"他感到这个貌不惊人的书记倒有两下子。

"好，我先问你，你前天在厂里贴的那张'分房方案'是哪来的？"

"我等会儿再告诉你。你先说，那单上的人名有假没有？"

"没有。正对！"贺达说。

"那就行了。这说明我没诬陷。"邢元说。

"我根本没想到你会诬陷，只是不知道你怎么知道。"

"在汽车里拾的。"

"拾的？什么？"

"一小块纸上写的。"

"谁掉的？"

"不知道。还不是头头们。老百姓有几个坐小轿车的？不是我们厂的头头儿，就是你们公司去的那三个。"

"你怎么知道是分配方案？"

"你是不是认为我糊弄你？咱有凭据。瞧——"邢元说着从上衣口袋掏出驾驶证，从中取出一小块折成两折的小纸片递上来，"看吧，上边连房间号码和房间数都有！"

贺达感到惊讶。他接过小纸片赶忙打开一看，竟是工作手册上的一页。上面的确写着分房人的姓名、房间数和房间号码，而且有涂改的地方。从涂掉处还可以清楚看到划掉邢元改换成伍海量的过程。一边还写着郗半民、龚宝贵、杨月梅三个人名，旁边画了问号，最后还是给勾掉了。关国栋、杜兴、王魁、万保华四个人姓名肯定而清晰地排列在正中央。贺达看着，心里忽地一惊，因为他敏锐地识别出纸上的字迹，怪不得他第一眼就觉得这些字儿好熟悉！于是他就从中看到许多字迹之外的内容，甚至看到这次突击分房的背景和内幕，不禁动了怒容。邢元见了，误以为贺达以自己公开领导的秘密而恼火，准要狠狠批评他一顿。但贺达一瞅他，目光顿时平和下来，问他："你认为，厂里分房谁最符合条件？"

这一句竟把他问住了。他反而不好先提出自己，只好凭良心说："老龚头，裁布组的杨师傅，老伍——他也是倒插门婿，比我还难……"

"设计组的郗师傅呢？"

"郗捂嘴呀！"邢元立刻叫起来，"贺书记，咱可不能只管落实知识分子政策，就不管工人了。嘛甜头都给他们。他不就画两笔画儿吗？他画得不错，给厂里卖了不少力气，咱都承认，可他工资一个顶我俩的。现在人都说，老九老大吃香……！"

贺达一听就冒火，"什么老九老大，谁分的？四人帮！照你这么说，如果老大有了知识，应该算老几？你怎么会听信这种在人民中间恶意挑拨的话？哪来的老九和老大，都是人，一句话，都是人！"他的最后一个"人"字叫得特别响。

邢元见这表面文静的书记脾气并不小，话说得锋利逼人，驳不动，躲不开，竟然如此厉害，真是人不可貌相！他不禁暗暗吃惊。贺达一瞅这小白脸上吃惊神色，才意识到自己不该冒火。他想了想，并使自己恢复原先那种稳定的情绪，才说："你去过郗师傅家吗？"

"他家？没有。"

贺达问他："我有件事求你帮帮忙。你们厂今天公休吗？你现在有事吗？"

邢元先是一怔，黑眼珠机灵地一转，然后有所醒悟地琢磨出，原来刚才书记对自己发火，准是想先压住自己，就好使唤自己了。他有个十拿九稳的经验，替头头办事，自己就好办事，便慨然道："有事您自管说，我马上去办！"他表现得挺识路子。

贺达点头道："好，我这有本书，你先给我送到一个朋友家去，回来咱再谈房子好吗？"贺达说着，递给邢元两本厚厚的画册，自己回到桌上飞快写就一纸条，说："这是我借的，请你替我还给他。"

"行，我去了马上就回来，我快。"

"不，不忙，你不妨在那儿多坐坐，有好处。"贺达朝他笑一笑，然后把写好的条子装在信封里交给邢元，"地址人名都在上边。谢谢你了！"

"哪的话，谢什么，又不是外人！"邢元咧嘴笑道，没看信封就顺手揣进衣兜，两手抱着画册，拿出一股爽快义气的冲动劲儿说，"您有嘛事自管言语。我手里大小车都有，方便！"

贺达没表示什么，只说："去吧！"

邢元飞快跑下楼，把画册夹在自行车的后衣架上，蹬车就走。走出一个路口，忽然想到还不知道自己应该往哪边去呢，他把口袋的信封掏出来一看，上面写着"北大关，粮店后街五十一号四楼郗师傅"。

郗师傅？他纳闷，自己厂里有个郗师傅，怎么又来个郗师傅？他捏着这封信，在当街上怔了半天。

自从贺达把电话筒放在抽屉里，电话打不进来，使他得到一个多小时的清闲，得以与邢元聊了一通。邢元一走，就开始有人"拜访"他来了，都是那些打不通电话的占房者委托的求情人。有趣的是，人间往来，也依照社会地位的高低。谁制定的规格？不知道。反正在这些拜访者中，局一级的干部大多亲自来，局以上的领导大多派秘书来。他虽然精明，却没料到，这种面对面的谈话比在电话里互不见面地交谈更难应付。他后悔刚才自作聪明，把话筒摘下来，如果他接到电话就说"贺达开会去了"，多么省事！他为什么不会说谎？谎话难道不能成全好事？现在他反而不能将话筒放回到电话机上，不然人来电话响，两面夹击，他就更受不住了。他苦笑一下，暗暗说："这叫自作自受！"

最容易回绝的是书信，最难回绝的是情面。尽管如此，他抱定宗旨，绝不后退半步。任它们铺天盖地而来，他却只是执意地等待关厂长他们从抢占的房屋里搬出来的消息。当他叫一个个来访者冷着脸告辞而去之时，他不免担心，在这个事事依靠人事关系的社会上，他将受到多少报应！他禁不住掂量一下，这么干是否值得？不，现在不是权衡利害的时候，事情顶到这儿了，好像大炮顶在胸前，进退无路，大丈夫就宁进不退！

下午三点钟，来了一个意外而陌生的客人，瘦长身材，鬓角泛白，看上去四十大几，穿一件深蓝色风衣，戴副式样陈旧的养目镜，气度高雅。那人见面就哈哈大笑，指着他说，当了官儿不念故旧，多年老同学居然装不认识。他叫这人把褐色的镜子摘下来，却依然不认识。两人坐下来一细说，还真是当初中学时代的老校友，但并非同年级。那人比自己高一级，在学校时也很少接近，本来就不清楚的记忆，经过二十多年流水般时光的冲刷，谁还记得？那人不怨怪他，自称名叫车永行，现任师范大学教务处处长。车永行说，他偶尔从一个老朋友那里听到贺达在这里"当官"，过路来看看他。老同学谈天，最容易扯到过去，往日人事依稀，互相提醒，感慨唏嘘不已。人到中年，每每谈到少时，最易动情。就在他们谈到最痴迷的当儿，谁料这车永行说，使他获知老校友下落的那个人，目前正在贺达手下工作，他就是工艺品厂的厂长关国栋。这几天来，贺达对手工工艺品厂就像雷达对于空中的飞行物一样敏感。但比他的警觉还快，车永行就谈起关厂长的为难之处。他说："关厂长不是不尊重你的意见。他原先的房子已经叫他的亲戚们占住，搬不回去了！"原来又是个说情的！他像好东西吃得快活之时，忽然吃出一个肮脏的苍蝇，一股厌恶的、烦躁的情绪油然升起，而且无法克制。他猛地站起身，本来可以说得婉转些的话，由于憋闷，由于懊恼和愤怒，吐出来时便带着毫无顾忌的劲势："我还有事，你走吧！"

他真想不到这个看上去文质彬彬的人也如此俗气！

车永行给贺达突然变怒的神情弄呆了，可他再看看贺达这平光光、不顾情面的脸和灼灼逼人的目光，竟连给自己下台阶的话也没说，愤愤地拿起帽子转身就走了。

车永行走后，贺达好半天才使自己平静下来。他把自己今天的所见所闻细细一想，便从那些具体的人事跳出来。使他惊讶的是，社会上竟有这么大、这么结实的一张网，远远超出他的想象。这网是无形的，东拉西扯，没边没际。你就是水里的鱼儿，当你以为自己是自由物而随意游荡时，不知碰到哪根线，大网一拉，到头来还是落在网里，跑也跑不出去！

骨子里的执拗，使他生出一股拼死应战的倔劲来！他眼前又不期地闪过童话画册上挥刀斩网的那勇敢的小人儿。

可是当他把车永行——这个不曾认得、从无联系的老同学的话略加琢磨，脑袋里像撞钟"当"地响一下。车永行的话可是软中带硬，只怪他刚才脑子太不冷静了，竟然没有意识到：车永行说关厂长把自己原先的房子让给了亲友们住，等于自绝后路，那就不可能再搬出来！怎么办？这一手好厉害。当初抢占房屋那一招叫作"出其不意，攻其不备"，这一招叫作"置之死地而后生"，都是兵书上的用兵之计。由此，他悟到这些人当官绝不是废物，别看业务上无能，社会上这套却干练老辣得很。简直个个都修炼成精呢！面对这局面，如果他无计应对，那可就陷入泥潭，叫上上下下、左左右右的人看热闹了。

这时，顾红推门进来。这个细高的姑娘一向无忧无虑，好似快乐仙，今儿眉心却紧皱不展。她望一眼贺达便说："今儿一天我看您真够呛的！简直是一场总动员。连过去工业搞大会战时，头头们也没出得这么齐全。中午还来了一伙工艺品厂画彩蛋外加工的，男男女女十多口子要找您。正巧叫我在门口撞上，就推说您出去开会，才把他们支回去了。怎么样？情况很不妙吧！"

他好像一直在思索中，听到顾红的问话，惊醒似的一抬眉毛，跟着他自己眉头也像上了一把锁。他绷紧嘴唇，吐出一句又苦涩又沉重的话："好戏还在后边！"

七、醒世明言

这世界上的道理大大小小，多得无穷。至高无上的是真理，细细碎碎的是常说的道理。哲学是对万事万物大小道理的发现和概括。法律、规定、条例、守则，都是对道理的具体体现。顺理便成章，道理不通则寸步难行。照一般解释，道理没有不对的。但社会上还有一些不成文的道理，就是处世哲理。这道理有时并不一定合理，别看人人嘴上说不喜欢它，但办起事也得顺着它去做。照这样下去，世道人心便容易变坏，于是就有些人不管这一套，该怎么处世为人，就怎么处世为人。虽然经常磕磕碰碰，苦恼抱怨，依旧顽性不改，这就是真理的生命力呢！地球和表针大概就靠着这股倔强的力量正转。试想想，如果倒转是什么样子？

下午四点半钟，谢灵走进贺达的办公室。他无时不带着十足的精神劲儿。总像在大觉刚醒，精饱神足。六七年他服兵役期间，曾在外交部支左，据说他的精明强干被一位外交官看中，可惜他这一对破相的大龇牙太惹眼，要不完全可以做一名外事干部。尤其这一张应答及时的嘴巴颇有功夫，舌头比壁虎的尾巴还灵活。坏事就坏在大牙上！

谢灵进门一眼就瞧出贺达脸上罩着一种疲惫和焦虑的神色，好像根本没瞧见他，不知在想什么。他一眼又瞧见桌上许多只空杯子，烟碟里一大堆烟蒂，大多是带过滤嘴的。再一眼还发现桌上的电话秃生生的，好像近视眼摘掉镜子。跟着他就发现话筒藏在抽屉里。他脸上没表情，心里好笑，明白贺达多半天来处在怎样一种境况里。

按照他自己的标准，今儿过得够快活。上午跟随鲍书记在绒绢花厂看样品，转了半个多小时，歇了一个多小时，中午在绒绢花厂吃一顿"便餐"。这"便餐"两个字不过叫起来不刺耳罢了。吃过饭，一肚子油，又接受了厂里赠送的一大束精工细制的"试插"绢花。一个工会干部还送给他三张该厂组织的尚未公开的影片的入场券。听说是英国的《三十九级台阶》，惊险之极。这三张票正好他、老婆和孩子一同去。午后，他跑到餐具厂给局干部处黄处长搞一套处理餐具。现在回到公司，打算取了车就早早回家，不再去见贺达。但是他一进公司的院，碰见朱科长，朱科长把他拉到车棚后边说，贺达今天叫房子的事折腾得快熟了。这倒没什么。使他感到有些担心的是，朱科长说邢元那小子来了，还跟贺达谈了好一会儿。他听了，心里犯起嘀咕，生怕自己在工艺品厂弄木料的事，给这个被惹恼的小子闹出来。这事要落到鲍书记那里，屁也不算，但落到这个认真得发迂的书呆子手里，没准真当作一件什么事。他走进贺达的办公室时，假装没事，实则把耳朵、眼毛，甚至浑身的神经末梢都竖起来，刺探贺达是否知道这件事。

可是他现在一看贺达这样，也就放心了。他暗自发现贺达已经自顾不暇，于是灵机一动，觉得这是开化一下这个冥顽不化的人，相互沟通，近乎近乎的好机会。如果这书记通晓些世道，今后遇事也好办得多。说真的，他也不愿意看到这个耿直的人由于不明事理而自找苦吃，陷入困境。他先给贺达的碗斟上热水，又斟杯水端在手里，坐下来，嘴唇不自主地嚅动一下，润泽那暴露在外、很容易风干的板牙，这样子好像蜘蛛准备好唾液要拉网了，他对着低头沉思的贺达说："贺书记，屋里没旁人。我想跟您说几句私话，不知您愿意听不？"

"嗯？"贺达抬起眼瞧着他。其实他看见了谢灵进来，但脑子里的事一时扯不断。谢灵的话，使得他把所想的事暂时掐断。他说："什么话，你说呀！"

"我看得出您的心事很重。"他说。这句话有些像算命的。

"是的，你说为什么？"

贺达点头承认，这就使谢灵来了兴致。

"那还用说，当然为了那八间房子呗！我猜得出今儿一天，您给这件事缠住了。来麻烦您的总有一二十人吧！准都不是一般人，叫您左右为难，对不？"谢灵目光忽闪闪紧盯着他，等着他的反应，一对大板牙露出半截。

贺达感到他这几句颇像算命占卦的江湖口，忽然也来了兴致，微笑中连连点头："你都说对了。你怎么会知道的？"他表现出一种钦慕的神态。

谢灵得意非凡，用嘴唇抿了抿门牙，那牙给唾沫一抹闪出光亮。他说："其实我昨天就料到了！"

"噢！我明白……"

"不，您还不明白。"

"难道还有别的什么根由？"

"不，不！"谢灵此刻完全像一位满肚子处世经验的老者，对待一个初入世道的小雏儿。说话时，客气中含着几分教诲的意味："贺书记，您是领导，我是一般干部，按理我不该什么都说。可是我完全为了您好，才肯说出心里话。我以前认识您时，只觉得您平易近人，学识渊博。三个月来，和您天天相处，交情虽然不深，对您的印象的确很好。您为人正派，脑子清楚，懂业务，一心用在工作上，办事泼辣，哈，这是从外表看不到的。我不多说您的优点，面对面这么讲话不好，反正公司里人人都这么认为。可是……"

"你说，你说。"贺达迫切想知道下边的话。

"哈，您就好像从天上掉下来的。您可别生气，我并不是说您坏，只是打个比方。就是说，你是不是过于认真？人不能不认真，可又不能太认真。认真就像车上的闸皮：没有闸皮就会刹不住车；闸皮太紧车又开不动。您别笑，社会就是认这套。我知道您瞧不起社会这套，所以您现在就不好办了。人在社会上生活，就得服从社会的这套，社会不会顺从人的意愿。高英培说相声，把走后门的骂得够狠的，我就不信他买东西从来不走后门，办事从来不靠关系！现在这社会不是应该堵后门，而是应当堵正门。堵了正门照样有办法，没有后门反而不好办事。您说，一个人从生到死谁离得开后门，在产院出生得走后门，托人照顾，找好病房和好医生，别出问题。死后去火化也得走后门。去年我岳母去世，送火葬场，殡仪馆就是不来车，最后还是托了人情才来车。不然死了也没地方去。再拿这八间房子来说，您何苦来呢，管它干什么？如今房子是第一热门。为了房子，人们的眼睛都瞪红了。每一平米里边都一大堆麻烦，您管它干什么？再说这社会，看上去每个人都是孤零零一个，其实上下左右都连着一大群人。别看一个厂长的职位有限，他在职位上，有人事权，有财权，有东西，就有人求他。上边有人戳着，左右有人保着，下边有人撑着。牵一动百，为什么一个单位换一个新领导，底下跟着就陆陆续续调换一批人？社会是人和人组成的，动一个就惹一串。人和人又是怎么连上的，您想想，说得太明白反而没意思了。我并不是赞成这套，可是如果您是个平民百姓，自己过自己的日子，谁也不求，照样过得下去，只不过时常有点为难事罢了。但您是一个公司的书记，下属厂子就几十个。每天学习、生产、人事、财务、技术等多少事，得上上下下和多少人打交道？为几间破房子就得罪这么多人，不是生把自己的路都堵上了吗？您不是，这，哈哈哈……"他一口气说到这里，由于有句碍于情面的话就戛然卡住了。

"傻瓜！"贺达替他说。

"这话您能说，我不能说。话别说这么直，但实际就是这个意思。您身为公司领导，上边求您的事多，下边求您的事更多。您又是刚来，原先公司的人事矛盾您没参与过。而且您又宣布过，不纠缠任何历史旧账。这都很好，几方面的人都想拉您。本来您是既得天时，又得地利，还得人和。不过这么一来，您可就把所有有利之处一脚踢了。贺书记，我在您面前瞎逞能了。我说的都是事理，没有别的意思……"

"不，你这东西都是货真价实的。"贺达说。

"我哪来的真东西！"

"确是真的！我听你这一席话，真是胜读十年书！"贺达郑重地说，"我这个人看上去聪明，实际愚顽得很。人都是'入境随俗'，我总是自命清高，不肯随俗，也确实不大懂得世间的道理。今儿经你这么一点，清醒多了，学到的东西可不少，于今后处世为人肯定有益。过去有两本书，一本叫《醒世恒言》，一本叫《喻世明言》。我把这两个书名合在一起赠给你，叫作'醒世明言'。"贺达的表情真像是如梦方醒。

谢灵以为贺达赞扬他，美滋滋而愈发得意地说："主要因为您是知识分子。知识分子最大的弱点是感情用事，容易冲动。感情一冲动就容易坏事。感情这东西可得节约着用，否则就会把自己搞得不清醒，不分利害，最后白白吃亏。我最初也和您一样，动不动就冲动起来，净吃亏，现在聪明多了，不再缺心眼儿了。社会磨炼人。咱这公司更磨炼人。别看您现在这样，在咱公司待上半年，经几件事，保证您不变也得变了！"

贺达听了哈哈大笑。他摸摸自己光洁的圆下巴说："我会变成什么样呢？真难以想象！"他再一瞧谢灵时，神情变得分外认真，"这么看，应付社会这一套你算齐全了。可是再换一个角度看，你又并非十全十美，至少你缺少一样东西。"

"什么？"谢灵听得出贺达这两句郑重的话后边隐隐藏着讥讽。他不觉闭上嘴。无论他怎么拉长上嘴唇，也盖不上那对讨厌的牙齿。

贺达笑了，"看不见，摸不着，但十分关键。"

"学习太少？"

"不对！"

"党性？"

"你猜可猜不着。"

"什么？您说吧！"

贺达忽问他："你现在有事吗？"

谢灵犹豫一下，说："什么事？时间长吗？我晚上看电影。"

"那来得及，我现在领你去一个地方。就在附近，顶多五分钟的路。"

"干什么？"

"找你缺少的东西。"贺达笑着说。他笑得挺神秘，像开玩笑，又不像开玩笑。

谢灵忽然有种感觉，他觉得贺书记不像自己刚才长篇大论所描述的那么简单。他不知道自己这种感觉对不对。

八、寻找

贺达领他走出公司大楼，穿过两个路口，拐进一条小街，再向右一拐，走入一条烂鸡肠子一样弯弯曲曲、忽宽忽窄的长胡同。别看这儿离公司很近，抬头可以看到公司大楼竖着旗杆、避雷针和鱼骨天线的蘑菇状的楼顶，他却从来没走过，更不知这一片街道胡同的名称。

胡同的地面是黄土铺的，没有柏油罩面，中间凸两边凹，靠近院墙根是排雨水的阴沟。下雨天地面踩上去肯定滑唧溜，此地人把这种道儿叫"泥鳅背"。当下旱情重，沟槽不但没水，也不潮，净是些烂纸、破塑料、断树枝、瓶盖、鸡毛什么的。院墙都很矮，打外面一伸脖子就能看进去。里边的房子更矮，一间紧挨一间，这倒不错，这家打开无线电，那家没有无线电也一样能听。但要是晾尿布、煮腥鱼、熬臭胶，可就一臭十家了。

谢灵不知贺达为什么领他到这儿来。贺达也不说，好像故意要叫谢灵自己去猜。

走到一个敞开的院门前，贺达只说："到了，请进吧！"两人就进去了。谢灵刚刚迈进院门，一脚踩空，险些跌倒，多亏贺达拉住他。

贺达说："你进这种院可得记住，这儿院子比街面低一截，屋里又比院子低一截。俗称'三级跳坑'。你大概是头一次到这种院子来吧！"

谢灵一看，这个进深只有五六尺的小院果然比胡同低半尺，只有两三间房，院里堆满杂七杂八的东西，只留着走道。迎面一扇矮矮的、油漆剥落并补修过的小门里，传进嘻嘻哈哈的说笑声，还有鱼呀、肉呀、油炸面食的香味飘出来。贺达上去敲门。应声开门的是一位头发花白的小脚老太太。这小脚恐怕是中国最后一代了。这小脚所象征的封建社会的残余能够说已经灭绝了吗？很难！这老太太一见贺达就说："呀！您呀！贺书记，您又来了，快请进，快请进，您今儿来得正是时候！"

"什么好事叫我赶上了？我可不是有福气的人呢！"贺达笑呵呵开着玩笑。

"今儿是老头六十五岁生日，您进来喝一盅吧！"

"噢？那好！进去拜个寿！"贺达满面高兴，与刚才那副愁眉苦脸的模样一比，完全像换了一个人。

两人猫腰钻进这扇大约只有五尺高的小门。

谢灵记着贺达刚才的话，进屋时分外留意，以免又踩空。屋里的确比院子又低半尺。

刚进门，堵着门口站起男男女女、大大小小七八个人。人人穿得干干净净，脸上都喜笑颜开，朝他俩客气地点头招呼。这些人中间放着一张小小的方桌。糖酒饭菜，摆得满满的。谢灵发现其中一个老头挺面熟，但猛然见面，一时想不起是谁来了。

"您怎么有空儿来了？"老头说。那张满是深褶的老脸上显得微微有些紧张和局促。

"我不是正好赶上给您拜寿来了？"贺达笑道。

"欢迎欢迎。嘿！"老头惊喜地在原地转了两圈，要给客人们找座位，但屋里的人挪来挪去，竟挪不出一个空儿。贺达和谢灵无法进去，好像堵在挤满乘员的公共汽车的门口。老头歉意地对贺达和谢灵说："今儿我大儿子一家都来了，就挤点。"然后扭头对那些年轻人说："你们先出去呀，请客人进来坐。"

"不！'客不压主'！"贺达摇着两只手说，"你们正吃得好好的，哪能我们一来就停了。"

不等这老头说话，屋里的男男女女一个个都挤出屋去，贺达拦也拦不住。

"他们都到哪儿去？这怎么行？这怎么行？要是这样，我们可就走了！"贺达着急起来。

"没关系！"老太太轻轻一拍贺达的肩膀说，"他们到邻屋坐坐。老街坊了，互相都这样，谁家里来客人坐不下，都到别人家躲躲。他们不走，这屋子就实在进不来人了！"她苦笑着。

人走净，谢灵一怔。他从来没见过这么小的屋子，更想不到这样的小屋装得下这么多人！最多恐怕只有八平米吧！一张床占去一半。另一边放着一个小木柜，上面给暖壶茶碗、瓶罐筐盒占满了。中间临时支起这折叠式小桌，一边靠床放着，这边的人就可以坐在床上，另外三面都是小凳子，凳子腿互相交错，刚好挤下来。怪不得刚才那些年轻人挪来挪去竟然挪不出一个座位来。这儿的人口密度真够得上世界第一了。谢灵抬头再一瞧，更使他吃惊！床上那空间，居然搭了两层阁楼，好像鸽子窝，里边铺着褥垫，塞着棉被枕头。他抬头观望的当儿，老太太在一旁说："这是孩子们睡觉的地方。最上边一层是二儿子和媳妇，中间一层是孙子和小儿子。这下边是我们老两口，带一个外孙。七口人，分三层。"

老头截住她的话说："人家来串门的，别跟人家叨叨。人家是公司领导，又不管房子。你这么大岁数，嘛时候才能懂点事。"然后对贺达说："别听她唠叨，我这儿还可以。全家老少住在一起倒热乎，嘿嘿。"

老太太挨了训，心里不高兴，一边给贺达斟茶，一边嘟嘟囔囔小声叨叨着："你当然不错了，那些盆花就占了一大块地界。人都没地方待，还摆弄花。过些天下雨，又得往外淘水了。你淘？"

老头因为有客人在，忍气吞声装听不见。贺达见了，就把老太太斟给他的茶让给老头，好把老头心里的火岔开。

谢灵瞧见，洞式的小窗口摆着十来盆上好的花。米兰、茉莉、玉树、倒挂金钟……还有一块上苔的水山石。当下西晒的窗子正是夕照斜入，一片鲜翠碧绿，生意盈盈，尤其那苔石，毛茸茸好像裹了一块鲜薄的绿毡。但这些盆花的确占了不小的一块空间。

"大爷，您的花养得真不错呀，我家养过不少盆花，没过两个月就死了，也有这么一块山石，无论怎么搞也长不出苔来。我得好好向您学点养花经验呢！"谢灵笑嘻嘻说，"您是花匠吧！"

老头花白的粗眉朝他惊讶地一挑，跟着脸就沉了下来。贺达说："怎么？你不认识他？他不是工艺品厂传达室的老龚头吗？"

"哟！对！"谢灵叫道，"怪不得刚才一见我就觉得挺面熟。"

老龚头瞥他一眼，抬起胡楂丛生、四四方方的下巴，厚嘴唇一动，似乎要说什么，但没开口就把话咽下去，低下头来。贺达完全明白老龚头想说什么，就替他说："小谢，你眼睛可不能总盯着上边的人呢！"说完笑起来，表示他这话是开玩笑。

谢灵当然听得出这不仅仅是玩笑。他挺窘，似笑非笑，大板牙在嘴唇中间一闪闪地忽隐忽现。

老龚头顿时眉开目朗。贺达说出他想说而不敢说的话，这使他痛快又激动。他站起身，端起桌上的酒递过来说："贺书记，你们二位都喝一盅吧！"

贺达接过酒说："好，给您祝寿！给大娘道喜。祝你们——"刚说了这两句，目光无意在这狭小的空间里一扫，下边的话就像横在嘴里卡住了，满脸兴冲冲的表情忽然变得沉痛和不安。他把尚未沾唇的酒盅放在桌上，垂下头，半天没说话。谢灵差一点把酒倒进肚里，多亏他眼疾手快停住了。但他对贺达这突变的表情不明其故。只见贺达带着一种深深的愧疚说："我，我们当干部的无能，自私，忘记了群众，没有为群众的疾苦着想。辛辛苦苦劳动了一辈子的老人，至今还住在这样的房子里。可是我们干部，尤其我们自己的居住条件为什么好得多？"他说到这里，感情冲动起来，脸颊顿时通红，好像给夕阳映上去的。他一眼瞧见窗前那几盆姿态生动的花草，声调转向深沉，"您使我感动！老龚头！身居斗室，还压缩自己的生存空间，为了养育这几盆美丽的花。热爱生活！我们中国人民多么热爱生活。但是，真正而美好的生活为什么只能得到这样一块窄小的天地？怨谁？只能怨我们！我们把党交给我们分配给人民的东西抢占了，私分了！把人民交给我们的权力变为图谋个人私利的权力！权力依仗权力，权力交换权力，这样下去我们还是共产党吗？人民，一旦变成可以随便借用的名义，它实际上就十分卑微可怜了。老龚头……原谅我，今天我喝不下去你的酒。"说到这里，他背转过身去，摘下眼镜，抬起手背抹了抹眼角，这使谢灵莫名其妙。

"不，不……"老龚头声音发抖，"您别这么说。没有党我老龚头早完了。国家有困难，干部也不易。我们厂里那几间房子又不是您分的。再说我已经退休了，在厂里补差，房子就不该有我的份儿了。我这已经挺足了，真的！嘿嘿。"

老太太在一旁说："你也别跟贺书记说这些假话了。你平时在家里说话时是这个意思吗？书记什么不明白，你何苦再来'骗自己'？"

谢灵听了，好似想到了什么，好奇地问："老龚头，我听人家都叫你'骗自己'。干吗'骗自己'呢？"

老龚头苦涩地一笑，说出一句真心话："为了不找别扭。人不能太明白，过去老人们不是爱说一句话，叫作'难得糊涂'吗？"

贺达再待不下去，匆匆向龚家老夫妻俩告辞而去。他在返回公司的路上步履匆匆，好像竞走一样，话也不说，仿佛有股气顶着他朝前奔。谢灵迈着大步才勉强跟上，扯得大腿叉子疼，裤裆的扣子绷掉一个也来不及去拾。

进了公司大楼，人已下班。大楼显得分外宁静。值班的老商递给贺达一个纸条，说是一个青年人留给他的。他打开一看，竟是邢元留给他的。上面的字真难看，好像一堆横七竖八爬在上面的苍蝇，内容却叫他耳目一新：

贺书记：

您托我的事办了。没想到郗师傅住得这么难。今后有房子，先让他住，我绝不跟他争。

贺达心里感到像阳光透入那样亮堂和舒适。他心里生出许多感触，只是一时来不及往深处思索。谢灵却在旁边问："您刚才说我缺少点什么，您一直没告我。跑了一圈，现在该告诉我了吧！"

贺达一怔，望着他笑嘻嘻、龇着门牙、过分精明的一张脸，歪着头面对他，话里不无讥诮地说："你缺的，竟然还没找到？"

"找到什么？"

贺达告诉他普普通通两个字："感情。"

"感情？您别开玩笑了，这算什么呢。"谢灵笑道。他以为贺达在和他找哑谜。

贺达忽然懂得一个道理：缺钱好办，缺少感情无法补充。感情不能借，挤也挤不出来。缺乏感情的人很难被感动。这就使他明白，为什么有些人面对别人的艰难困苦，竟会那么无动于衷！

谢灵晚上要去看电影，急匆匆走了。贺达回到家，爱人去接孩子，还没回来。他把一天来经历的事细细想一遍。有时，人在一天里比十年中成长得还快。他今天就是这样。特别是谢灵讲的那些处世格言，使他多年来不曾看透的东西一下子彻底清楚了。这也就使他心里的主意更加坚定。他一时心血来潮，捉笔展纸，画了一大块顽石，还题了一首顽石歌：

凿不动，砸不开，

不挂尘土不透水，

老君炉里炼三年，

依旧这个死疙瘩。

　　写完之后，不由得孤芳自赏地念了两遍。他太喜欢自己瞎诌的这四句打油诗了，心里有种痛快的感觉。这感觉像有把扫帚，一时把白日积在心间的烦闷扫却一空。

九、欲进则退，再用一招

倒霉！赶上一段上坡路，比顶着五级风蹬车还费劲。

从公司到工艺品厂本来有一条道宽阔人少、平平坦坦的柏油马路。可是贺达偏要走这条道。他为了在到达工艺品厂之前，有时间把那里刚刚又发生的一件意外的事琢磨一下，这就给他自己找了麻烦。

麻烦都是自找的。

"无欲自然心似水，有营何止事如毛。"

他想起宋人这两句诗，拿这诗嘲笑自己。

"凡是找麻烦的人必定自食其果！"

他又想起妻子骂他的话。这话说得并不错。

可是这些话现在对于他毫无效用。他想，自己恐怕天性就是自找麻烦的。爱管事，爱揽事，不怕事。当麻烦死缠着他，他一点点冲开这麻烦的包围圈，也是一种快乐。这样，各种麻烦就像寻找知音一样专来找他。真是倒霉蛋儿！他觉得自己挺好笑，倒霉蛋儿才总碰上倒霉事儿，就像他赶上的这一段上坡路。

车链绷得笔直，和轮盘的齿牙磨得轧轧响。但他不能松动，一松就倒回去。他感到，这情况很像他着手的工艺品厂的事——他从中得到了启发。于是他情不自禁地把蕴藏在身体各处的力量都运到两条腿上使劲蹬。任凭这两天由于天阴而犯风湿的膝关节隐隐作痛，脚腕子已经酸累发软，一想到工艺品厂那团虎视眈眈等待着他的麻烦，两条腿竟然又加倍地生出力气来。

原来力气不在肌肉内，而在精神里。

自从他通知关厂长等人限期三天搬出来后，三天间他顶住四面八方、重重叠叠的压力。这三天是一场艰苦的、全力的、针锋相对的较量，他一个人与那么一股人多势众的力量抗衡，有生以来也是头一次。他豁出去一切，不肯倒退半步，软的、硬的、软里带硬的，他一概都尝到了。现在看来不过如此，哪有小说电影编造得那么多惊涛骇浪呢！如果一个人不考虑自己的利害得失，捍卫真理也并不那么艰难。三天里，他的支持者为他担心，他的反对者等着瞧他的笑话。他却天天叫谢灵给工艺品厂上下午各打一次电话，反复重复那句话，只字不改：如果不交出房间钥匙，就交出党票！二者必取其一！他坚信这些靠职权巧取豪夺房屋的当权者，在最后的抉择中，不会舍弃党票而要房子。对于这些人来说，为一两间房子，一次性使用党票，太不值得。

但前天他从那"老同学"车永行那里，得知关厂长把原先住房让给亲友，自断后路，可就叫贺达骑虎难下。贺达猜想，关厂长也许要用"拖兵"之计，赖在房里不走，拖过一年半载，造成既成事实，他就败了，不仅败在房子上，而且他这个堂堂的公司书记从此也就再也别想神气起来。他想赢又没办法，反正他不能把关厂长他们轰出来，轰到哪儿去？眼看着限期三天就到，他急得火上来，眼眶通红，嗓子眼儿一跳跳地疼，多年戒掉的烟，昨儿又买了一包，他暗暗发誓：拿下这八间房就立即把这盒烟扔掉。现在，他又担心这烟卷要永远抽下去了。谁料到今天一早，谢灵在他桌上留个条子说，关厂长他们都已经搬出来，房子腾空。他惊喜又诧异，不敢相信这是事实。可是谢灵不在，也没说到哪儿了，他便打电话给工艺品厂，只听对方气冲冲又粗野地说："你他妈别在上边坐着喝茶了，下来看看吧！"

跟着"啪"地撂了电话。他听不出对方是谁，但绝不是上次那小伙子，分明是一个成年男人的声音，而且带着恼怒和敌意。

他猜不透这是怎么回事。可是他预感关厂长另有高招，他绞尽脑汁，无论如何也猜不出来。这些天关厂长每一招大都出乎了他的意料之外。他想，一个人本来应当把别人往好处想，为什么生活逼着他不这样思考问题呢？有时他觉得自己不应当把别人猜测成这样那样，但事实总比他猜想的还要复杂……他想着，想着，不知不觉已经到了工艺品厂。

一进门，他就感到有些异样。远远看见办公楼前放着许多箱子、大柜、小柜、炉子、烟囱和高高的衣架，还有一堆堆装杂物的荆条筐和牛皮纸盒子。大柜上的镜子照着院里来来去去的人。他放下车，迎面碰上技术股长矬子伍海量。这张和帽檐宽窄差不多的短脸上，满是焦急神情，不等他问就说："关厂长他们昨夜全都搬到厂里来了。他们说，搬不回去，只能住在办公室，这一下就乱套了！我那间办公室叫王魁的儿子占去了。现在只能在车间里乱转。"

贺达感到脑袋里嗡的一响，好像冷不丁挨了照面一拳。但他这次没蒙。几天来遇事不少，真长经验。他马上就看破，关厂长就是"欲进则退"新的一招，从那房子一直搬进厂里来，有意搅出一个更大的乱摊子，把他撂在中间，叫他拔不出腿来。请神容易送神难。这一下把厂里弄得一团乱，上边问起来还说是公司逼出来的。这一招真是绝了！他原想一把火烧走关厂长他们，人家偏偏火上浇油，反烧了他自己。如果把这几招写进《三国演义》中去，也不比诸葛亮那些招数逊色！有人说《孙子兵法》是必读书，眼前这难道不是一部运用灵活的兵书？如今兵法普及，人人皆会，并且变幻无穷。自己原先在研究所当所长时，整天和二十多名研究人员打交道，与这场面一比，真如隔着一个世界。那里经过的都是细腻、不外露、妙不可言的矛盾，这里才是真刀真枪、铿锵鸣响的斗争。这才是社会，是生活，在翻腾流动中显现出它险恶惊人的波峰浪谷，而只有这生活旋涡的中心才是真正锻炼人。他很想从中学点本事，因此他这一次没恼火，反而沉静地问另一件事："彩蛋的事怎么样了？"

"这些天房子一件事，就把人心全闹乱了。不少人撂耙子不干，互相较劲，食堂小灶停了火，锅炉房不给气，连植绒烘干也没法干了。干活的人心不在焉，昨天听统计员告我，喷花的残次品率一下子上涨到百分之二十。原先一次残次品率到百分之八，全厂就开现场会。现在没人管，谁还管彩蛋，放在库里发霉呗！"

贺达知道事情愈大就愈不能动火，因此他沉着地把心里隐隐生出的火气压住，伸手从衣兜里掏出一个小纸盒，递给伍海量。伍海量打开一看，里边用棉花仔细衬垫着两个雪白崭新的鸭蛋壳，其中一个还画了几笔漂亮的鸭子。他疑惑不解地问："这……"

"这就是上次你带给我的那两个彩蛋，我试了一下，用去污粉加上肥皂粉擦擦，完全可以把蛋壳上的霉点擦净。然后再薄薄抹一层滑石粉，试了几下不但不打滑，颜色的附着力一点也没减少。你看这不挺好吗？"贺达的脸上露出笑容，笑里还含着一点得意的神气。

伍海量禁不住叫道："太好了！我这两天也试用了去污粉，把蛋壳打磨得太粗，用肥皂粉洗过又不挂墨，您这法子可就太好了！"他欣赏这两个修复一新的彩蛋，分明更欣赏这个内行又认真负责的公司书记，"哎，您怎么还会画画儿？"

"说来话长，将来有空再说。老伍，你上次与我谈的那些想法这几天总在我脑袋里转，咱们找时间还得再往深处谈谈。"

伍海量笑了。心想这书记事无巨细，全抓得牢牢。他说："我已经把那些设想整理出一份完整的材料。有些方面搞得很具体。但是……我还是认为这想法根本实行不了。"

"怎么？"

"现在的事情都是一环紧扣一环。看上去，只是生产管理问题；只要实际一做，就会涉及非常具体又重要的生产之外的问题，比如干部制度、工资制度、财务制度，以及供产销关系等等。有些东西是动不得的。"

"为什么？"

"仅仅是这生产之外的八间房子就搞得这么乱。再那么一搞，不就更乱了套？现在社会各行各业都早已形成了自己非常严密的一套……"

"体制？"贺达问。

伍海量想了想，点头说："对！这可就不是一两个人能改变得了。因此我觉得它太理想化了。"这矬子说完有些茫然。

"好的设想应该促其实现。问题是我们太缺乏想象力了。没有新的想法，哪来新的行动？我们又怎么能适应时代不断变化的新情况？我前几天在青岛开会时还说，马克思主义是走在时代前边的，我们现在怎么总落后于时代。好，我再问你，你估计，这个办法群众会拥护吗？"

"不拥护的，只是现行这一套的既得利益者。"

"说得好！你这材料能给我看看吗？"贺达的目光好像挺迫切。

伍海量马上从衣兜里掏出来。原来就揣在他身上，厚厚一沓，十几页。贺达接过来翻了两下折起来，说："我先看看，过两天再找你谈。"说话时，他用一种怜爱的目光看了这矬子一眼。

贺达走进办公楼，看见王魁站在走廊上，正对一个年轻的女干部发脾气："什么长霉不长霉，我现在还一身霉气没人管呢！矬子逞能，你找他去！"说完转身正与贺达面对面。他一认出贺达，登时火气从脸上消去一半，但说话的口气并不客气，"噢，您串门来了？"

贺达没接他的话茬，只说："你通知党委委员，我有话说。在哪儿碰头？还在二楼的样品室吗？"

没料到他这话在王魁的大肉脸盘上引起一种捉摸不透的冷笑。王魁却满口答应说了一句："哈，我马上去招呼人！"

王魁扭身推门进了播音室。全厂立刻都能听见他扯着大嗓门叫喊：党委委员马上到办公楼开会！

贺达走廊上来回走一走，看到生产股、技术股、政工股各屋都像逃水灾那样搬进了人家。走廊上还堆着仓促搬来、未得安置的家庭用物。一口米缸上放着一个又旧又脏的小布娃娃。这布娃娃仿佛睁着吃惊的眼睛望着他。好像他是这一切灾难和不幸的肇事者，因而对他发出无声的指责和愤怒！他不由得产生一种良心上的不安和负疚感。他奇怪地自问：我怎么会有这种负疚的感觉？但这感觉略略沉重地压着他的心。

不一会儿，厂党委委员们全到齐。他问王魁："关厂长呢？"

"在二楼样品室等着呢！"王魁说。

"好，我们去吧！"贺达说。

王魁脸上又露出刚才那种不可捉摸又绝非善意的笑。"正好！"他说。

大家上楼走到样品室，贺达推开门一看。又是一怔！这哪里还是样品室，完全成了住家。各式样品橱柜、大小镜框和折叠椅子都靠在一边。这边堆满家具。中间一张长条的大桌子上铺着被褥，正睡着一个男孩儿。桌下边乱七八糟堆放着锅啦、碗啦、雨伞啦、小板凳啦、脸盆啦、棋盘啦，一家大大小小的鞋子啦，还有一个锃光瓦亮的尿盆。

贺达走进来时，正和关厂长打个照面。关厂长也没和他握手，脸像一条湿手巾那样耷拉得挺长，表情沮丧，但看得出他心里正憋足气。那神气仿佛说："瞧你把我们逼成什么样吧！"

一同来开会的王魁、万保华、杜兴，也都闷闷不乐，摆出一副受害者的样子。但是这么一来，反而使贺达醒悟到，这是他们故意给他制造的心理压力，刚刚心里生出的那微微的负疚感反而一扫而空。他想，我为什么负疚？应该负疚的恰恰是你们这些仗势占房的人！于是，在临到头上的一场针锋相对的交战前，他竟然保持住一种沉静稳定的情绪。他说了句："我们坐下来谈吧！"就走到屋内的一边，找一块宽绰地方，打开折叠椅和大家围坐了一圈儿。贺达没开口，谁也不说话。有的故意制造僵局，有的不知深浅而不敢唐突发言。万事开头难，贺达琢磨着话该怎么讲。一扭脸，忽瞧见一幅贝雕古装人物画，心里马上有了主意，便问关厂长："这是谁？"

在关厂长意料中，贺达准会先对他们搬家入厂的做法作出反应。他盘算好，只要贺达有来言，他就有去语。他没有料到，贺达竟然先扯到一个毫无关系的话题上去。看来这种秀才就是格路——办事不识时务，说话不着边际，他便想随便应付两句，拦住他东拉西扯，可是他回头一看那镜框里的古装人物，却辨认不出。上面虽然题了字，但是篆字，扭来拧去，如同画符，怎么也看不懂，便说："不知道！"

贺达问别人，竟无一人认得。

王魁说："戏上的人儿呗！"意思是，你闲扯这些干吗？

贺达不动声色地问："你们哪一位高中毕业？"

无人回答。只有厂工会主任罗铁顶说他仅仅上了初中一年级。大家互相看看，不明白这秀才书记是来调查干部的文化程度，还是为了房子的事来的。他这些话是想没话找话拉近乎，还是对厂里现在乱了营的局面故意装傻充愣？贺达却一味认真地问下去："这画是谁设计的？"

王魁心想，这家伙真怪，今天怎么跟这幅画干上了？他淡淡回答一句："还有谁？郗捂……郗半民呗！"

贺达请他们招呼郗半民来。圆头圆脑的郗半民很快就来了。他一见屋里这些头头脑脑的人物和有些显得异样的气氛，就不觉抬起手背遮在嘴上。贺达问他这幅画画的是谁。

“杜甫像。”郗半民说，手依旧遮着嘴。

“噢！是杜甫。”罗铁顶说，“我不认得这字儿，杜甫倒知道。古代的作家吧！”他半知半不知。人肚子里有多少墨水，就能吐出多少墨水。少一点行，多一点不行。

“是的。唐代诗人杜甫。我这里正好有他几句诗——”贺达说着从口袋掏出一个黑色人造革封皮的笔记本，翻开写满字的一页，递给郗半民，“请你给大家念一念。”

关厂长、王魁、万保华等人真不知这书呆子要耍什么把戏了。依王魁看，他是逞能，想拿学问压一压他们。

郗半民接过笔记本，打开一看，说：“噢？这是《茅屋为秋风所破歌》结尾的几句。”忽然，他好像明白了贺达的用意，惊异又羡慕地看了贺达一眼。贺达会意地朝他微笑一下，这微笑仿佛给他很大的勇气，使他不觉把遮挡嘴巴的手放下来。于是，他双手端着本子，把这几行诗念下来。可能由于紧张或激动，他念得有点结巴——

安得广厦千万间，

大庇天下寒士俱欢颜；

风雨不动安如山。

呜呼！何时眼前突兀见此屋，

吾庐独破受冻死亦足！

贺达问大家谁懂得这几句诗。谁也不懂。古文和篆字一样难。贺达请郗半民给大家解释。郗半民逐字逐句解释一遍。这些人都低下头来不语，这才明白贺达的本意。他就像踢了一个漂亮的弧线球，看样子往球门外飞去，谁知在半空中绕了炫目的一圈，正巧落入网内。原来这秀才书记一点也不糊涂！贺达谢过郗半民，站起来送他走出屋门，走回来还没坐下，目光在那贝雕的杜甫像上一扫，心里顿时涌起许多话，说出来不免带着感情："一个一千多年前封建时代的文人，居然有这样关心人民疾苦、济困扶危、忧国忧民的高尚情操。我们呢？对着党旗宣过誓言的党员，马克思主义者，为群众谋福利的领导干部，难道不如一个封建文人？难道还不害羞，不惭愧，不悔恨自己？这是历史的进步还是倒退？我们什么时候规定过，社会财富应该按照职位高低分配？扪心自问，我们每天——比如前天、昨天、今天、明天——到底都应该琢磨什么？到底琢磨的是什么？如果人事升迁，工作调配，财富分配，都可以作为个人营私的资本，我们的国家还好得了？这是多么可怕的恶性循环，还谈得上什么'四化'，就用这一套能搞出四化？用这种僵化、无知、自私、蝇营狗苟能使国家现代化？我不信！有的同志从抢占的房屋里搬出来，理应如此，竟然满肚子气。气什么？还是先生一生自己的气吧！再不生自己的气就危险了！好了，我不多说了！杜甫这几句诗就送给你们吧！"

他从笔记本撕下这页诗，放在桌上，站起来就走。

这时他觉得自己必须走了。因为他感到一直压在心里的火气随着这些激情难禁的话，已经冲到脑袋里。他担心再冲动就会使他失去必要的理智。然而他走出去关门时，仍然不觉地把门重重摔得一响。

关厂长与王魁坐着一动没动。罗铁顶和万保华跑出来要送贺达下楼。他执意不叫他们送，自己走下楼。

他走出办公楼，正要去推车，只听身后一个女人清脆的叫骂声："装嘛洋蒜！满嘴仁义道德，一肚子糟心烂肺拿我们耍着玩儿，还当我们不知道，骗谁呀！"

他回头一看，是个女人在骂闲街。这女人个子不高，模样倒出众，身穿白布大褂，看来不是厂医就是厂幼儿园的阿姨。只听这女人接着骂着："便宜都叫你们占了。厂子再大也经不住你们捞。口口声声为工人，为知识分子，其实暗含着把好处全捞走了。我算把你们全都看透了。嘴头朝着别人，心眼向着自己！告明白你，你要敢搬进去，我一头撞死在你们上。你就是住在里边，半夜也叫你睡不着。什么东西！假模假样，还装听不见！哎——你聋啦！"

贺达原以为这女人在骂关厂长他们，细细品味，似又不是。他回过头再看一眼，那穿白大褂的女人立刻骂了一句："看嘛，骂的就是你！"骂完转身走进一间屋。跟着贺达发现前楼几个窗子都有人朝他张望。他目光扫到之处，玻璃后边那些脸儿马上躲开。这就使他进入云里雾中。这难道是骂自己？这女人是谁？为什么骂自己？奇怪！真怪！

十、穷开心

贺达刚刚在样品室说那些话时，情绪激动，声调就特别大，一直传到门外，正巧叫路过样品室的电工王宝听见了。他从门缝往里偷看，直看到贺达朝门口走来，才一溜烟跑掉。他一直跑到保全车间，把所见所闻告诉给他那几个小哥儿们。那几个嘎小子听了极开心。留着一脸络腮胡子的刘来听了，兴趣十足地问："关老爷没发火？"

"叫人家姓贺的噎得大屁都放不出来。那张脸就像断了电——全黑了，连一点光都没了！"王宝说。

"这小子，三句话不离本行。关老爷不带电。"另一个小子说。

"嘿，你只要说，一会儿有外宾来参观，中午请他去吃饭。保管这电立刻通上，那脸就像二百度的灯泡唰的亮起来！"王宝一边说一边比画。

"你这王八小子。真损！"

"我损？人家那姓贺的才叫损呢！说的那些话成本大套，我学不上来。不说人家书呆子吗？居然把咱这几个土地爷全制服了。"

"走！"刘来把手里的烟头在车床上按灭说，"咱瞧瞧关老爷现在是嘛样。"

"你要去，你去吧！"王宝说，"别嘛壶不开提嘛壶。关老爷正有气没地界撒呢！你去正赶上。"

"他有气？咱还有气没处撒呢！不过你们也别看关老爷表面上没辙。他究竟比那姓贺的老梆得多。你们是没看出这几步棋——先是关老爷来个'窝心卒'，硬占了房子。姓贺的也不善，问他们要党票还要房子。这叫'一马踩两子儿，必吃一个'。你们想，关老爷他们能舍去党票要房子吗？有党票就有权，有权要嘛有嘛，头一个就是好升官，就搬到厂里来，硬往办公室里一住，看你姓贺的怎么办。你不给解决房子就永远不动劲。最后你还得给房子不可。这叫'退一步，进两步，以退为进'。看吧！最后不单房子还得给人家关老爷，我保管这姓贺的不出三个月就得从公司调走！"

"行呵呀！"王宝叫道，"怪不得你的棋厉害。敢情连头头儿们的棋步都叫你琢磨透了。"

"不管怎么着——"那个长得黑生生的小伙子说，"反正关老爷现在不顺当。别等他缓起来，咱先拿他穷开开心！"

这句话引起大家一致的兴趣。这哥几个凑在一起商量阵子，竟然想出一个又俏皮又解气的开心办法。商量好后，王宝飞跑到传达室去，刘来和另几个青工去找关厂长。关厂长正在他的办公室里郁郁不乐，独自坐着，好像暂时被挫败的公鸡，平时那黑红的脸，现在就像鸡冠子发白地耷拉下来。

刘来他们坐下说："厂长，浆印自动生产线那计划报上来四个月了，您是不是赶紧批下来。我们保全这两天跟干部们差不多，闲着没事。"

"怎么？"关厂长的声音一出来就带着气，"干部一直也比你们忙！没活不会找活干，厂子这么大能没活干？浆印现在根本没必要自动化。没有那么大任务，印得再快，活儿就断了！再说，自动化问题是领导研究的事，根据生产需要，不能看你们有没有活干！你们现在要没事就去找王魁，他会……"

关厂长说到这里，电话铃忽然响了。刘来他们知道这是王宝从传达室找来的，并且知道准有乐子可看。他们暗暗互递眼色。

"喂！你要哪儿呀——"关厂长那官腔拖着长长的尾音。

话筒里说："你是工艺品总厂吗？喂？喂！我是电话局，试试你的电话有没有问题。请你协助一下。"

"好，试吧！"关厂长有点不耐烦，还有点心不在焉。

"请你从一数到十。对！"对方的声音在话筒里响着。

"一，二，三，四，五，六，七，八，九，十。"关厂长依次数下来。

刘来朝黑生生那青工飞了一眼，意思是说，瞧这傻蛋！

"谢谢。"对方说，"请你再数一遍，这次快一点。"

关厂长皱皱眉，"一二三——五六七八——十。"他舌头不利索，好像嘴里含着一块热豆腐。

坐在旁边的刘来这几个小子虽然听不见话筒里说什么，但这些话都是他们事先商量好的。当看到平时神气十足的关厂长被捉弄的傻样，想笑又怕叫他看出来，只好把一阵阵涌上来的笑憋在喉咙下边，直憋得浑身发达的肌肉哆哆嗦嗦地抖颤。

"你刚才念得不清楚，看来这部电话有问题。这样吧——"对方说，"请你抬起一条腿来蹦三下。谢谢。"

"怎么还蹦三下。"关厂长脑筋不在电话上，糊里糊涂地问。

刘来一听关厂长说要蹦，忍不住要笑出来。他赶紧转过脸，连看都不能看了。

"蹦吧！谢谢。"对方说。

关厂长真的像金鸡独立那样，笨拙地屈起左腿，左脚离地，右腿支撑着酒桶一般死重而滚圆的身子，像瘸鸭一样蹦了三下。这一来，那面孔黑生生的小伙再也憋不住，手捂嘴也不顶事，扑哧一声加唾沫星子都喷出来，跟着拔腿就跑出来。其他人一看玩笑败露，一哄而散。

关厂长这才明白几个小子在捉弄自己，气得他把话筒"啪"地摔在电话上。谁知电话一挂上，立刻铃声又响，他抓起话筒，气咻咻地，"你说，你是谁？你这是胡闹！捣乱！你是谁？说！"

对方一讲话他怔了。马上把气压住，将嘴唇凑在话筒卜，声音放得很低："噢，是你……刚才有几个工人用电话跟我捣乱。别管它，你说吧，怎么样？噢噢，好，好！她收下了吗？太好了！她肯定要吗……真是太好了！要不人们都说你是……你可真有办法！这次我叫他——对，我叫他办事学会动点脑子。谢谢你呀！将来还得重谢呢，真的。这一下我又活了！"

他撂下电话后，一直僵固的身子好似舒解开。他伸伸懒腰，又用双手揉擦一下粗糙、紧绷绷、满是皱纹的脸。一天来满脸皱纹仿佛加深了，这一揉脸上又仿佛一条皱纹也没了。他容光焕发，像一位反败为胜的头领！

十一、十面埋伏

天黑，贺达一进家门就觉得，家里像等待贵宾一样等待他。如果他平常这么晚回来，老婆准会劈头盖脸骂他一顿，不管有没有外人在座，也丝毫不给他面子。这个在法院工作，比他大一岁、十分能干的老婆，不知由于做惯了教训人的工作，还是自视年长一岁，对他一向使用命令式的口吻。人和人在一起长了，就会不知不觉相适应，性格往往是互相造成的。一个人和另一个软弱的人常在一起，就容易发挥自己自信坚强的一面；但与一个充满主见的人常在一起，就显得顺从，柔和，依赖性多一些。别看贺达在外边是强者，一进门就是懦夫。他早已习惯妻子尹菊花在各种生活琐事上对他喋喋不休地发表不满。每每此时，他就默不作声。不管别人说他"怕婆"是否真确，反正他对她那种咄咄逼人的气势很怵头，却又相信尹菊花是真正疼爱他的人。她爱他，也骂他。只不过在她骂得过于厉害时就看不出那些爱来了。

今儿尹菊花一反常态，脸上的笑像画上去的那么明显，声调柔和，招呼他吃饭的声调有点像荀派的道白了。多年来，她可是头一次显出女性温柔的一面，自然使他有些吃惊和不解。

他舅爷尹绿竹坐在屋里。尹绿竹是第五针织厂的办公室一名干部，三十岁刚出头，和他姐姐尹菊花一样能干。特别是这一双又黑又亮、精明外露的黑眼睛，简直和他姐姐完全相同，充分显示血缘的力量。看来尹绿竹早来了，外衣脱在沙发上，一件银灰色夹白条的毛衣，那些好看的编织图案给他宽阔的胸脯全都撑开了。不像他——照尹菊花的话说——无论什么衣服穿在他身上都没样子，单薄的身子架不起衣服来。冬天穿上厚棉袄还好，春天一穿制服，前后襟都垂着一条条深深的衣褶。

尹绿竹对他也较往日更亲热一些，"快来吃吧！我们都在等你。"

"快！妈妈刚才还骂你这么晚不回来呢！快坐下，贺达！"八岁的小女儿贺敏噘着嘴说。这神气和她妈妈生气时一样。女儿向来对他称名道姓，很少叫"爸爸"，这表明贺达在家里的地位低于女儿。在公司头一把手，在家里排行最后。家庭是最小的王国了。

贺达已经习惯这些，不以为意。他只笑一笑，就坐下来。当发现桌上有酒有菜，十分丰富时，不禁问道："谁的生日？"

今儿，尹菊花的埋怨也带着微笑，"你真是。一家人的生日还记不住？哪有人过生日，这几样菜都是弟弟买来的，给弟弟贺喜！"

"你结婚了？"贺达迷迷糊糊地问尹绿竹。

"你怎么没喝就昏了！他结婚能一个人来吗？你是不是脑袋里那些'公事'还没散净？"尹菊花说。

贺达笑了。他也觉得自己有点糊涂，脑袋里真的像塞着一团理不清的乱线头，说话就不搭调儿。"那是什么好事？"他有点歉意地对尹绿竹说。

尹绿竹笑道："姐姐，你告诉姐夫吧！"

尹菊花一边给贺达夹菜，一边笑吟吟说："你弟弟有间新房，下个月就结婚。"

"噢！这可要贺喜。"贺达说着端起酒杯来。

"那先得谢谢你。"尹绿竹说。

"我？"贺达不明其意。手中的酒杯举到面前就停住了。

尹菊花接过话说："这房子是你给的嘛！当然应当先谢谢你。"

"我，我哪来的房子？"贺达好像傻了一样，张着嘴，眼镜片后边旋转着一对无形的问号。酒杯也放在桌上。

"算了！你现在不是正管房子？满嘴瞎话。"尹菊花说。

"噢！"贺达此刻对"房子"两字十分敏感，听到这里醒悟了一半，他赶紧说，"那房子是人家工艺品厂的，怎么归我管？"

"钥匙都在妈妈手里呢！"小女儿贺敏在一旁叫。

尹菊花瞥了女儿一眼，扭脸对贺达含笑道："给你！"跟着就从衣袋里掏出一小包沉重的东西放在桌上，"钥匙在，房子不在？你看吧，一共七把！"

"钥匙？怎么跑到你手里来的？"贺达说。他不知这是怎回事，惊奇之极。

"怎么？我偷的吗？是你们的秘书谢灵送来的。"尹菊花说。

"他怎么送到家里来的？"

"送到家里正好！总共八把，给你七把，我留一把给弟弟结婚用了！"尹菊花怕他不同意，口气变硬，先压他一下。

"不行！"他大叫一声。

这一声不仅吓了尹菊花一跳，也吓他自己一跳。因为他从来没用过这种口气、这么大的音量对妻子说话。

"你干吗这么厉害！"尹菊花把筷子"啪"地往碟子碗儿中间一扔，撕破脸，习惯地露出本色，"这么多年，你为家里贡献过什么？连家里刷浆、买煤气、打家具都是弟弟帮着干。没有弟弟帮忙，你还坐得上沙发？今儿给弟弟一间房算什么！你吼什么？你懂人情吗？"

"为了这八间房，现在上上下下都乱了套，谢谢你们，就别往里边掺和了！"他不觉用了恳求的口气。

"那是你愿意。厂里的事你管干吗？人家小谢说了，你放着清福不享，专往烂泥塘子里蹚。告诉你，今儿你给也得给，不给也得给。反正钥匙在我这儿呢！"

他听到这话，脑袋烘热，积满胸中而推不开的种种压力一下子都发生作用。"不给！"他又大叫一声，这一声比刚才那声还大，吹得他额前的头发都扬起来。随着这声喊叫，他抬起手刚要拍桌子，但在尹菊花怒目逼视下，手在半空中不由自主地停顿一下，最后还是有力地"啪"地拍在桌子上。谁知这破天荒的一下反而使他威风起来，他就着这劲儿，手一伸，大声叫道："拿钥匙来！"

这好比晴天霹雳，使尹菊花惊呆了。羔羊般的丈夫今儿怎么变成老虎？从没见他这么大胆量，也没见他这么威风过。一时压不住他，尹菊花就大哭大闹起来。可是无论她怎么哭闹，贺达也不肯把房子给内弟。挺好的一顿酒饭吃不成了，尹绿竹什么话也没说，穿上外衣就走了，显然是赌气走的。尹菊花闹不出结果，居然也束手无策了。原来，她厉害，只不过这两下子，只不过是一种习惯而已。她怔了半天，只得使出最后一手杀手锏。她忽从衣袋里又掏出一把黄铜钥匙，往桌上一拍，说："钥匙在这儿，你看着办吧！你要把事情做绝了，咱就从此恩断义绝！"

说完，她抱起女儿走进卧室，跟着把卧室的门摔上。

外间屋只剩下贺达一人。本来他脑袋里充满乱糟糟的矛盾，不知为什么，这一闹竟像真空的一样，空空的什么想法也没有了。当他的目光一碰到这些把钥匙时，脑筋就转动起来。他想，这谢灵为什么偏偏在自己不在家时送来钥匙呢？明摆着是收买自己老婆来的。他忽又想到，白天在工艺品厂院内那个穿白裙的年轻女人，骂的肯定就是他。原来关厂长他们串通谢灵搞这套，再把消息张扬出来，硬把他拉下来。看来，"贺达也要占房"的谣言已经在工艺品厂传遍。这一手真够毒辣，"釜底抽薪"！又是三十六计中的一计。这些天，这些人，用了多少计？如果这些计谋都化作有招有式的拳脚，少林武僧也得抵挡一阵呢！这些人这么善于相互斗智，怪不得在正事上脑筋就不够用了！自己这身边的谢灵真不愧人称"超级蜘蛛"，居然神不知鬼不觉把蛛丝一直拉到他家里来。童话中那小勇士也没见过这么大、本领这么高超的蜘蛛吧！还是人更有本事！

他盯着这些在灯光下煌煌闪烁的钥匙。好沉重的钥匙！每一把里都有风险，计谋，圈套，纠缠绞结的人事，一起压在他身上……他感到脑袋沉甸甸，浑身疲惫不堪，力不能支。他回手去摸半导体无线电的开关，想听听音乐，洗一洗脑子。他有个习惯，脑子一累就想听音乐。音乐能给他脑子换一个境界。他称音乐是"洗脑子"。

扭开无线电的开关，立刻有支熟悉的琵琶曲流泻出来。充盈满室，也充盈整个脑袋里。刘德海演奏的吧！也只有刘德海才有那十根绝妙神奇、魔术般的手指。清劲的琴像泉水，每个清晰优美的音都像一滴亮闪闪的水珠儿，从耳朵钻进脑袋里，滴溜溜乱转。跟着这流水一样的琴音快速疾旋，搅成旋涡，忽又分散开，忽又聚拢而来，宛如四面来风，八方劲吹，把他裹得严严实实。在这黑乎乎的迅风里，仿佛潜藏着兵勇，刀剑相遇，绊索交错，危险四伏。摆也摆不开，脱也脱不出。他却有种异样的舒适感，好像在这琴声里找到了知音。这知音是谁？刘德海？噢，他明白了，这支曲子是刘德海拿手的《十面埋伏》，这曲子表达的情景，正与他此时此刻的处境相合。可是这琴音，如此遒劲，如此昂奋，如此动情，绝不是给他助威，而是对他的挑战。声声加紧，在他心中激起一股潜在的搏斗欲。他豁然明白，这些天虽然他竭力抵挡各种袭击，但他始终是"兵来将挡，水来土掩"，处于被动，而且思虑不周，事事出于意外。他很早就意识到自己总是把生活想得过于简单，看来这弱点仍然存在他身上。这使他忽然想起《聊斋》中《陆判》里那两句话：胆欲大而心欲小，智欲圆而行欲方。生活要求他这样。

悟到这道理，任它四面来风，八面来箭，十面埋伏，他全不在乎了。他眼睛盯着尹菊花关紧的门，忽然站起身，果断地把桌上的八把钥匙一收，"哗啦"装进上衣的口袋里。

十二、这里才是开始

今天，天阴得好厉害。虽然早春天气，不是北方降雨时节，可是老天爷满面阴沉，还真叫人担心，好像要突然大变天气，来一阵雷电冰雹，换个样子给人们见识见识。

下午两点半，工艺品总厂来上班的职工干部总共四百三十六人，一个不剩，全都到食堂开大会，连大门都倒锁上，传达室的老龚头也参加了。食堂的桌子板凳都靠边放，中间腾出的空地上，人们用砖头、报纸、包装箱、拆掉的木条、浆印用废的纸板，垫在屁股下面坐着，地方小人多，仍旧挤不开，就有些人拥在门外边。这次开会不用人请，更不用万保华绷着脸到各个车间班组搜查一遍，把那些溜号逃会的轰到会场上去，人们都自愿来了。因为，据说公司党委上午开了半天会，决定了房屋分配方案，由那个姓贺的秀才书记来宣布。

贺达已经到了，还带来一个高个儿的姑娘和一个腰板挺直的中年男人。厂里有人认得，两个都是公司干部，也是党委委员。女的叫顾红，男的是公司办公室主任邬志刚。

关厂长、王魁、万保华等人都坐在前边一排，却没有像往常那样，神气十足地面对着工人们坐。今天似乎怕工人们看见他们的脸，招来闲话。

矬子伍海量刚走进来，立刻有人拿他开玩笑。他走过邢元身边，被邢元一把拉住。邢元坐着就把嘴巴凑在矬子的耳朵边，说了一句什么。伍海量对邢元说："你甭告诉我，我知道没我的份儿！"脸上却显得不大高兴。

兰燕一扯邢元的胳膊说："你拿人家武大郎开嘛心！哎，一会儿你可别再叫这姓贺的唬住了。只要他留着一间不分，必是留给他自己的。咱就把会场给他闹翻了。叫他进得来，出不去！"

这几句话，引起周围一些人的好奇，纷纷探问究竟。这一片人就叽叽喳喳议论起来。

靠墙根的方桌上坐着一群小伙子，大都是电工、管工、保全工、锅炉工和仓库的搬运工。这是厂里最不好惹的一伙。当下都抽着烟，嘴里嚼着零食，嘻嘻哈哈地说笑。他们不像坐在会场中央那些女工，由于老实规矩又好奇，竖着耳朵闭着嘴，气氛也显得宁静。可是不管怎么，人们都等待着谜底揭开。有经验的人估计，在这种场合，只要公布的谜底有一点摆不平，就要惹起一场乱子。这八间房子自破土下砖那天开始，厂里头头儿就没一个敢在大庭广众面前提这件事。直到关厂长他们搬进去又搬出来，始终闷在罐里。现在矛盾更复杂，解决就更难，除非这秀才书记敢把厂里几位大人物甩在一边。怎么可能，不是说他也在打这几间房子的主意吗？再说，现在所有有关人事的方案都是平衡方案。搞平衡就摆不平。

贺达走上台，人们顿时不说话了，一时静得连国画组请来的那位老师傅闹气管炎哮喘的声音都能清清楚楚听得见。全场人的眼睛都往台上望。

许多人还是头一次瞧见这贺书记。相貌平平，人不出众，外表是个标准的书呆子。这种形象在电视剧里一出现，不是窝囊废，就是胆小鬼，心软、嘴软、骨头软的一根软面条。

贺达沉了足足三分钟没开口，这下子就使工人们更觉稀奇。难道这书呆子傻了？没想到他一张嘴，说话仿佛带着枪子儿："我知道大家的想法——正等着看我要公布的这方案合不合理。道理其实谁都明白，党委也应当和群众想的一样。我们的党员、干部、领导是否能取信于民，不看怎么说，就看怎么做。过去说的太多了，今儿咱改个办法，只做不说。我现在就公布方案。我叫到哪位，哪位同志就上来领钥匙。分到房屋的，明天放一天公假，搬家，住新房。"

王宝扭脸对刘来说："大胡子，我说怎么样，这家伙不赖吧！"

刘来一摆手制止他："听着，先别闹。"

贺达开始公布方案。他手拿一张纸郑重念道："设计组的郗半民同志，请上来领钥匙。经公司党委研究，分配你两间房。"

会场发出一阵意外的惊呼声，跟着议论纷纷，却无人反对，也不见郗半民站起来走上去。只听东边有人说："郗捂嘴，这下子转运啦！怔着干吗，还不快去！"

贺达又招呼一声，郗半民从会场东边的人群中间站起来，圆脑袋转来转去，好像刚睡醒，梦却没醒，抬起圆圆的手背尴尬地遮挡着嘴。四下里发出一片善意的笑声，笑声里有种为他高兴的意味。

郗半民走到台上，从贺达手里领到两把用红丝带拴在一起的钥匙走下来，还像做梦一样，差点一跤跌在人群里。

谁能知道，拴钥匙这红丝带是今儿中午贺达自己掏钱在百货店买的。他拴结这丝带时，就像准备喜事的礼物。

"杨月梅。裁布组的杨师傅。"贺达叫着。

一个五十多岁的胖胖的女工站起来，等她明白过来就哭了，一边撩起围裙擦眼泪，一边上去领钥匙。领了钥匙站在台前抹了半天泪才下来。这情景感染了会场上绝大部分人——贺达和工人们。

跟着又有两名工人被叫上去领钥匙。这是人们不曾意料到的，但又都是常在人们议论之中的困难户。没人有意见，会议开得异常顺利。会场时时发出啧啧赞赏声。

人们心里有数，贺达手里还有两把钥匙。

"伍海量，一间，上来领钥匙！"贺达说。说得平静又沉着，声调中含着柔和的感情。

没人反对，只是在墙根那边有人喊一声："武大郎住新房了！"

在热热闹闹的笑声里，伍海量抖颤的手拿着拴结着漂亮红丝带的黄铜钥匙走下来。邢元对他说："你得请客，武大郎！"

"去你的，你刚才还说没我的呢！"

"谁叫你那天唬我，说关老爷给我一间房，骗我去拉一车松花回来。今儿我就唬唬你！咱一报还一报！"

周围几个女工笑起来。

坐在旁边的兰燕又扯着邢元说："别闲扯了，他手里可还剩了一把呢！是不是给自己留下了？"

"去你的！这么多人他敢吗？关老爷也不饶他呀！"邢元说。

"你不是说，关老爷告诉你的吗？他为什么还留着一把钥匙不拿出来？"

"对！"邢元一抬下巴就喊起来，"还有一把钥匙呢，跑哪儿去了？"

在会场另一边的王宝叫道："贺书记够意思啦！再怎么分我也

没意见了。"

"那也得叫大伙心明眼亮。王宝，你少挡馋！没事去安灯泡去！你没意见，别人有意见！"

会场的气氛有点紧张起来。

贺达稳稳当当站在台上。他明白，邢元这两句话事出有因，厂里肯定有他的谣言。他还看见坐在邢元旁边那穿白大褂的女人，就是昨天骂闲街的那人，正两只眼睛死死地盯住他。一个人心里坦白，就不把谣言当回事。因此他故意沉了一会儿，他恨不得大家把怀疑都集中到他身上，这样他下一步做法就会显得更漂亮和有力，给暗中造谣和搞鬼的人猛烈还击。他一直等待坐在前排的关厂长和王魁等人的目光也瞄准他了，才微笑道："同志们说得对！当然要叫大家心明眼亮。哪怕是厂里的一块砖，也得放在明处。"说着他从衣兜里掏出一把金煌煌的钥匙，用十分肯定又凝重的口气说："龚宝贵。上来领钥匙。"

很多人居然不知道这姓名。

贺达说："传达室的老龚头。分给你的是楼下最大的一间。你上岁数了，分给你楼下。"

这决定大大出乎所有人的意料。一时的震惊使会场静得无声。这时，一个满头白发、后背微驼的老头儿在人群中间站起来。这就是老龚头，他朝着贺达一步步往前蹭。他相信这是事实，因此他两条腿迈不开步了。胡楂浓密的下巴抖得厉害，眼泪一路掉在坐着的人们的肩膀上。

贺达见了，便用平和的声调，尽力使这个过于激动的老人的心情平稳下来，"老龚头，您不必这么激动，本来就该有您的房子。

这回您不是'骗自己'了！"

老龚头慢慢走上台，来到贺达身前突然"扑通"一下双腿跪下来。贺达和全场的人都怔住了。只听老龚头抖颤的声音发自肺腑："贺书记！我老龚头一辈子不讲迷信，如今更不搞这套。我这是给共产党叩个头。咱共产党这么干，我这老龚头也就不再'骗自己'了！"

这一句平平常常的自豪感，此时此刻却有着无限分量，登时把贺达感动得热泪盈眶。他喉咙哽咽，说不出话，双手搀扶起老龚头时，竭力抑制住自己，怕眼泪流下来。坚强的人是不流眼泪的。

老龚头走下台，双手捧着这拴结着象征喜庆的红丝带的黄铜钥匙，像得了稀世宝贝一样。不知谁带头鼓起掌来，全场立即都鼓起表示高兴和祝贺的掌声。跟着这掌声变得节奏均匀，含意也似乎变了。这既是对贺达的支持，也是对一切恶行劣迹的抗议。掌声带动掌声，没人说自豪感，没人呼叫，只有这一片整齐、严肃，又热烈感人的掌声。人们的心霎时都变得十分庄重。连邢元和兰燕也被感动得诚心诚意地鼓起掌来。

神圣的东西仍在人民中间——贺达深深感到。

但是，他的表情却忽然变得沉重了。尽管房子如愿地分下去了，他一瞧见台下关厂长和王魁那几张脸就明白，这不过是序幕而已。一大堆矛盾会更加复杂和剧烈，还要往深处发展。生活从来没有结尾，今天仅仅是明天的开始。

贺达回到公司已是傍晚。他经常如此，又到了下班没人的时候。他去自己的办公室取塑料雨衣和公事包。

楼里好静。他进了屋，由于门窗关闭，有股沉闷的气息。他忽然感到很疲乏，就坐到桌前。他知道，不仅仅是由于这些天紧张劳累，今儿暂告一段落，身体的劳顿就感觉到了；更由于大堆矛盾仍旧压着他。一边，关厂长他们还住在厂里；另一边，尹菊花正在家里等着和他算账。那些为了分房里里外外所得罪的人，谁知会在哪件事情上给他点颜色看？还是一团乱！再有便是那两万个发霉的彩蛋，还堆在库里……想到这些，他心如乱麻，没有头绪。他的手不自觉地伸进口袋里摸烟卷，口袋空空，原来他刚才从工艺品厂出来时把那盒烟扔了。因为他买到那包烟时就发过誓，什么时候解决了这八间房子，就立即重新戒烟。房子解决，他立刻扔掉烟。没有烟解闷，他更感到一阵莫名的烦躁。他解开风纪扣，搔了搔发痒的头皮，好像只有跳进河水里泡两个小时才舒服。是不是要下雨了？怎么空气这么闷？是天气闷还是心里闷？他的手攥成拳头，心烦意乱地往桌上一捶。忽见桌上有份电话记录。一看，竟是那位吴市长下班前打来的，上边写着这样几句：

你们党委上午关于工艺品厂分房的决定我知道了。很好。下一步决定怎么办？你昨天托人送来的那位技术股长写的材料，我看了十分振奋。如果我们再一成不变，今后的日子就不好过了。我很想与你面谈，你随时来都欢迎。我家的地址在睦邻道77号。

他的心陡然亮了。原先好像在一条坎坷又漫长的道上走呵走呵，他几乎怀疑自己要步入绝境，但忽然道路变宽，眼界和心境一下子都敞亮开来，现出一片旷阔的处女地。到处可以行走，却又不知会走向哪里。如果市长真的同意伍海量的设想和计划，并推广开来，将会造成怎样一个局面？他想不好。没有实现的事物总是充满美好想象的。那将是在打破久已固化的陈规陋习中建设起的生气盈盈的新生活呢！然而它必将触动多少年来整个社会结成的大网，惊动在这网上寄生的大小蜘蛛们！可是这么一来，工艺品厂那堆乱麻，不就一扫而空了吗？这才是从根儿上解决问题呢！但是……他又不敢往下想，如果真的这么动手一做，麻烦肯定会加倍压来，那些既得利益者不知要用出怎样高强盖世的手段！肯定要比这八间房子复杂艰难得多。中国历来最难办的是改革。也许这民族经历太久，经验成了包袱，成就化为障碍，每前进一步都要付出极大的力量和代价来突破……不管怎样，他急于想与这位吴市长畅谈一次。他喜欢吴市长这种人。他昨天下午才托人把伍海量的材料送去，今儿就有了回话。看来吴市长不单对这胆大包天的设想抱有兴趣，而且是敢于动手去做的一位实干家。当然，他担心市长不一定支持他。但他觉得市长电话记录中的几句话里，好似蕴含着一股使他满怀希望的往前冲的力量，好像指给他去看一堆疾奔而来的雪白闪光的潮头。如果真有这潮头奔来，他就要奔到潮头上，哪怕浪险涛疾，他可不愿意做一个站在沙滩上的弄潮儿。

经过这场搏斗，使他厌恶的东西实在太多了。敢于改变面貌，才算是一个真正的强者！

他想告诉市长，他不再做公司书记了。他要亲自下到工艺品总厂去，下到那麻烦的焦点中去，跳到火坑中间去。几天来伍海量在他心里引出许许多多设想，种种压力又加强了他关于这些想法的迫切感。虽然杂乱得很，却包含着许多令人激动的念头。生活的希望正是在于它是大有可为的……

先别想了！马上去找吴市长谈！他的心情像火烧一般焦渴。忽然，一片哗哗声敲打窗子。扭头看去，窗玻璃上挂满透明晶亮的水珠。下雨了！春雨！跟着天空隐隐响起雷声。在熬过严冬的沉闷的天空中，发出不甘寂寞的隆隆声响。

他拿起雨衣和皮包，急匆匆下楼，一边走一边穿雨衣。这塑料雨衣怎么这样难穿？唉！穿倒了。他走出公司大楼时，雨竟下大起来。春天很少有这样的暴雨。再加上阵风大作，闪电雷声助威，好气派呢！狂风掀扯着他的雨衣，冰凉的春雨阵阵扑面而来，从领口流进热乎乎的胸膛上。裤腿打湿，很快鞋子也湿透了，发出叽叽呱呱的声音。他迎着风雨，步履匆匆。好一场大雨，来吧，愈大愈好，愈猛愈好！有生以来，他第一次感到，给大雨浇一浇，竟会这样痛快……

末日夏娃

· 前记

　　这是一部日记，准确地说是一部日记的续篇，或是一部未来日记。

　　马克·吐温在一九〇六年出版的《夏娃日记》（下称《日记》），终于使世人穿过他惯常的令人眼花缭乱的机智，寻到了他近于木讷的淳朴的心灵本质。这缘故完全是由于夏娃。作家笔下的人物常常会反过来影响甚至改变作家自己。不管马克·吐温在夏娃身上融入多少他对世态人生敏锐的洞察，他还是被夏娃的圣洁纯真所感染，不觉间泄露了自己的心灵真实。然而，他只写了"创世记"时代那几页，并没有涉笔于夏娃的未来，于是我心领神会并感谢马克·吐温先生——他似乎有意把这日记的未来部分留给我来写。尽管我至今仍不明白他为什么这样做，却动笔写起来。马克·吐温所写的是夏娃过去的日记，我写的则是夏娃未来的日记。这样，我的幸运是，看到了他的夏娃那份自在与欢愉；他的幸运则是，没有看到我的夏娃竟然如此困惑与绝望。其实，夏娃并不是谁写出来的。不是她生育了人，而是人创造的她。人类始终都在决定着自己的一切。它既然可以使一切诞生，就一定能使一切灭亡。

　　因此，从写作的意义上说，马克·吐温所写的是一部虚构的夏娃的日记；而我所写的则是一部真实的自己的日记。我常用自己的而非夏娃的口气说话不可，这一点读者一看自明。其缘故仍然如上所述——我受了"我的夏娃"的感染。

本书由于要与马克·吐温的《日记》保持同一样式，也采用了装饰性的图画作为插图。《日记》的插图画家莱勒孚（Lester Ralph）颇为鲁迅先生推崇，我却无法把莱勒孚从天堂里邀请回来。但我认为，与我同一国籍的画家张守义的插图，也同样的笔调动人和意境深远。

作者

星期三

　　起始的记忆是没有形象的。我好像从很深很深的什么地方升上来，一直升出地表。第一眼看到的便是天空中一排九个太阳。它们距离相等，从西南端一直排到东北端，气势非常壮观。然而并不光芒四射，就像九盏硕大无比的吸顶灯，又白又扁，光线柔和。当这光线照在我赤裸的身体上，就像盖上一层光滑透明的被子。我坐起来，闪亮的被子也随身而起，这感觉真是奇妙无比。可是我有点奇怪，阳光怎么不热呢？阳光的存在不就是靠那么一种晒人的感觉吗？于是，被子的美妙和舒适之感骤然消失。我想掀开被子逃出来。我发觉根本无法做到。因为我已经被这种异样的非常不适的光线所弥漫了。

　　浑浑噩噩中，我觉得好像以前什么时候也有过类似现在这种体验——人类先有"感觉"，再有"意识"，最后才是"精神"和"思想"。这是一个生的全过程。死的过程正好倒回去。因此，只有"精神和思想"的出现才算是人的完成。否则人类永远会陷在杂沓的感觉和混沌的意识里。但是，"精神与思想"走到了极致之后，是否会迷失在更混杂的感觉与意识中？

　　从来没有谁能够回答人类，都是人类在自己回答自己。

　　今天正是这样！待我站起身来，出现在眼前的一切，使我所有的"精神与思想"都像黑压压站满树枝的受惊的鸟"哗啦"飞去。空空如也的脑袋里全是感觉的碎块和直愣愣的惊叹号——

我看不明白，正前方远远的大地上，堆积着那大片大片奇形怪状的块状物体是什么。是垃圾吗？可是最小的一块至少比五百个我还高。谁会创造如此庞大的垃圾呢？这些物体大多是黑色和紫色的，刀削一般光亮的平面或斜面，把天上众多的太阳斑斓细碎地反射出来，乍看很像是那些太阳掉落下来跌得粉碎的景象。一种近于凝结的死寂的气息使这一切更加怪异。可是我的左边，完全是另一种风光。整个原野上横竖整齐地摆放着足有几万个完全一样的长方形银色的框架，看来是用来建造高楼大厦的。框架里空荡荡，每个框架中间只有一个金属球儿，下边连接一个酷似弹簧的东西。它们在地上一刻不停地蹦跳着。这些弹簧球儿好像很情绪化，有时显得很平稳，跳起来优雅又有节奏，完全可以跟着它的节拍唱歌；有时却变得兴奋高亢激动勃发，胡蹦乱跳蹿出框架，一下一下地高高弹射向天空。在我看来，弹射的轨迹都是发泄性的线条。跟着我看到一个奇异得足以震撼人的场面，就是天上忽然浮现出一个极其浩大的嘴唇，足有二十公里长。唇缝部位是鲜艳夺目的湿漉漉的玫瑰红色，唇边四周颜色渐淡，这嘴唇的感觉松软如烟，很像夕照燃烧的云霞。大嘴唇缓缓嚅动，好像要亲吻什么；伴随着嚅动，唇边四周云烟般的丝缕就像水草那样飘摆，唇缝中的液体似乎要流淌出来。突然这大嘴唇向下一拥，我感到整个大地都为之震颤，还有一种要被这大嘴唇吞进去的感受，定睛再看，巨大的嘴唇居然不见了。它在天上隐没了。所有弹簧球儿都像撒了气那样疲软地散落在地上。

随后我发现，每当这些弹簧球儿的激情到达高潮时，这大嘴唇便浮现出来一次。而大嘴唇那铺天盖地的一吻，似乎就是为了平息这些小弹簧球难耐的狂躁。我反复看了几遍，便被这些怪物们毫无变化的机械式的重复动作弄得十分乏味，甚至感到厌烦。于是我又发现，这种惊天动地的行为，怎么不出一点声响？我拍了拍手，确认不是我的耳朵有问题，奇怪！难道声音被泯灭了？谁消灭的？究竟又是怎样被消灭的呢？而失去了声音和失去了晒意的阳光一样，都有一种无生命的空洞和可怕。

一个更可怕的发现陡然在我的脑袋里出现。为什么没有人？到处可以看到人制造的事物，怎么独独看不见人的任何踪影？这到底是什么地方？是不是我来错了星球？地球应该是一个缤纷五彩、充满生命芬芳的世界呀！我从右边好似一座坍塌倾圮的城市那样大片大片的巨型碎块中联想到，是不是地球不久前经历一场战争，或者大地震，或者更残酷的灭绝性的灾难，人全死去了？为了重新创造人类，我才被神指示返回这地球上来？

在隐隐感到一种神示的同时，一种久别了的原始的蓬勃的生命力量，在我身体的核心部位诞生。就像植物的种子在花心的深处，以看不见的形式出现。我已经感到它的出现，并一下子从血肉深处，潜到皮肤上每一根细细的金色绒样的汗毛下边的毛孔里。微风宛如一只温柔大手，在我光裸的身上滑肩而过，我全身为之一震！被爱抚的感觉美好无比，并攸关地记起一个伟大又温柔的名字：亚当！

我的心看见了亚当。他那伟岸的身躯，栗色的鬈发，有力的大手和蓝色深情的眼睛。对，还有他总是粗粗喘着气的很大的鼻孔。

我环顾四周，不用判断，就知道亚当所在的方向。

我生命之中有个罗盘，指针一直指着亚当。女人更听从来自生命的直觉。

我迈开步子，赤足沿着高高隆起的一条山脊走去。

头顶上的九个太阳已经依次一个个消失在西边。仅剩下的三个太阳全挤在那一边地平线的附近，而且暗下来，变得殷红又明媚。

天边有几个黑点飞驰而来。它们被淡淡发亮的天幕衬托得像是几只极大的鸟。可是飞到头顶上空时再看，原来是几个模样怪诞的无人驾驶的飞行器，形体极其巨大，飘飘忽忽，好似游魂一般无声地飞了过去。

星期六

今天的事情我必须记下来。我相信，今天才是一切一切真正的开始。

清晨我进入了山谷。那一瞬我的心情美好之极。奔波多日，我终于回到了我所认识的地球上。数不尽的参天大树列队站在峡谷两边，对我可谓毕恭毕敬，表示欢迎，我不住地向它们点头致意；那满山遍野的绿草处处用纤细的碧手，捧出一丛丛鲜艳亮丽的花朵，惹得我时时地弯下腰来，去亲吻它们毛茸茸芳香的花蕊。尤其是远远挂在绝壁上的瀑布，一落到地上，立即像光着雪白的双腿，欢歌笑语地从深谷跑出来。一刹那，浪花和泡沫滑滋滋没过了我的脚腕。一个相隔一万年的记忆恢复了。记忆返回就像找回失物那样，也是感觉极好。我"哎——哎"地叫起来，呼唤我昔日的那些朋友们，蝴蝶、甲虫、夜莺、大鹏鸟、兔子、松鼠、狮子、长颈鹿、斑马，还有那庞然大物——嘴旁挂着一对月牙儿的白象。可是它们没有任何一个跑出来。大概到什么地方游玩去了吧，就像当年我带领它们在森林中间的阔地上举行水果盛会那样。每次，金丝雀都要叼来一小枝红樱桃挂在我绾在耳边的发结上。

我在溪水里尽情沐浴过后，选择了水边一块草地躺下来，阖上眼，享受这一切，也等候我的朋友们。这时候，我不再有疲劳的感觉。几天里种种怪诞的经历也搁置一旁，不去想那些事情的缘故与究竟吧！只有不去思想，才能回到自己的生命感觉里。由于我是躺着，而不是像刚才那样站着，微风便温情地抚遍我的全身。当它由我的双脚向上，掠过我光滑的身体时，我每一处凸起的部位，都感到它美妙的触动。于是渐渐地，我那潜藏在每一根汗毛孔里的生命能量，全像嫩芽破土而出，长出一个肥大而鲜活的叶子来；每片叶子包卷着一朵喷香的花儿。久已消失的又一个词冒了出来。它叫：伊甸园。伊甸园是什么？我一时记不起它的内容。然而，这个伊甸园分明混合着亚当的气息，如果把亚当的气息分离出来我就无法单独来感觉它。我模糊依稀地觉得它好像还与芬芳和色彩有着什么牵连。这时，我觉得有一个影子遮住我，尽管我是闭着眼。亚当？我猛地睁开眼——却见几个人站在我周围，直怔怔看着我。

他们给我的第一个印象是些矮小而古怪的家伙，身穿完全相同的灰色袍子。大概只到亚当的腋下那么高。脑袋上方是平的，如同一个平台，上边头发稀薄，好像生了一层软毛。眼睛细小，似乎没有牙齿，所以嘴巴像老婆婆那样喂进去。使我吃惊的是那倒三角形的下巴，下端极尖。这下巴使他们不大像"人"了。我怀疑他们是一群劣生的畸形人。不然他们怎么会这样骨瘦如柴，骨节很大，皮肤松懈，肩膀好似梨子一样直溜下来，手指仿佛豆芽那样黄白细嫩，他们是不是发育坏了？

尽管如此，我的第一反应是害羞。下意识地把腿蜷缩起来，挡住下体，并闪电般交叉双手捂住自己的双乳——因为他们正盯着我的身体看，而且看得目瞪口呆。我慌张的举动显然惊动了这些尖脸人。他们一溜烟似的跑得无影无踪。

我从树上取了一些无花果的枝叶，把自己的胸部和下体遮挡起来。当然我也注意到怎样把那些短裙编得更好看一些。翡翠一般的叶子和我羊脂一般雪白光亮的皮肤搭配起来，真是美丽又高贵。

我选择溪水中间一块大岩石坐下来，以防那些古怪的尖脸人再来接近我。我不知道他们会不会伤害我。我已经感到一种危险和威胁。果然，太阳最亮的时候，这些穿灰袍子的人在半山上的断崖处出现。大约是五个或六个。他们躲在断崖后边伸头探脑。这反而减少一些我的恐惧，至少他们也有点怕我。他们为什么怕我，因为我在他们眼里也是个怪物吗？世界的万物总是以自己的标准来排他。他们的标准又是什么？

后来我发现尖脸人并不想伤害我。他们既不依仗人多势众对我发动攻击，也不抛石块袭击我。他们似乎只想接近我，看我，观察我。这样我心里就把握好一个尺度，只要他们挨近我，我就朝他们叫一声，他们立刻像老鼠一样飞快地跑掉。几次过后，这些古怪的东西便不再出现了。

天黑之后，我感到又累又饿，但不敢去岸边树丛中寻找食物。我必须对那些尚不知根底的尖脸人保持应有的警惕。我俯身把嘴伸到溪流里，喝了许多很凉的水，倒下来睡着。在梦里我居然梦见我那个太久太久以前死去的儿子亚伯，他刚出生时常用那柔弱的小手发痒地抓着我的脸颊和脖颈。可是跟着我就发觉到这是一只陌生的又怪异的手在抚弄着我。这一瞬真是恐惧极了。我蓦地看见一张月光下蓝色的三角形的脸直对着我。在我大叫之后他"扑通"掉进水里。

此后，再没有尖脸人来骚扰我。但是刚才尖脸人留在我身上的那种抚弄的感觉极不舒服。一种病态、发凉的手，带着探索的、寻求的、欣赏意味，叫我恶心！天一亮，我必须立刻离开山谷。我再不敢睡觉了，一直睁着眼。

星期日

出发前，我找到一棵果树刚好可以充饥。我对这果子有点犹豫。因为我认不出这是什么果子，而且所有果子都一般大，一般圆，全都是鲜艳得出奇的大红色。我饿极了，伸手摘下一个，正要塞向嘴巴，只听头顶上有人说："不——不不！"

我抬起头看，树杈上坐着两个尖脸人朝我使劲摇手，不叫我吃。这次我没有惊慌跑开，也没有对他们叫，我看出他们的善意。但我不明白他们为什么不叫我吃，难道这又是一种禁果？

这两个尖脸人，一个略高，脸色发白；另一个略矮的脸色发黄。其他部分完全一样。他们更像两只猴子那样相像。

白尖脸人开口说话了："这里的一切都是假的。相信我，我知道你吃的东西在哪里，跟我走。"

我听到这话很惊奇，掰开手里的果子，果然里边是一种人造的物质。没有水分和香味，也没有果核儿，拿在手里很不舒服，我把它扔掉。半信半疑地听任这两个并无恶意的尖脸人做向导，沿着溪水向北走。一路上仔细观察，才知道昨天被自己一时的粗心蒙蔽了。此刻所有的疑点全被我看出来。

溪水为什么比蒸馏水还清澈透亮？水边的石头为什么不生长那种丝绒一般的绿苔？为什么水里没有小鱼与蝌蚪？天上也没有一只

飞鸟，树上没有一只蝉鸣，草地上没有一个虫儿跳跃或爬动？森林为什么静得像夜间的城市，好像刚刚被清扫过了一样？为什么没有游丝和浮尘，没有露珠，没有那种腐叶的气息？我再一次俯身闻一闻野花的味道，竟然全是同一种类型的芳香。

我忽然被人类伟大的创造力震撼了。他们究竟是怎样复制了如此辽阔和逼真的大自然？可是，我又堕入迷惘：整个地球都是大自然，人类为什么偏要再人造一个？

星期一

上午以前，我们一直穿行在山谷中。尽管我已经饥肠辘辘，两个尖脸人坚持不叫我从路旁采集任何东西吃，只能喝水，于是我就一直把肚子喝得像水囊那样，走起来咣咣当当发响！

出于一种女人独有的自我保护的本能，我一直与走在前面的两个尖脸人保持一段间距。我望着这两个畸形的怪人的背影，猜不透他们的性别，无论是从他们的体形、发声，还是面孔。他们的声音又尖又细，好像拉长声音的鼠叫，毫无性别的魅力。尤其那灰袍子平平地垂落到胸部的地方毫不凸起——他们肯定不是女的；可是在肚子下边的地方也同样不凸起——他们肯定也不是男的。既然分辨不出男女，我为什么还对他们保持警惕呢？

我也说不清楚。

大约在中午时分，我们进入一片高耸摩天的块状的物体世界里。感觉立即变得奇特。这些物体全是棱形多边体，横七竖八堆积一起。尖锐的顶部直插高空。抬头看上去，天空仿佛给这些物体切割得破碎不堪。它们的颜色是黑色或紫色的，可能就是前些天看到的远远的那片不明物体吧。走到这中间才知道，每一个巨块都是一座建筑。整整一大片建筑大概就是一座城市。谁造的如此难看的建筑呢？

然而巨块中间看不见人。只有一片片由无数金点组成的飞毯似的东西，在半空中闪闪烁烁地飘舞。只要碰到巨块就弹开，向着相反的方向飘动，一起一伏，一如随波逐浪的韵律。忽然，凭空出现一些湛绿发亮的曲线，它们柔韧又敏捷，流光一般从中穿来穿去，互相绝不碰撞，配合得和谐老练。跟着，许许多多看上去极轻的白色球体，上上下下布满空间。一种优雅又轻盈的向往透进我的心里。只听前边那个高个子的尖脸人说："你也会这样欣赏音乐吗？"

　　我不明白他的问题，因此也不能回答，便带着一团困惑，随着他们走进一所底座浩大的紫色建筑。

　　我无法完全记录下在这建筑里见到的荒诞景象。其中被高个子白色尖脸人称作"第五代人实验室"的，最最不可思议。特别是那些被培育成活了的"第五代人"的样品，简直在梦中都不可能出现。比如许许多多眼睛浑身流转并不停眨动的人，没有五官的人，只长一条胳膊和一个手指用来按键的人，把内脏搬到体外的人，像球一样滚动的人。人类从什么时候开始，不但能复制人，还能设计和生产人了？那么现在距离"创世记"已经有多少世纪了？我的儿子亚伯和该隐死去多少年了？

　　距离是长度。长度标志时间还是空间？

　　时间实际是一种空间。比如历史，历史不是时间的概念，是空间的概念。历史只是无数空间的前后排列。但我对我死后的人类历史一无所知。我无法知道那些空间都是什么样子的。

　　实验室里有一个"第五代人"，和我概念中的人比较接近。引起我的亲切感。他个子比我略矮，魁梧强壮，生着长须，目光愤怒，他在玻璃墙里边心事重重地走来走去。仔细再看，他胸脯生着鱼鳞状的硬片，背后是一对翅膀。他刚刚给我的那种亲切的同类感便消失了。这时，忽见他气势汹汹直视着我，动作僵硬地走到玻璃墙前，举手朝我"当、当、当"用力敲玻璃，好像要冲出来，吓得我大叫。

我的喊叫，丝毫没有惊动"第五代人"，却把前边两个尖脸人吓得跑得很远。

我非常抱歉。他们并不责怪我，而是把我领到一扇陈旧的木门前，那个白尖脸人告诉我："这儿是入口，里边道路的尽头是出口。这里边一切东西都是你能吃的。记住，这是人类保留在实验中的最后一块大自然。"

我朝他们摆摆手，表示感谢，还有告别。

说实话，我不喜欢他们——他们的形象、声音、气息，以及全部感觉。还有他们眼里总对我有一种莫名的东西。我不能确认这是不是一种性的内容。我还搞不清他们的性别，怎么能确定是性？也许正为此，我对于这种异常的似是而非的东西，才分外地反感。女人对于来自异性的性没有绝对标准，全凭对于对方的感觉。对方一律出于灿烂的本能，我们全凭仗心中直觉的好恶。但我对尖脸人的直觉——应该说，是一种排斥。

我推开门，一头就钻进阳光空气、鸟语花香之中。单凭直觉——又是直觉——就强烈感受到绝不是那个人造山谷的虚构景象了。我觉出阳光爱抚的晒意，听见蜜蜂振动翅翼的嗡响，闻到各种花朵千差万别的沁人心脾的香气……露湿的小草亲昵地拂弄我的小腿；零星的雨滴像钻石一样亮晶晶落在我肩头；清洁纯净的空气吸入我的身体时，我感觉整个气管和肺叶全变成玻璃的了。当我闻到一种真切的牛粪的气味时，高兴地叫了起来。我的叫声，使得所有树木都"哗啦"垂下各种各样的果子，圆圆的苹果、肥大的香蕉、成串的葡萄、沉甸甸的椰子……一切一切应有尽有。最使我喜悦的是，有些树枝上还生着金黄色松软的面包，好似刚刚烘过那样又热又香。

我采了许多爱吃的东西放在草地上，绿草立刻蹿出更鲜亮簇密的新芽，为我铺上毯子；我正要去水塘边取些饮水，一些鲜嫩的百合花瓣飘落身旁，里边亮汪汪盛满露水。我只是觉得身上不大舒适，忽想到用来遮体的东西还是取自人造山谷的假树叶呢。我动手把缠绕在身上的人造物扯掉，裸露出来的丰盈的胴体便在山水花木的辉映中散发光彩。瞬息间，一股来自大自然深处的风，迎面把我抱住。我还感到这风之手，从我的肩上、腋下、两腿之间滑溜溜地穿过，紧紧拢住我的脖子、后背、腰肢与臀部，一下子就把我全面地拥有了。我真愿意永远这样被大自然所拥有。

我觉得右边的乳头有些发痒。原来一只白蝴蝶正要落在上边。它把我这乳头当作绛红色清新甜美的梅子吗？我躺下来，白蝴蝶紧随地追下来，最后落定，一对粉白的翅膀一张一合。任我怎样动作去吃果子与喝水，它都固执地停在上边一动不动。

我真的与地球世界烟云汇合般融为一体了。大自然分娩的果实和酿造的清泉，不仅给我以美食美味，令我快乐无穷；它的风光四季，还给我良辰美景，使我享用不尽；它叫我感恩不尽的是给我以生命。生命的时间、力量、前途与希望。它又是怎样爱惜我的生命呵。一片树影刚刚把我遮盖，一阵风又争宠夺爱地把树影掀去，让太阳为我充填能量。当这些小鸟儿们叼着花儿，围成一个花环，套向我的头顶时，我难道还不懂得用怎样的爱去善待它们？

　　神教给我，常用手抚摸着青草，鲜花便遍地开放；常用嘴唇朝着天空吹一支歌儿，天上就会百鸟齐鸣；白云还会停止不前，洒落一阵滋润万物的细雨。神还教我和亚当生男育女，一边受惠于天地，一边报恩于天地。神还有什么警句曾经提醒过我们？那至关重要的话难道被我们忘了？

星期三

我强烈地想念亚当。愈是美好的时刻，愈希望他的同在。可是他为什么不出现呢？

他一定会知道我在这儿，却不搭理我。

男人总说女人以自我为中心，还说男人面对世界，女人面对自己。其实他们才真的是以自我为中心！男人的自我是功名，女人的自我是情感。

我委屈极了，流了许多泪水。我用手心接着，手心中间便聚集成一个心形的小池塘，忽然池塘里金光闪闪，原来是前方一棵树的树枝上拴结着一绺金发，正在随风飘动。我过去一把将这金发抓在手里。一股强烈的气味——亚当的！我太熟悉了！这头发的气味在我的血液里，头发的质感留在我的怀抱里。亚当一向用他身体上的东西给我留下信息。飘飞的头发便是他的呼唤。

我看了看那树枝的指向，立即动身去找他。这是一万年前在大自然的深山密林中我们常常使用的记号。一万年过去了，我依然牢记着关于爱的全部符号，却忘掉了爱之外的所有事情。

爱只能比生命长，不能比生命短。

可是亚当不一定这样想。我不怨怪他。男人和女人天生就不一样。女人为爱情能付出生命，男人最多只能损失生命。因为女人孕育了生命。她感觉过生命是自己的中心。她为生命活着。母爱不就是生命之爱吗？

在我走出这个最后的大自然之前，我找到一些真的无花果的叶子，编织一条短裙和一个背心。我把裸露的身体重新遮盖好，担心碰到尖脸人或别的什么人。在将要走出去时，各种颜色羽毛的小鸟们全扇动着翅膀停止在空中，组成一个非常美丽的拱形的门，叫我钻过去。既是欢送也是向我道别。我却不能把这种好心情带出去，刚走出这座建筑物就遇到一个可怕景象。

在奇形怪状建筑巨块中间的平地上，我看见白尖脸人蹲在那里。形态与神态都像在对什么致哀。地上平放着一件奇特的非同寻常的东西。我走上去，看见了一个匪夷所思的情景！

这地上的东西，就像一片极大的枯叶，皱巴巴又灰又黄的样子，看上去好像很薄，很脆，而且很古怪地抽搐着。再看，竟是那个黄尖脸人的尸体！我认识他的面孔。他竟然像烘烤的烟叶子那样愈来愈干、愈薄、愈黄、愈小。身上出现龟裂。他的面孔在抽缩过程中，扭曲变形，不停地抖颤，但是反而更富于表情。我陡然看到他脸上出现一种嘲弄又诡秘的笑。同时隐隐还有一点乞求，一点阴沉，一点龌龊，一点自足，一点悲哀和无奈；本来这么复杂的意味不可能同时出现在一个表情中，但我全都感到了。而且这是对我在发笑。我还感觉到一种很特别的震动，使我不寒而栗，胳膊上起了一层谷粒般的鸡皮疙瘩，汗毛全竖立起来。

白尖脸人发现了我，忽地朝我大叫："走开！"

我真不知发生了什么，不知做错了什么，也不知该怎么做。

对不起，十分地对不起。

可怜的尖脸人！

星期五

我必须把白尖脸人所说的话追记下来，好好思考一下。我相信他说的全是事实，但我却根本无法理解。听他说话时的感觉很奇怪，几次我怀疑我一时神经出了问题。甚至觉得自己是在一种完全疯狂的状态里。

他说他们就是当今的地球人类，绝非畸形人，当今人类全是他们这样子——单是这句话，就难以叫我置信了。

我和他的交谈十分困难，我们好似站在两个地球上，操着不同语言对话。他说，语言不是工具而是文化。当今的人类，对于语言无能为力的那部分内容，依靠先进的"受动式感应程序"。这话我根本听不懂。还有什么不能用语言表述的？我更不懂"文化"是什么，是一种很被动的东西吗？它是人创造的吗？它又反过来制约人吗？不行，我真有点要疯了。

多亏这个白尖脸人——对了，他说他叫欧亚——是一位古生物学家，对于我们这种"早已灭绝的史前人类"有些了解，否则会把我当作用什么"高科技"制造出的新人种。

欧亚通过观察和实验，认定我属于"历史"。但他弄不明白我怎么会来到了"现在"。到底是现代科学破坏了时间秩序，还是排列事物（包括空间的排列）的顺序发生紊乱？可是欧亚坚信即使

"史前人类"返回，也根本无法在地球上存活。因为"史前人类"属于大自然，当今的地球人类则是反大自然的。大自然在地球上基本绝迹了。当今人类与我这种"史前人类"无法真正沟通。比如那种超语言的"感应程序"，对于我就毫无作用。我似乎感觉到，人类在进展中已经从中断裂。但究竟是什么东西导致了这种中断？

欧亚告诉我，地球人类的一切生活方式都依赖"高科技"。比如昨天我在楼群间半空中看到的那些怪诞景象，其实是一种"视觉音乐"。自从人类社会中"R 噪声"出现，耳朵逐渐退化。这种视觉音乐可以在人的心灵上转化为听觉效应——这是我们"史前人类"绝对感应不到，也无法理解的。长久以来，人习惯吃流食，这种食品营养充足、好吃，又节省时间，下巴却由于很少咀嚼而逐渐变尖；而思考工作交给了电脑，使得脑袋渐渐变得又平又扁；他们那豆芽似的小手也是使用率很小，退化所致的吧。

我能够听得半明白、半糊涂的，也就是上边这几句话。再有便是——

这些尖脸人的地球人类——确如我发现到的那样——他们没有性器官，不分男女。欧亚用了一个闻所未闻的词，叫"中性"。他对"中性"的解释更是荒诞至极。他说他们这些"中性"的人，能够进行性的自我满足。这种满足的唯一的外部的迹象，便是露出诡秘的一笑。我马上想到黄尖脸人临终的一笑。但那一笑为什么面对着我？这使我听了光裸的胳膊上又乍起一层鸡皮疙瘩。好像还有一种挺恶心的东西粘在我身上。

至于人类为什么会变化为"中性"，欧亚也无法解释。只说大概是对曾经一次性的放肆的反动。然而，人类仍然没有逃出反自然的厄运。任何一个创造，都带来一个负面。这是人无法逾越的悲剧。一种名叫"枯萎症"的绝症，如同很古远的时代流行过的瘟疫那样，给人类带来毁灭。"枯萎症"没有药物可以医治，病症发作时，人很快变得干枯，最后变成粉末，微风一吹便会很快飘散，消失得毫无踪迹。

那么现今人类是怎样繁殖的呢？这是女人最关心的问题。

欧亚的话，我听不懂。

星期日

我思考着欧亚的话。感觉自己现在非常缺乏悟性和灵气，就从短裙上取下一片鲜活的无花果叶子，贴在耳边仔细听。这是一个古老的办法——

渐渐我好像听到了神用他遥远又庄严的声音给我的训示：

当你又见到地球之日，

正是它将死而未死于恶死之时。

那么我怎么办？

我从谁的手里挽救地球？

我从哪里开始挽救地球？

我问神。但是神缄默了。无花果叶子里再没有一点回声。

神从来没有像今天这样一声不出。

我又感觉自己的问题荒唐可笑。我一个女子怎么挽救地球？那么谁来挽救？我急着要问亚当。

星期三

亚当在大海的那一边。我必须渡过大海才能与他相见。我早就感到大海在我们之间阻隔，不然我心里罗盘的指针为什么常常陷入惶惑与迷失？

我站在海边时，真是被惊骇得说不出话来。大海什么时候变成这样鲜黄的颜色？它刺激得我眼睛一阵阵发黑。大浪扑来时，喷发着强烈的酸性气味，还把浮在大海黄色表面的黏糊糊的黑沫子甩了我一身。顷刻我那短裙上的叶子全都蔫了，疲软地耷拉下来。

幸亏欧亚自告奋勇送我一程，否则我根本无法渡海。我之所以答应他的帮助，一是由于我难以拒绝他的好意，二是我对当今的地球真是一无所知。欧亚弄来一条电光船。船速快得令我感到只能生死由之。它一入这黄色汹涌的大海，那种恐怖感更是无以形容。海水原来是一种很稠的黄色液体。船头冲击它，发出强烈的搅动油浆的声音。酸味被激扬出来，我只能捏着鼻子用嘴呼吸，不一会儿我的喉咙就像吞噬干辣椒一样冒火。大风还把黏黏的海浪撩起来，像一张张油布拍在我身上，我只好一片片往下揭。这黄色大海的泡沫竟像实心弹丸，胡乱地打得我浑身生疼；还有一种水丝，实际上是一种很坚韧的黄色纤维，挂了我一身，弄得我狼狈之极。上无飞鸟，下无鱼虾，辽阔的死亡，无边的绝望。欧亚说，这里叫作"金海"，这称呼不知什么开始使用的。他从古籍中得知这里在"史前"时期曾经一片蔚蓝。名字叫……他忘了。他说他不知道大海是黄色还是蓝色更好。他对海的蔚蓝没有概念。

顶要命的是早晨出发上船时，我在海滩被什么东西扎破左脚跟。此刻给酸性海水一泡，已经肿胀起来，伤口不发红却有点发黄，剧烈地灼痛。等到下船时，后脚跟肿成个小球，发亮，像个小橘子。欧亚说，这儿有个保留至今的最古老的民族。在这个民族中，他有个朋友叫阿吞，也是个古生物学者，又稍通医药学，他那里多半会有一些古代的药物。我只有使用古代药物才有效。因为，一切当今地球人类的物品，既排斥我，也被我所排斥。这是一种生命和无生命、自然与人为的相斥。这是造物的原则，也是本质。或者说是本质中的本质。

星期四

欧亚带领我，在森林般的紫色与黑色巨块的包围中，找到一片"古老"的房子。它们在我眼睛里却分外亲切。虽然这"古老"，对于我来说还是很久很久"以后"的事。但它们各式各样，至少不是当今世界那千篇一律紫黑相杂的巨块的堆积。老房子有着透气的窗户、栏杆、通道以及楼梯，显示着人的生存气息。据说这是世上仅存的活古董，里边居住着人类史上最古老的民族。这个民族曾经以追求永生的坚韧精神，创造了伟大和灿烂的文明。但是他们的祖先早已灰飞烟灭，子孙后代却实现了先人的梦。它们在四百年前成功地接受了一种遗传工程改造，从此获得生命的永存不灭。欧亚从人口信息库偶然得知，获得永生的共有三千九百一十二人，但到了去年，存活的却只有十三人。这十三人活到四百年以上，足以表明人类科学已经无所不能。但另外那三千多人为什么会死掉呢？到底是表明这次生命改造惨重的失败率，还是一个意外事件，比如战争？信息库拒绝回答。

这片被称作"孟菲斯"的城区，简直像个坟场，破败又冷寂。历史遗迹在现代和超现代的建筑群中，就像一堆等待清理的垃圾。黄昏已经降临，依然没有灯光。所有老房子都是一个空盒子，里边都有一个四四方方无法走进的阴影。那最后存活的十三个人躲在哪里？尽管我的脚很疼，迫切想得到药物，欧亚却似乎比我还要着急。

在一所球状的古屋前，欧亚推开门一看，跟着他拉上门，不叫我走进去。我执意推门进去，在一个圆形的大厅中央，迎面坐着一排青黑色石头雕像。都是身材巨大，足有我身高的三倍。他们正襟危坐，腰板挺直，一双手呆板地放在膝头，目光直视前方。我无论怎样变换位置也无法与他们的目光相碰。在古屋内幽暗又神秘的光线里，他们的神情异样肃穆，面部肌肉好像挂在绳上的湿布那样垂落着。每个雕像的下巴上都有一根香蕉状的象征性的胡须，末端如同豹尾那样有力地卷起。我模模糊糊感觉在什么地方见过这种形象，一时的记忆却十分无力。我数数那些雕像，正好十三个。

欧亚指着中间脸颊很长、个子最高的一个，说："他就是阿吞。我们来晚了，我知道他们迟早有一天会这样——他们都死了。"

我问他们是怎么死的。

欧亚说："集体自杀。据说只有自杀，才能变成这种雕像。无法挽救了。他们已经变得比石头还坚硬了。"

我问他们为什么要变成雕像。

欧亚说："为了永恒。这是他们这个民族一贯的精神。"

我更奇怪了，他们不是已经能够永生了吗？永生不就是永恒？

欧亚若有所思。他自言自语地说："死亡才是真正的永恒。人类千方百计地追求永生，一旦真正达到永生便会发现，这永生不过是物质的长存，精神却无法一成不变地存在着。他们的精神已经无法坚持下去了，所以他们以自杀告终。"忽然他提高嗓门说："人类的自杀从来就是精神问题。唉，我们真无知呵，我们的科学一直把永生的目标对准肉体，忘记了最终的问题是精神！"

我忽然若有所悟，"那三千多个神秘地死掉的人，是不是也都自杀了？"

这句话对于欧亚好像当头一击。我感觉他的尖脸一下子倒了过来。

"那么这地方一定还有三千尊雕像！"我又说。

此后，我们都没说话。也不会去找那三千尊雕像。因为我们害怕。怕那些雕像无言的暗示。

星期四

　　我感到了生命中最可怕的东西——绝望。这绝望是阿吞们传染给我的。

　　疲惫、饥饿、恐怖、混乱、困惑，我都可以承受。唯独绝望我不能抵抗。它充溢着一种生命的尽头感，反过来又对生命予以否定。

　　在人之初，地球是崭新的。我和亚当都知道，耶和华最先创造的生命不是人，而是大自然。一切一切，都是在圣日——也就是"创世记"的第七日——以前造齐了。无论是光芒空气，日月星辰，大地苍天，还是山川草木和禽鸟虫鱼，都是新鲜蓬勃、跃动不已的生命！那照眼的闪电，轰顶般的惊雷，和风，细雨，花的光彩，木叶的香气，快活流畅的水纹……还是浓浓淡淡的影子，明明灭灭的浮尘，以及一闪即逝的流光，全都是大自然生命灵光的呈现。人只是这千千万万生命中的一种而已。所有地球生命都朝夕濡染，相互感应，息息相通。在这之间，我们感觉丰富，悟性灵敏，精神丰盈，体魄健壮。在那个时候，我们的欲望，并没有超过花朵要开放，鸟儿要鸣唱，河水要奔泻。那时候我们和大自然的一切都是平等的。究竟从什么时候起，人类变得如此贪婪、霸道、厉害，凌驾在万物之上，为所欲为，顺我者昌，逆我者亡。究竟什么东西助长了人的欲望与狂妄，改天换地，山河搬家，甚至人类连自己也不如意了，动手改造自己了！

伟大的人呵，真的把自然的生命转变成人为的物质。

人类在毁掉自己之前，先毁掉地球。

可惜这个教训，他们用不到了。

他们在现实世界里沾沾自喜，自以为成功地完成一次次进步和进化；但在人类演变史上却清清楚楚经历着退化的过程。

进化往往是一种退化。

聪明又自作聪明的人啊。

一天里我最喜欢的地球景象，只剩下日出和日落。那就是一排九个太阳早晨出现的第一个和傍晚剩下的最后一个的时候。只有一个太阳在天空时，才最像"史前"的天空风景。

可是我发觉此刻空气的温度没有任何变化。没有日暖与夜凉，没有四季，没有阴晴雨露，甚至阴阳向背，大自然的生命被抽空了，我身上对大自然的感觉功能也消失了，这不是很荒诞的吗？

生命最美好的感觉，是感觉生命。

没有寒气相逼，便没有暖日的爱怜；没有烈日灼人，也没有大雨淋漓的激情；没有长夜的寂寞，哪来的启明星灿然的清辉？整个地球是无数缺憾的互补。死亡也是对生命的调整。死亡给生让出一个位置来。死亡还是对世界的一个新的创造。

人类的错误不是追求完美。

人类的错误是去实现完美。

完美在被实现中，不仅破灭，而且刚好走向反面，使自己走进绝望。

亚当知道了吗？他怎么说？我很想听他的。他是最有远见的。他的话全是对的。我天天碰到问题时，都更急于见到他。我朝着他的方向走，他好像也在移动，甚至移动得更快一些，就像我有意和尖脸人保持一段距离那样。他难道在躲避我吗？为什么？

星期日

几块白粉浆在漆黑的空间里炸开，诱惑出一个赤红的球，像蛋黄那样黏腻地浮游着，腥臊又放荡地袒露它的正面。在这屏幕寂寞的右下角，幽蓝至深之处，飘移着迷幻又诡诈的光；不知谁用木炭条涂了一个瞎疙瘩，此刻好似一团浅黑色的乱线团，慢慢悠悠又小心翼翼地旋转着，像是蓄机待发，思谋偷袭什么。它在背景上每每触到了昔日残积的肌理，便不情愿地颠动一下。这种颠动没有节奏，有时颠得翻江倒海，摇头甩尾，仿佛五脏六腑都要呕吐出来。于是，脓样的流体在一个被硬物撞开的破口里痛苦地鼓动着。雄壮的大皮管肯定都过度地充了气，发怒一般膨胀得发亮。一条裂纹刚刚撕开视觉景象，无数裂纹又交叉出现，使眼前的画面变得破碎不堪，有如灾难将临。跟着情况又有转机，补救的势头出现了。各种碎片随心所欲地拼凑出瞬息万变的图形，以赢得那个腥臊的红球儿的注目。这红球忽然炸开，血样的浆液缓缓喷向周围的一切。只要落在那些物体和非物体上，立即变成黄色汁液，流淌下来，汇成洪流。黄水中翻滚着头发、烂布和霉坏的渣沫。它们从我眼前一条宽大的河床急速流去。这种流淌，更像排泄。它们所经之处，发出强烈的森林大火般的爆响，以及扑面而来的酸味，我好像突然间无法呼吸了。黄水向北奔去的地方，使我想到几天前经历过的那个满目鲜黄的金海。

远远望去，那边天上有一条长长的鲜绿的云。云影上方有个银色箭头，固执地指向东南方向。

我真不知道看见的是什么。但我已经不再惊慌恐惧。我已经有了十天以上的经验，并知道这全是人类的创造。

今天另外一个非常重要又奇怪的发现是，当九个太阳全部落尽时，我看见头顶上的天空出现几个洞，很黑，很深，很远，隐约好像还有星光闪现，也许这星光是眼睛的一种错觉。但黑洞却给我一种真正的天空的感受，惹来一阵欢欣，可是不等我细看，黑洞消失了。于是天也像假的了。

星期六

今天我第一次正面瞧了欧亚一眼。

我一直不敢正视他。尽管我已经知道他是"中性"人，不会伤害我。但是我对他仍然有种奇怪的感觉，他比一个裸体的男人更令我怕。是不是由于我不懂得什么是"中性"？

然而，这些天来，他非但对我没有异常举动，反而真心帮助我。他在孟菲斯搞到一些古代药物，居然很灵验，肿消了，疼痛减轻多了，伤口上的黄颜色也渐渐变浅。我想，不该总那样扭着头不瞧人家，总应该正面看他一眼。再说对这个当今地球人类的真正模样，我也想看个究竟。

这一眼证实了欧亚彻底是离奇的。

他的眼睛像一对水泡儿，黑眼珠似乎潜藏在很深很深的地方。眼睛周围没有眼毛，上边没有眉毛，隆起的眉骨淡淡发亮。他也没有牙齿——那看上去的牙，其实是光秃秃的牙床，所以嘴巴才向里边嗫，面孔显得苍老，无法识别年龄。牙床发白，嘴唇发白，浑身皮肤像长期闷在山洞里失去了血色。汗毛已经脱落，皮肤像刚降生的猫皮，又光又黏又薄；指甲也脱落得没有痕迹，手指好比软软的细肉棍。好像一切都在萎缩、凋零、衰弱和失去水分。他毫无生气的脸上到底有没有表情？但这一次叫我大出意料之外——

就是在我的目光直对他时，他脸上露出粲然的一笑。

我肯定这一笑很不好看，然而这生命情感的真实表现，一下把我打动了。在这一瞬，我丝毫没有感到，这个生理上异样的小怪人与我有什么不同。我对他说，谢谢你，你的药灵极了，我的脚快好了。

我也对他笑一笑，以表达真心的谢意。

他再次笑一下，因为我的高兴而高兴。我愿意他总是这样笑。人的笑，不是表情，而是心情。好看与不好看并不重要，关键是这一笑，神奇地把陌生和猜疑转化为友好和信任。我不必再警惕他，与他保持距离，不知不觉并排走在一起了。在爬山涉水的时候，往往还会互相拉一拉手，帮助对方。虽然在抓着他那细小凉软的小手时有些不适，可是如果没有这小手，我会陷入孤立与孤独。在危险的环境里，一个陌生的生命是最大的威胁，而一个熟悉的生命是最大的依靠。他说要把我一直送到我要去的地方。但他不知道亚当。也从来不问我去找谁。

先前我总是为亚当担心。为什么这样久感觉不到他的存在，难道他出了什么事？后来我开始怨怪他。他明明知道我千辛万苦追寻他，为什么不掉过头来找我？甚至像是有意躲避我。他从来不是这样的！这些天我多么需要他在身边，就像欧亚这样！忽然我产生极恐怖的猜想，是不是他随同人类的退化，也变成了中性的尖脸人？他对我已经失去了感觉？感到一阵彻骨的寒冷。这也就更加重我尽快见到他的心情。

从今天我们开始了漫长的东征。

星期三

看来我和欧亚之间相互的理解，仍然是首要问题。他许多词汇我从来没听过。甚至在他看来是一些很正常的事，我都觉得荒诞可笑，不能相信。比如他说人类的能力是可以设计的。我就觉得不可思议。人只能去设想自己的能力，怎么能设计自己的能力呢？可是当他说地球人类依靠"高科技"，使自己不知不觉就接收到宇宙间各种信息，并变为自己的知识记忆，换句话说，人类已经不需要学习就无所不知了——我便感到这些弱小的当代地球人类真是威力无穷。那个叫作"高科技"的家伙更叫人敬畏无比。

大概欧亚就是凭借"高科技"这家伙，对我了解很多。他说他知道我是阴性（他是中性人，对女性没有感觉，但对阴性有认识。他说阴性的"阴"字来源于远古时代东方的概念）。他料定我一定在寻找一个阳性（当然是指男性）。他的依据是古代生物学，阴阳是成双的。他还知道"史前生物"中，相互间最大的吸引力就是阴与阳。这也是人类低级阶段的表现。而人类进入高级阶段，必然是阴阳中和，全是中性。中性不单是性，连空气也没有寒暖，河水不凉不热，都是恒定的温度。花草树木和禽鸟虫类不适应，自然消失。剩下的唯有昼夜晨昏的变化依然存在，由于这是宇宙的事，那就要靠宇宙技术来解决了。

可是欧亚说，他一直没弄明白，我来自哪里。一个史前生命的复活或降临，必定会惊动全球。说不定会引起当今的宇宙科学和生命科学一场重大革命。只是由于地球正在横遭大难，在枯萎症的扫荡中，大批人死去，地球的信息网络失灵。所以欧亚对我的感应受到障碍。

我对他的这些话，只当胡说。但同时又觉得他在放射出什么无形的东西在我身上搜索。我隐秘的部位不觉地在收缩。其实这只是一种敏感，一种本能。我对他已经没有反感了。

但当今的地球人类究竟怎么繁殖呢？到底是欧亚说不清楚，还是不说清楚？他是否不好意思对我这"阴性"人说？我可能猜错了——中性人对性不会有什么敏感，也不会羞于谈性吧。

对了，我怎么忘记问他，天上这九个太阳到底是怎么回事？它们到底是太阳，还是一种巨型的灯？明天我一定问他。

星期日

从今天起，无论写星期几都可能是错的。我已经乱了。不知是给天上一大排太阳弄乱的，还是给夜里那些漫天荒唐的图像搞得昏头昏脑。我也不知道多少天没记日记了。

有一天，一片泛滥的灼热的洪水阻挡我们前进。水太大，又烫，冒着白烟，非常吓人，无法涉水，只好向北溯源而上。走了几天几夜，终于在一座被冲垮的城市里，凭借着那些横七竖八凸出水面的建筑物，渡过洪流，继续向东，一路上看到的景象比想象得还糟。看来这里感染枯萎症的情况更严重，人基本上死光。我们走了这些天，没有见到一个人影，所有城市全是空的。

我第一次来到东方，但见到的一切，与西方并没有两样。所有城市都是堆积着紫色与黑色的巨块，所有江河全是腐臭扑鼻的流水，所有山谷全倒满光怪陆离的垃圾。触目皆是被挥霍的昨日大自然的残骸。我从垃圾里拾到一个巨大石刻的鼻子，不明白它曾经的用途。欧亚说，这可能是大卫的，也可能是释迦牟尼的。这两个人我都不认识。但不明白他们的鼻子为什么是石头的，为什么丢弃在这里。

整个地球为什么到处都成了一个样子。记得"创世记"时，每一片森林都是一片独特的风景，一片异样的清香，一片悠然自得的静谧。每一条溪水或飞瀑都有自己的个性，每一枝花叶都有自己的姿态，每一头牛都有自己行走的神气，每一只夜莺都有自己拿手而迷人的歌。人类到底是怎样把它们变为一个样子？人类究竟为什么把它们变成一个样子？这是进化的失误，还是进化的极致和进化的必然？

而进化又是为了什么？为了永不满足的欲望？是不是人类的欲望永无止境，才把不断满足欲望而不断更新的行为当作一种进化？

我开始思索欧亚常常挂在嘴巴的一个词"高科技"了。我不知道它确切的含义，但我观察到在欧亚说到这个词时，他的神情既得意又忧患，既寄托又无奈。在我的感觉中，"高科技"是一个神，它可以把人的能力放大，甚至真的可以设计人的能力，以不断满足自己永不知足的欲望，唯有它才能实现人的梦想；而同时，"高科技"又是一个魔鬼，一条老蛇，一旦它从人的手掌中跳出来，便不再听任人的支配，甚至反过来要人类受制于它。唯有它才能毁灭人类自己。我想到了最根本的一个问题：毁灭人类的其实是人类自己。

可是，人类为了生存和生存得更好就必须不断改变一切，包括自己。事情只有到达终点，才能判断是非，谁能预知和预见？预见能有多大说服力？那么人类又在两难之间。注定是悲剧的人类！

今天，我们终于绕过一个几乎没有边际的大坑，这大坑显然不是自然的，也不是神造。我已经不关心它的来历了。反正无所不能的人，早就为所欲为了。在翻越一条高耸的山脊时，我强烈地感受到亚当就在我的附近。心中罗盘的指针正对着一片铅色的屏障一般的山崖。就在这山崖背后，亚当把他强劲的生命信号传送过来了。我浑身即刻胀满热力，双腿充满弹性，眼睛明亮发光，头发如同金色的波浪在肩头上飘动。我多么像史前——哎，我怎么也称"创世记"的时代为史前了——那时候一只矫健的梅花小鹿，我要飞奔起来！

我掉头呼喊欧亚快走。却见欧亚落在身后远远的地方。我跑过去伸手拉他，忽然感到他的身体变得极轻。眼睛似乎没有黑眼珠了，面色又暗又黄。他怎么了？我问他，他不说。

一整天，我都在深深地为我的朋友担心。

星期一

我猜想欧亚的身体问题是出于长途跋涉，太劳累了。初看还好，他只是迈不开双腿，有点气喘。没料到的事情却突然发生了。

在陡峭的石峰下，我跳上一块山岩，回过身正打算拉他上来，只见他躺在地上，脸色难看极了，身体发抖，好像怕冷那样剧烈颤动。我跳下岩石，蹲在他身边。我受不了他这痛苦的样子，流下泪来。

他似乎受了感动。内心的痛楚使他的表情很丑很怪。

他的声音变得极细，对我说："我无法再陪伴你了。峭崖后面是一座星际光船的发射台，我想你的朋友多半在那里。你自己去吧！"

他怎么会知道我在找我的朋友？但我来不及去想了。我的泪水止不住。我说："我要救你。"

他的话竟然如此苍凉："整个人类就要完结了，救我有什么用？我想过，就是你和你的阳性朋友再繁殖出那种'史前人类'，也根本无法存活。大自然没有了，地球已经死了。自然的地球已经变成了人为的地球！——它一旦变过来就无法变回去了！"

我忽然突发奇想。我说："那么你们怎样繁殖，我愿意帮助你们，哪怕需要我来繁殖，我也愿意。"我不知道自己为什么如此慷慨大义，也不管亚当知道了会不会杀死我。我把身上缠绕的常青藤扯下，绽露出完全赤裸的身体。

我看到自己的身体熠熠发光，柔和而丰盈。整个地球都是假的和死的，唯有我才是最真实、最迷人的生命。就在这时，欧亚空泛的眼睛的深处又出现一双黑点。那是灵魂所在的黑眼珠。他好像一下子复元了。但紧接着又委顿下来，说道："我们是中性人，根本无法与你结合。谢谢你！你已经使我感应到史前生物那种杰出与美妙。在当今地球上只有我才有这样的幸运。我已经心满……意足了。我还觉得你……你不是一般的史前生命，你……你是……一个伟大的生命，伟大的人！"

这句话似乎把我们人类的一始一终拉近了。尽管他并不确切地知道我是谁，我却对这个地球人非凡的悟性佩服之极！

欧亚说完这句话，病情转危。呼吸变得急促，眼睛失去光泽，我已经看不出他的目光注视哪里了。一个可怕的现象终于来临——就像他那个黄脸同伴死去的时候一样——他的身体竟然不可思议地一点点变薄，就像河水在降落，很快整个人变成一张薄片，一片遗落在地的枯叶。脑袋与双脚随之翘起，跟着是全身开始出现龟裂、剥落、粉化。在他扭动而变形的脸上，我看到一种令人汗毛竖立的笑颜。嘲弄又诡秘，乞求又绝望，惋惜又无奈。黄色尖脸人死前同样的表情又出现了。只听这一团怪诞又混乱的形象里，飘荡出一缕更细微的声音。这声音却有力地扎进我的耳鼓："求求你，转过身去，绝对不能再看了！"

我已经被这场面惊呆，灵魂出壳，只剩下躯体立在那里。直到听见欧亚的请求才明白过来，把身体和脸扭过去，却听到身后一片清脆的碎裂声，好像掰断木片的声音。这种死亡的声音真是难以想象！渐渐声音衰减并消失。我忽然激情涌动，我要去吻一下这即将诀别的朋友——最后一个地球人。哪怕他的模样会吓死我！我猛地转身俯下去吻他时，竟然惊奇地发现他不见了，地上只有一层焦黄的神秘的粉末！不等我明白过来，山高风疾，很快就把这些粉末吹得踪迹全无。

地球又多了一块空白。这种奇异的感觉盖住我心底的悲哀。

就在这时候，我感到心脏猛然被急促地提起，直蹿出喉咙。一瞬间，心中变得一片空茫。跟着我感觉到——明明就在山崖那边的亚当，好像突然又失去了似的！

我要尽快到达山那边。迈开步子时只觉得脚腕发痒。低头看，咦，原来一些焦黄粉末在微风吹动中，组成一条软软的带子把我的脚腕挽住。我迟疑地怔住半天，不忍走开。等到再迈步，粉末才纷纷散落。

星期一

我感到了大事不妙。我相信自己的预感，特别是有关亚当的。他肯定出了什么事。

果然，我爬过那片高山，来到星际光船发射台上，根本没有亚当。只有一大片奇形怪状的建筑物，也不见任何别人，冷清得可怕！到处喷射的蓝色的浓烟，好像暗示着不久前发生过什么事。我抬头一看，一束金色的头发照亮了我的眼睛，它拴结在巨大无比的发射架上，随风款款飘动，十分美丽而柔情。它是亚当留给我的暗号！顺着这拴结着头发的发射架尖顶的指向望去，是幽晦莫测的宇宙深处。我腿一软坐在地上。我明白了！他已经飞往别的星球去了！

他为什么不等候我一道飞去？他明明知道我很快就要到达他的身边，偏偏要先一步离我而去？到底由于他遇到什么难以对抗的事情相逼，是接受到神的特别紧迫的旨意，还是感应到我对欧亚的某种情感而心生妒忌，愤然地离去了？不，不管在什么情况下，亚当都会把我放在第一位。他不可能平静地离开他心爱的夏娃。他肯定遇到比自己的生命更重大的事情。比如有谁以我的生死胁迫他时，他才会做出如此非常的决定。他留下金发的暗号不就说明一切了吗？这缕金发分明是一个警报！那么他离开地球的一刹那，该是多么痛苦绝望！他一定把最后一声无边的哀号留在这空旷的山谷里了。

他肯定还会知道，我将永远被孤零零丢弃在这陌生的地球上——

从生到死。

星期四

在刚进入东方时遭遇到的那浩瀚的洪流，十天前到达这里，它们冲过山谷，把庞大的发射台冲垮淹没。滚烫的水还将一些岩石熔化掉。我爬到那歪斜的发射架的顶部，惊惶万状地过了五天，直到大水过后才爬下来。但我不明白，这样爬上爬下有什么意义。

入夜，我躺在大山谷中一片高地上。四外漆黑空寥，只有极远的地方燃烧着大火，使得那边的地平线殷红发亮。由于太远，没有声音。天空上也没有声音，宏大而寂寥。我忽然从当头的夜空中看见几块极黑的空间，愈看愈远，原来那黑洞又出现了。极目望去，我清晰地看到一些星星在最深邃高远的地方闪耀，并且发现其中有一颗很亮的星星，淡淡发绿，那分明是一种令人神往的大自然的色泽，表明着生命之所在！我隐隐感觉到，我的亚当就在那里。我还想，亚当一定能在那个崭新的星球上创造新的人类，神肯定会从他身上取一条肋骨，再造出一个"夏娃"来。

我已经疲惫之极，脚跟的伤口又开始肿胀疼痛，整个小腿微微变黄，我已经没有药物，也不想医治，深刻地感到自己的末日。我没有力气朝着亚当呼叫。否则我一定会叫出来——

不要叫人类再毁掉那个伊甸园吧！

1997 年 4 月 19 日—4 月 28 日初稿于天津
1997 年 4 月 2 日—4 月 6 日定稿于日本京都大阪及"空中书房"

跛脚猫

一

今天一醒来就觉得不对劲，我竟然感觉到我无所不能。这感觉并非虚妄，还有点自我的神奇感，分明就在我的身上。我不知道这感觉从何而来，也不知道我忽然有了何种特异的能力。我现在还躺在床上没做任何事情呢！没有一点具体的事实可以证明我这个感觉并非虚妄——我凭什么觉得自己无所不能了？我是不是哪儿出了毛病？我神经出问题了吗？

我坐起身来。从里屋走到外屋。我觉得身体有一种飘飘然的感觉。我好像驾驭着一阵风瞬间到了我的外屋，我好像不是"走"到外屋的。我对面是两个放着许多书和一些艺术品的柜子，还有一张堆满稿纸与文案的书桌。迎面墙上挂着一幅我的书法，上边写的是我自己的一句格言：弃物存神。此言何意，我后边再说。反正我从来不书写古人或名人的诗文，我瞧不上那些只会抄录别人名言名句的写字匠们。那些人舞笔弄墨，却不通诗文，只会按照古人的碑帖照猫画虎写几笔字——还不是"写字匠"？

我天天早晨起来，到了外屋，都会面对着这面墙。不知为什么，今天这面墙却似乎有点异样，好像可以穿越过去。我居然觉得自己可以像崂山道士那样一下穿过墙去。不想便罢，这么一想，我身上那种无所不能的奇特的感觉便突然变得"真实"起来。我开始有点害怕，我怕我身上发生了什么可怕的变异。外星人在我身上附体了吗？

未知总是难以拒绝的诱惑。我不由自主地向对面的墙走去，这时已分明感到自己身体无比轻盈，好似神仙一般飘然而至墙前。我的墙那一边是一个人家。但我住的是连体的公寓房，和隔壁的人家不走一个楼门，完全不知墙那边的住户是谁。我伸出手，隔着书桌去触摸墙壁，我想试一试墙壁是不是一个实体，证实一下自己脑袋里的"穿墙而过"是不是一个莫名其妙的荒唐的臆想。但是，极其神奇又可怕的事出现了。当我的手指一触到墙壁时，好像进入一个虚无的空间里，好似什么也没碰到，同时却惊奇地看到我的手指居然毫无感觉地进入墙中，我再往前一伸，我的手连同胳膊竟然也伸进去，进而我的身体也完全没有任何阻碍地穿过书柜；在骤然而至的惊慌中，我完全失去重心，身子向前一跌，一瞬间，我闯进一个黑乎乎、无依无靠的空间里。我差点一头栽倒，慌忙平衡住自己。这时，我闻到一种沉闷的、温暖的、混着一种很浓的香水味儿的空气，渐渐我发现一间拉着厚厚窗帘而十分幽暗的房间，一点点在我眼前呈现出来。我已经站在一个完全陌生的房间里——我邻居的家里。我惊讶，我奇异，我恐慌，不管这到底是怎么回事，反正我真的"穿墙而过"了！这是怎么回事？一种童话和魔幻故事里才有的奇迹，竟然在我身上发生了？

我努力使自己镇静下来。这时，我发现这邻居家的屋内只有一人，这人还在熟睡。我穿墙过来时竟然没有发出声音把这人吵醒，我是在梦游吧，还是死了？难道我现在是一个游魂野鬼？

突然，我发现熟睡这人是个女子。她趴在床上睡。一头黑黑的鬈发，头发下边一段粉颈，一条雪白的胳膊连带着光溜溜的肩膀从被窝里伸出来。我是一个还没有找到老婆的男人，头一次看到在床上裸睡的女人，也有一点心旷神怡。我忽然想到——她是那个在电视台做主持的极其著名的女人——蓝影吧！我只知道她不久前刚搬进我这个高档小区玫瑰园，没想到她就住在我的隔壁！她非常漂亮，真像天仙一样。她名气很大，但她十分傲慢，我只在小区门口碰到过她一次。她走路时从额前垂下的头发挡住了上半张脸，使人无法看清楚她的面孔。她走路时哪儿也不看，明显谁都不想搭理。漂亮的女人全都傲慢。可是现在她却赤裸裸躺在我面前——虽然下半身裹着一条薄被。我心魂荡漾起来。我想，反正我现在没什么可怕的了，即便有了麻烦，转身一步还可以再穿过墙壁跑回自己的屋去。这想法居然使我"色胆包天"！我居然过去咪溜一下没有任何障碍就钻进她的被窝。她的被窝里一股浓浓的暖烘烘的肉体的香味，弄得我有点疯狂。可就在这时，我忽然发现眼前一对很亮的亮点，金黄色，像灯珠。这是什么？被窝里怎么会有这种怪东西？这对灯珠好似紧紧直对着我，同时我还听到一种呼哧呼哧的声音，好似动物在发怒，忽然这东西猛地一蹿把被子揭开。我一慌跳下床，扭头再看时，这女子只穿一条内裤、光着身子趴在那里，旁边一团硕大的黑乎乎的东西，原来是只非常肥大的黑猫——她的宠物！刚才那对金黄色的亮点，原来是黑猫的眼睛。黑猫正对我怒目相视。我看傻了，呆呆立在屋子中央。

就在我不知所措时，蓝影忽然翻身坐起来，我马上会被她发现，跟着她会惊叫和呼救。我的麻烦降临！可是，事情完全出乎我的意料，她居然没有看到我。只见她半睡半醒、迷迷糊糊地对着床上的黑猫说："你又把我闹醒了，我下午还得录节目呢！"说着她一边揉着眼，一边下了床朝我走来。

她马上要与我撞个满怀！这时，她揉眼的手已经放了下来，而且离我只有一步之遥；我正转身要跑，可是这一瞬间我惊奇地发现，她那双带着睡意的眼睛竟然没有看到我——我就站在她面前，她怎么没有看见我？她是一个盲人？我好像神经错乱了。

接下去发生的情况，更叫人惊奇。当她光溜溜的翘着乳房的身子挨到我时，我也没有任何感觉，她居然穿过我的身子，一无所碍地走到我的身后，径直去到卫生间。此时我已经知道，现在的我已不是一个实体，不再是一个实有的人！而且我与那个英国作家威尔斯写的"隐身人"不一样，威尔斯的隐身人只是别人看不见他，他却是一实体，别人可以摸到他。我不同，我不再是一个生命实体，我只是一团空气那样，我是虚无的。我看得见一切，别人却看不见我。我虽然可以闻到气味，听得见声音，但我对任何东西都没有"触觉"，所以当我与任何物体相碰时都不会发出声音。我忽然焦急和恐慌起来，因为我与这世界已经没有任何关系了。

我对于别人来说已经是不存在的吗？我说话别人听不见；我看得见所有东西，却摸不到任何东西，更挪动不了任何东西。我还是一个生命吗？我还有人的什么需求吗？我还会饿吗？还会感受到冷热吗？还需要睡觉吗？还用去卫生间吗？我除去能随便进入任何空间，还有什么更特异的"本领"？我是不是突然死了，现在只是一个人间传说中的那种无处可归的游魂？难道人死之后就像我与蓝影现在这样——阴阳相隔？尽管人间的事我全能看到却丝毫奈何不得；哪怕你活着时能主宰一切，颐指气使，到头来却照样一无所能？当我想到我无法再与任何人说话、交谈，我认识的人全可以看见，他们却看不见我，我便感到了一种极大的恐怖。我感觉自己进入了一种绝对的无边孤独中。这种"死亡的孤独"可跟活着的人的孤独完全不一样了。

蓝影从卫生间走出来。

当我再次看到她赤裸的身子时，已与刚才的感觉完全不同了。我对她已没有刚才那种感觉。她穿上一件很薄、光溜溜、浅紫色的睡衣回到床上，没有再睡，而是抓起手机，开始一通忙。查看微信，写回信，只有一次用语音回复时说了一句话："你这烂话还是说给'91'去听吧！"完全不知道她这话是说给谁的，"91"是什么意思。只见她说完话把手机调到静音扔在一边，身子一歪，扑在床上接着呼呼大睡。

我还是不甘心自己已经"离开人间"，想再试一试自己是否真的不再是一个"人"了。当我用手去摸她的肌肤时，我的手指竟然魔幻般伸进她的身体，没有触觉，好像伸进一片虚空里。我想游戏般再做一点荒唐的事，但我不能。那只蹲在床上的又黑又壮的肥猫似乎对我充满警惕。它面对着我嗷嗷叫，想要咬我，可是它扑上来时，却像在咬一团空气，原来它也奈何不了我！这一来，我就有了安全感。于是，我、蓝影、黑猫不可思议地搅成一团，彼此不能产生任何关系，这情景真是奇妙之极！我却已经明白，我和现实的世界已经阴阳两界，彼此无关。可能这黑猫身上有某种灵异，对我这个"游魂"有一点特殊的敏感。古埃及人不是说猫有九条命吗？但我不必担心它，它丝毫不能伤害我。它在阳界，我在阴界，我们阴阳相隔。它在真实的物质的世界里，我在诡异的虚幻的世界。我本身就是一种虚幻。

现在，我已经确信，自己不再是一个人，不再是一个知名的作家，我连笔都拿不了。人间的一切从此与我没有关系。那么我现在该干什么？不知道。我已经没有任何欲望与需求了。眼前只有这女人叫我发生了兴趣，并不是因为她是一个非常著名和美丽的女人，而是她与我原先对她的印象有某些脱节。

二

首先，我发现原来蓝影并不那么漂亮！她体形还算标致，当然这也离不开紧身衣和特制的胸罩的帮衬。至于面孔，那就需要在化妆台前下一番苦功夫了。每个女人都是最会打扮自己的，她们知道用什么妙法高招为自己遮掩天生的瑕疵与缺欠。如果没有亲眼看到她卸妆后的面容，真不会想到她原本竟然如此这般平淡无奇。虽然不丑，但与屏幕上那个美若天仙、令人倾倒的蓝影却判若两人。

由此，我更加相信一款流行的化妆品的广告用语：女人的美丽是打扮出来的。这是女人的真理。

我不懂得女人的那些名牌化妆品，不识"女人香"，更不懂得使用眼影、眼线、描眉、香粉、唇膏、唇线、胭脂、香水那些诀窍，所以我写作时一碰到女人这些东西时就捉襟见肘，不知怎么下笔。现在，我开了眼，惊讶地看到她用化妆台上这一大堆东西，怎样一点点把自己"装修"得如同一朵娇艳的花儿。她居然还有一个碗儿形状的假发！她这么年轻就谢顶了吗？可是当她把这假发往头顶上一扣，就更加漂亮、精神、年轻，至少年轻八岁以上。

在她着装时，我领略到这女人品味的不凡。她身上每件东西都不华丽，也不夸张；一条干干净净、洗得发白发旧的牛仔裤，一件淡淡的土红色的圆领衫，外边一件松松的白色的麻布褂子，让她一下子从房间的背景中脱颖而出。她这些衣服看似普通，细瞧质地都很考究。我相信她的衣服不一定都是名牌，名牌只是为了向人炫耀，美的气质才真正表达个人的修养。她不戴任何首饰，挎包只是一个由一块土布裁制成的简简单单的袋子。但这一切都谐调一体，正好幽雅地衬托她那张楚楚动人的脸。

她走出屋前，将一碟子猫食和一小盆水放在屋角。那只一直守在我附近的黑猫跑了过去。这时，我发现这猫左前腿竟然有残，好像短了一截，哦，是一只跛脚猫！它跑起来一瘸一拐很难看。她这样一位名女人，住在这讲究的公寓里，应该养一只雪白、蓬松、蓝眼睛的波斯猫才是，为什么要养这样一只又大又蠢又瘸又丑又凶的黑猫？

她出去，关门锁门，但锁不住我。我一伸腿就神奇地穿过屋门，紧跟在她后边。她走进电梯，我也穿过电梯门，站在电梯里。电梯上只有我和她两个人，面对面地站着。我看得见她，她却丝毫看不见我，这感觉异常奇妙。这使我不再觉得阴阳相隔多么可怕，因为我能够去到我任何想去的地方，看到我想看到的一切！我变得神通广大了！世界原先给我看到的更多是它的正面和表面，但出于作家的本质，更要看它的里面和背面；因为事物的正面常常不是它的真相。

我跟着她出了电梯，穿过走廊，走出楼门穿过小区到了街上。一到街上，她那神气陡然变得十分高傲，谁也不看，好像别人都在看她。前边不远停着一辆很漂亮的黑色的奔驰车。她过去一拉车门就钻进去，好像是她的专车，开车的人并没下车迎她。她钻进汽车顺手把门带上。车子就发动了。我不能被撇下，赶紧跑上去一拉车门，我忘了我的手根本抓不了车门的把手，可是我的手却伸进车子。我马上意识到我现在所拥有的神力，身体向前一跃，整个人飞进已经开动起来的车子，正好坐在她身边。我朝她笑笑，她根本不知道我的存在，掏出手机来看，一边对着前边开车的人说："你车上的香奈儿的味儿是谁的？"

前边开车的人说："你诈我。我车上只有你的香味儿。我身上也只有你的香味儿。"说着回头一笑。我看到一张中年男子清俊潇洒的脸，不过他那带着笑的神气可有点像狐狸。这张脸我好像在哪儿见过，一时想不起来。

蓝影说："我从来不用香奈儿，你不用糊弄成，我也不管你的那些烂事。我只想知道，你给我选的车到底是哪个牌子？我不能总坐你的车。叫狗仔队发现了，放在网上，你不怕你那黄脸婆叫你罚跪？"

开车那人说："你总得叫我先把这房子贷款缴上。到了年底就没问题了。你自管放心。"

蓝影："你说话这口气我可不爱听，好像我是债主。"

开车那人笑道："我是在还我的情债还不行？谁叫我是个情种呢。"跟着他换一种柔和的口气说："即便将来你有了自己的车，我还是心甘情愿来接你，只想和你待这么一会儿。我这点心思你怎么就是不懂？"

蓝影居然被这人几句话改变了心态。她忽然笑了，红唇中露出雪白的牙齿，她向前欠着身子说："你不是说要带我去黄港一家农家乐去吃海鲜？哎，你怎么不说话呀，滑头？"说话的口气变得和蔼可亲。

开车这人在蓝影的嘴里叫滑头。这大概是她对他专用的一个外号。

滑头说："我哪儿都想带你去，可哪儿也不敢去。你那张脸谁不认得？"

"这么说我的脸有罪？"蓝影装作生气。

"脸有什么罪，我是说你脸太漂亮了，谁看了一眼就忘不了！"

滑头真是太会说话了，一句话又把蓝影说高兴了。其实滑头就是滑舌。

蓝影说："那咱们就约好了，还去慕尼黑吧。我总怀念阿尔卑斯山上那小木屋，就咱两个人，再赶上那天外边下着大雨，多好。"蓝影说得很有兴致，但滑头没有接过她的话，她忽而转口又说："不说那个了，你早不再是那时那个'白马王子'了，哼！"她好像一下子又回到气哼哼的现实里。蓝影这人的心理和情绪原来这么不稳定。

滑头说："这些事咱们回头商量，你也不是能够说走就走。现在你马上就到电视台了。先问你，今晚你几点回家，我去看你好吗？"

蓝影说："今天不行，我今天要接连录两个节目。哎，你还是把车子停在我们台的楼后边吧。"

滑头说："遵命，小姐。晚上我可是有宝贝叫你开眼——开心。"

蓝影眼睛登时一亮，她说："骗我，你只是借口想见我！告我什么宝贝？"

滑头说："这么轻易地说出来还是什么宝贝。集团这两天正忙着改制，不停地开会。我今天晚上散会也早不了，不过我完事保证把宝贝送去，交给你就走，绝不会——性骚扰。"他向后偏过脸，又露出狐狸那样的神气。

蓝影媚气地一笑，"好，晚上见，手机定时间。咱有约在先，只准你那破宝贝进屋，人不能进来。"说完推开车门下车。

我也跟着穿越过车门来到街上。

在穿过街道时，蓝影好像心不在焉，不远一辆轿车飞驰而来。我看她有危险，赶紧上去一抓她，想把她拉住。但我只是本能地去抓，忘了自己什么也抓不到。蓝影被对方车子紧急的喇叭的尖叫声惊醒，机警地往后一退躲过了车子，我却栽出去，正被飞驰的车子撞上，我心想完了，但是我忘了，人间的一切惊险灾难已经都与我无关。我像一团透明的空气那样，眼瞧着飞来的车子从我身上穿过，唰的飞驰而去，任何感觉也没有。我被自己的神奇惊呆。

于是，我开始享受自己拥有的这种无比的神奇，我勇敢地站在大街中央，任由往来疾驰的车子在我身上驰过；我狂喜于一辆辆车子迎面奔来时，好似它们故意要撞死我，结果却从我身上流光一般一闪而过。还有一只挺大的飞鸟儿眼看撞在我的脸上，却也毫无感觉地在我的脸上消失了，回头一看那鸟，那感觉好似一架飞机疾速地穿过一团白云。我最后干脆躺在街上，任由各种车子在我身上碾来碾去。当一辆重型吊车轧过我的身体时，我感觉我已是街面的一部分。这种感觉让我狂喜异常。

这时，我忽然想起蓝影，起身一看，蓝影早不见了。

三

　　我去到电视台找她，她肯定已经到了台里。这个重要的新闻单位向来守卫得很严。由于各种在社会上轰动的电视节目与响当当的人物都在这里诞生，里边一幢方方正正、乏味呆板的大楼反而让人觉得高深莫测。当初，我的那部二十万字的长篇小说《没有翅膀的天使》一炮打响时，电视台曾把我请到这里做过直播访谈，我那次的经历和感受却不美好。第一次面对摄像机的镜头说话，强烈的镁光灯又把我照得头昏目眩。当我想到千千万万的人正在电视机前听我说话，我生怕话说得不好叫人低看了我，更怕同行耻笑，原本想好的一些精彩的话竟然全忘了，脑袋里一片空白，你知道这"一片空白"是什么感觉吗？脑袋死机了，我像一个白痴，那种感觉非常恐怖。自从那次，我发誓再也不上电视。作家用笔说话，本来就不该靠一张嘴巴。

　　但是我今天来电视台，当然不是为了上电视，而是这位大名鼎鼎的女主持人把我吸引来的。我可不是盲目的追星族，我也说不好她身上的什么东西在引起我的好奇。

　　电视台大门严紧的守卫对我形同虚设。我大摇大摆地径直穿门而入，守卫们全然不知。我真像好莱坞大片里的超人了。

　　电视大楼一分为二，两边各有一个门。一边进去是行政区，一边是制作区。蓝影肯定在制作区这边，我上次被采访也是在这边。这边的人多，但与我无干，我直冲冲向里走，迎面而来的很多很杂的人全都一无所碍从我身上流水般地穿过，就像时间从我身上穿过。

这大楼的首层很高，中间一条又长又宽的大走廊，横着摆了一排排椅子，乱哄哄坐着不少人，都是被请来做演播现场的观众的。这些人等在那里不大耐烦了，有的说话，有的在吃东西，有的打瞌睡。走廊的另一边有许多门，门上边用挺大挺醒目的阿拉伯数字标着号码，门里边都是演播厅。我上次做直播访谈在第6号。我不知蓝影会在哪个演播厅里录节目，只能从第1号依次找下去。第1号演播厅正在录戏曲，第2号播送新闻，第3号没有工作，没有灯火通明，只有几个人在修机器……我随心所欲穿墙越壁。在穿过新闻演播厅后台一个小屋时，撞见了一个胖胖的中年男子正挤在门后边紧紧拥抱着一个娇小的女子狂吻。我吓一跳，跟着我明白对于他们我是不存在的。于是我站在那儿看了一会儿。那男子原本是戴眼镜的，此刻眼镜碍事，他手里拿着摘下来的眼镜，只顾贪婪地亲吻。他狂撕疯咬般的吻姿真像一只饥饿的动物。我是小说家，对人性的方方面面都不缺乏想象，可是一旦与这样的现实面对面，还是不免惊讶。这不是一个一本正经面对公众的工作场所吗，不是夜总会啊。他们的一本正经全是装出来的吗？这女子是谁，她是主播吗？这位手拿眼镜、发疯一般的胖子又是谁？

我没心思关心他们，我要找蓝影，我穿墙回到演播厅外边的大走廊。这时，大走廊前边好像出现了什么情况，乱哄哄挤着许多人，有人大声呼喝，我奔过去挤进人群。现在我挤进人群中是毫不费力的，因为我不占有空间。我突然看到被围堵和夹峙在人群中间的是一个夺目的女人，正是蓝影！她左右都有一两个身体结实、留平头的男人为她排难解纷，这些人大概就是人们常说的保镖了。她好像已经很习惯这种场面，丝毫不紧张，很从容；脸上的神情中混合着两种对立的东西，一是亲近的微笑，一是淡漠的疏离，我不知她是怎么把这两种彼此相反的东西混在一起的。反正此刻的她需要这两种东西。作为公众人物的形象她要表现出一种亲和；在过分热情的粉丝面前她又要拉开距离。这时一个人大声询问她："你和曹友东还有联系吗？今年情人节他送你什么礼物了？"

曹友东是谁？不知道。我只知道这种问题一定来自一个娱乐媒体。跟着一个女子尖声问她："听说你搬家了，你是搬到'清溪畔'别墅里去了吗？谁帮你买的房子？"

这答案我知道。当然，不是清溪畔。我和她住的那个小区叫作"玫瑰园"，是个高档公寓。显然这个小编还都是捕风捉影，没有摸清她的底细。

这时，她一扭头正好面对我，她朝我看了一眼，我一怔，她怎么会看到我了，难道我还阳了？很快我明白了——我回过头去，只见我身后不远的地方站着一个男人，原来她是透过我，看一眼我身后这男人。我还发现，这人就是刚刚在新闻演播厅那个狂吻小女子的戴眼镜的胖男人。

她只看这人一眼，掉头就拐进8号门，8号演播厅外有几间房子，她推门走进一间，是一个化妆间。里边设施很简单，左右是化妆用的长桌，几把椅子，两面墙全是镜子。镜子相互映照，屋子显得挺大。我发现一个很奇怪的现象，镜子里没有我，我跑到镜子前使劲看，还是空空如也，没有自己。现在我没有任何恐慌了，有没有都无所谓了，反正我自己还能够感觉到自己。

我从人群中出来，站到了屋角。其实我站在屋子中间也不碍任何人的事。我选择屋角，只是出于一种想要好好旁观一下的心理。

蓝影坐在那里派头挺足，看她的举止和神气，她似乎很享受自己这种派头。她不时面对镜子看一看自己，好像她挺欣赏自己。有人给她斟茶倒水，还有人来给她按摩肩背和颈椎；她不叫闲人进来，也不和人说话，不准任何人打扰她。当然，在登场演播之前她有理由需要平静。只是过了一会儿，一个络腮胡子、长得很结实的人拿着一卷纸跑进来，与她研究节目一些关键的细节怎么处理。我从他们的交谈中，听到她今天主持的是一个竞猜节目，内容与文学有关，这叫我分外感兴趣。但是我有一点怀疑——这样一个花瓶式的女人有足够的修养能撑起这个文学节目吗？

随后就进来一位化妆师给她上妆。这位化妆师看上去很时髦，头发呈棕红色，脑袋后边梳成一个马尾，耳朵上戴着奶白色的听音乐的耳麦，这使他一边走一边随着耳朵里的音乐晃肩扭腰。他脸上皮肤粗得像牛皮，穿一件文化衫，手里提着一个花花绿绿的化妆箱。别看他外表花里胡哨，化妆技术却超高明。在极短的时间里一通忙乎，便叫蓝影加倍放出光彩。照在镜子里的蓝影露出满意的笑容。这化妆师说："其实你的双手也很美。哪天你做一档靠手说话的节目，你叫摄制组多架一台摄像机，专拍你手的特写，我给你的两只手好好捯饬一下，保证出彩。"

蓝影笑道："看来我得跟着刘谦表演变魔术了。"

化妆师说："我教你一手魔术。"说着居然把手从蓝影胸前的领口伸进去。这人胆子竟如此之大！

可是蓝影并没有发怒，只一打他的手说："你不怕人看见！"

化妆师笑嘻嘻说："我不怕，你怕。"说完把手抽出来，提起化妆箱又说一句："节目完了早卸妆，你脸上的色斑可见多了。"说完便走了。

原来电视后边，远比电视上的节目叫人惊奇得多。

化妆室只剩下蓝影一人。虽然还有我，但我是不存在的。

化妆后的她依旧坐在那里，在等待节目开始吗？这当儿，她忽然显得很疲惫，垂下头来，似乎在想什么。再抬起头来面对镜子时，她的眼睛神情特别。我跑过去，与她面对面，反正我不存在，我可以近在咫尺地瞧她。我惊讶地发现她眼睛好似秋天的旷野一片空茫，荒芜、冷漠。我从没看过这种眼神。这眼神与她外表的光鲜和高傲可不一样。我想到了我写过的一句话：

眼神的深处一直通着灵魂。

四

当蓝影穿着她标志性的蓝色长裙从幕后信步走到强光通彻的舞台上，真是太美、太动人、太夺目，优雅从容，仪态万方。美的自信使她更美。她的魅力带着压倒一切的气势。尽管演播厅的观众席最多不过二百人，但瞬间爆发出的欢叫与惊呼声有如排山倒海，蓝影站在舞台中央，面含微笑、落落大方地接受人们对她忘我的喜爱。只有真正的大明星才有这种气质。这种气质是既叫你感到亲切，她又高高在上，与你拉开距离，叫你觉得她高不可攀。

她这条蓝色的长裙做工考究，材质柔中有韧，光泽撩人，然而这裙子上却几乎没有一点装饰；它一定来自一位顶级的崇尚简约的服装师之手，把一切高深的功力都用在剪裁上。这剪裁是一种造型，刚好把她体形优美的线条勾勒出来，高贵之中还含着隐隐的性感。其余便只有一条天青色的薄纱，绕过她挺直的后背，再穿过她双臂的臂弯，长长又缥缈地垂下来。这就足够了。不应该再用什么华丽的饰品出来炫耀，打扰人们去关注她那张美艳绝伦的脸。

同时，我还领略到刚才那位带点流气的化妆师技术的高超。我在蓝影的家里看过她素颜时本来的面目，也看过她化妆后如何焕然一新。刚刚在化妆室里，那位化妆师只是给她再做一点提升而已，可是不知那个化妆师用了什么绝妙的手段或材料，使她这张脸给舞台的强光一照，加倍地焕发光彩，透明、纯净、明媚，却不失含蓄和内在。她似乎告诉你，真正女人的美不是向外夸张，而是向内蕴含。此刻她这张脸，便分明是那位化妆师的"作品"了。他提升甚至再创造了她的形象。她当然知道他的必不可少，所以才忍受他的鄙俗与狎邪。难道这都是她必须付出的一种代价吗？也是一个大明星必须付出的成本吗？

忽然，我发现自己现在竟然站在舞台上。我这样一个与节目完全无关的人，竟然碍手碍脚地站在主持人身前，怎么没有人感到奇怪，没有电视台的工作人员拉我下去。跟着，我又笑自己，怎么又忘记自己是一个根本"不存在"的人了。这时，我已经注意到舞台的灯光打在我身上，竟然没有任何光亮；我还发现——自己没有影子！我试着在舞台上又跑又跳，胡跑乱跳，都不会与任何东西相撞，也没有声响。于是我便大模大样地在舞台中央盘腿一坐，嘿，谁也不可能像我这样看录制节目！从一早起来，我没吃早餐，折腾到现在，居然不渴也不饿，我是一个活人吗？我还是一个活人吗？这样活着有什么不好？

我来不及往下想，她的节目把我吸引过去。

蓝影问一个竞答的年轻人："你能说出三个被唐诗中描写过的著名的古建筑吗？你听好了。回答我这个问题还有两个附加条件。一是你必须说出这首唐诗的作者，背诵出其中的一两句诗；二是你所说的这座古建筑必须今天还在，不能是已经损毁和消失的。明白了吗？好，现在回答——"

她说得流畅又清晰。显然她上台前做足了功课。

竞答的年轻人虽然看上去只有十四五岁，胖头胖脑傻乎乎，却挺厉害，开口便说："一是黄鹤楼，作者李白，'故人西辞黄鹤楼，烟花三月下扬州'。二是滕王阁，作者王勃，'滕王高阁临江渚，佩玉鸣銮罢歌舞'。这是一首七言律诗，我就不全背了。"

蓝影笑了，对这年轻人说："王勃这首诗是他写在文章《滕王阁序》结尾的诗，不大好背诵，你能背出这两句就很不错了。"

这年轻人竟然说："《滕王阁序》全文我都能背。"他说得挺认真，又十分单纯。

演播厅里一片笑声，蓝影大笑，笑得很亲切，她表现出对这年轻人的喜爱，她说："你真棒！但今天你先别背，你留一手，下次我们有古文竞猜竞答节目时一定请你来。你别忘了，你现在只答出黄鹤楼和滕王阁两个，还差一个与唐诗相关的古建筑没回答呢。"

这年轻人下边的回答好像一直在嘴里，他张开嘴就出来了："寒山寺，作者张继，诗名《枫桥夜泊》，'姑苏城外寒山寺，夜半钟声到客船'。"

观众席一片掌声。

蓝影露出惊讶，叫道："你这么有学问，我都快成你的粉丝了。你在大学读博吗？"

年轻人说："我初中二年级。"

蓝影说："现在真是后生可畏，这么年轻就满腹诗文了！"她的主持真有魅力：亲和、自然、诙谐、放松，声音还分外好听，而且她掌控场面的能力极强，想放就放，想收就收。这使得现场生动活泼，很有气场。她忽问这年轻人："你这么喜爱古典文学，也喜爱读当代的文学吗？"

　　这年轻人听了，有点发怔，迟疑地说："读过一些。"

　　蓝影说："我们城市近几年冒出一位名作家，现在很红，他有一本《没有翅膀的天使》你读过吧。"

　　我像当头给敲了一棒，震惊！完全没料到她会突然说到我。我完全蒙了。我居然这么知名吗？我很惊奇，我和这位名主持人毫无关系，怎么会如此响亮地把我的作品说出来？难道她知道我在现场？不不！我刚才在她屋里她都不知道，现在怎么会知道我在这里？这是怎么回事？我一慌，蹿起身子，掉头便跑，我感觉有人喊我、有人拦我、有人抓我，其实没人，只是我的错觉而已。我穿过物体穿过人穿过墙，穿出演播厅，穿出电视大厦，一直跑到街对面一棵大树下边一个水泥墩子上坐下来，过了好一会儿，才使自己一点点平静下来。

　　这时再去想，反而更糊涂。我对蓝影更加不解，这个流光溢彩的娱乐名人居然喜欢读书？而且是读我的书。我这本书可是一本纯文学啊。在文化娱乐的时代，纯文学快要孤芳自赏了。只有深爱文学的人才会读纯文学。于是我对她产生了一种好感。这好感当然首先源自她是我的读者。作家总是对自己的读者有一种特殊的亲近感，自己真正的读者不就是自己的知音吗？蓝影真会是痴迷于自己精神上的知音？这使我不由得对这位非同一般的读者产生了进一步的关切。

　　等到我穿墙入壁再次进入电视大厦，进入演播厅，里边已经空无一人。只有舞台上的空气里还有一点蓝影留下的香水的气味儿。我转身穿墙入壁，里里外外找来找去，我将大小十个演播厅全都找过也没见到她。我茫然若失。她会去哪儿？我对她究竟了解极少，她去哪儿都有可能，我唯一可以寻找的只有她家——她工作结束之后总会回家吧。

五

我不能乘坐电梯，因为我的手指无法触动开关键，我不能启动电梯，但爬楼梯却很容易，我身轻如燕，几乎是几步就蹿到了楼上。

她家的防盗门对我毫无用处，我轻而易举地穿过金属的门板，进了她的房间。我一入房间便觉得空屋里有一种特殊静谧的气味，似乎房里没人。空屋里的气氛总是异样的。我里里外外到处看看，果然没人。她没有回来。这使我有机会把她的房间细细观察一番。我虽然没有窥私欲，但我想了解她。

可是对于现在的我，想再进一步了解她，根本没有可能。因为我只能用眼睛去看摆在屋里表面的物件，无法用手去打开柜子、拉开抽屉、挪动和掀开任何东西，人间的一切无法奈何于我，我对人间的一切也全都奈何不得。我好奇她桌上一大摞做节目的文案。我很想知道刚才她提到我的小说——这到底是节目编辑组给她设定的内容，还是她自己真的看过我的书？这答案应该可以从节目的文案中找到。可是我无法掀动这些纸张。我想从桌上的笔筒里拿出一把小裁纸刀来掀这些稿纸，可是我怎么可能捏起裁纸刀来？我的手指好像是透明的，非物质的，我只是一团虚无的空气！

我在她房间好似飘来飘去那样走来走去。感觉不到鞋底在地板上摩擦，感觉不到自己的身体有重量。我现在最关心的不是自己，而是她。反正她不在，我便得以从容地细心察看这位名人个人的世界。看一看"名"后边的"人"。当然，我最想知道的，还是她是否真的关切过我那本小说。

她的房间和隔壁我的房间的房型完全一样，只是方向相反。我家下了电梯从左边进单元门，她家从右边进单元门。进门一个方形的衣帽间。她的装修比我讲究，整个衣帽间都用西班牙米黄大理石作为饰材。迎面摆着一个现代风格线条流畅的黑色条案，中间一个朱红釉色的陶罐，插了一束蓝铃草。这花的蓝色与她在舞台上那蓝裙子是一个颜色。蓝色是她的标志色吗？蓝铃花是假花；但最好的假花像真花，正像最好的真花像假花。花上边是一幅抒写秋天的风景画。这样的布置叫人一进门就会感到放松，就想到去享受一下生活。她挺有品位。衣帽间的一边是鞋柜和衣架。我发现衣架上挂着一件男人的外衣，她有丈夫？不不，她的房间分明是一个单身女人的住所。

她室内的格局也和我的一样。房间一大一小，一个设施齐全的卫生间，一间宽绰的兼可用餐的开放式的厨房，厨房外还有一个不算小的阳台。这房子是去年房价正低的时候开盘的。我凭着自己两三本畅销书相当可观的稿费，加上从银行拿到的贷款，买下我那套房子。我喜欢这公寓式房子房间的结构，大间很宽敞，朝向好，又安静。我需要安静，这房子朝南面对一个老公园，树非常茂密，早晨可以听到清亮的鸟叫。

我把大间作为书房兼客厅，小间当作卧室，小间的间量也不小，除去床和衣柜，我也放了一个书桌，有时夜里忽来了灵感，便起来写一阵子。

她这房间的使用与我不同，大间是卧室。虽然只她一人，却摆一张很大的双人床；屋里虽还整齐，但床上被子不叠，乱作一团。她是不是每天起床都不叠被，晚上倒下便睡？她还有一个更乱的地方是化妆台，台上各种瓶瓶罐罐、梳子、刷子、剪子、镊子以及不知名的稀奇古怪的器具，乱堆乱放，混乱不堪，好像一个修理工的工作台。

她房间里的家具多半都是新的，她喜欢现在流行的简约式样的造型，颜色多为蓝白黑灰，连沙发靠垫、桌布和窗帘也是深浅不同蓝色的。她为什么这么喜欢蓝色？包括她那条从不改变的舞台服——无比光鲜的蓝长裙。我忽然想这是不是与她的名字"蓝影"有关，肯定是！她太自恋了吧！还是受了符号化、标志性以及"logo"等商业形象思维的影响——为了加强自己给公众的印象？或许她没有想的这么深，只是因为她是一个流行于娱乐圈里的人物，很自然地会受这种商业文化的影响罢了。

我没有在她的大房间里看到叫我特别关注的东西。我便去到她的小房间，那里好像一个储藏室，堆满杂物，大概她刚搬来不久，许多东西还没得时间整理。靠东墙一边堆着很多搬家用的规格一致的牛皮纸箱，有些箱子还贴着封条没有打开，箱子外边用马克笔标着号码或写着里边的东西。有"生活杂物""食物""资料""鞋""工具"等等，还有几箱是"书"。她看什么书？文学书？她喜欢看哪类文学书？我一回头，看到一摞纸箱上有一本书，像是随手撂在那儿的，封面非常熟悉，啊！竟然就是我的《没有翅膀的天使》——我这本当下正红得发紫的小说！我禁不住惊喜地发出声来，她真的看过我的书，而且是我的粉丝！我这么肯定，是因为我看出这本书已经被翻了许多遍，封皮都卷了。我还发现里边有两三处被折页。我仿佛不存在的手指无法打开书，不知她关注的是哪页？

她一定和我海量的粉丝一样，被我的女主人公曲明珠的命运打动了。我那个主人公是个淮北的农家女，怀着一团发光的梦走出世世代代的先人们扰拌着穷困的农耕生活，到深圳打工。在底层的煎熬中一点点挣扎出来。每一步都脱一层皮。她抛掉一个真纯却贫穷的男友，一次次出卖自己，付出的代价匪夷所思，最终如愿以偿地站在万贯家财之上，成为一个企业家中大名鼎鼎的女强人，但在世人的视野之外她却是一个心灵上荒凉寂寥的孤家寡人。我把一个费解的答案留给读者自己去思考。在金钱至上的市场时代，你最终选择有真爱的人生，还是一个被庸人们膜拜、披金戴银的偶像？不是说二者不可兼得，二者兼得者凤毛麟角。如果不能兼得，你想做一个割掉翅膀的天使吗？

我在小说中说了一句话：没有爱的人生才是一个失败的人生。

我的这个人物触动过许多人心灵的隐秘。

在我从小房间走回到大房间时，我发现蓝影床前地上有个纸条，我走过去蹲下来看，是一张写了字的纸条，但是有字的一面在下边。我伸手过去想翻过来看，自然是徒劳无益。忽然，右前边很近的地方有个东西吓我一跳。一看，原来是那只大黑猫。它一直静悄悄蹲在那里吗？它瞪着一对亮晶晶的黄眼睛虎视眈眈地面对着我。我仍然不明白，它到底是能看见我，还是只凭着某种动物的灵异？

忽然，我脑袋里蹦出一个很聪明的想法，能不能叫它帮忙把地上的纸条翻过来？

于是我朝它大叫，挥舞双手，做搏斗状。黑猫好像看到了我，又像没看到我，却朝着我发出呼哧呼哧愤怒的声音，然后挥爪扑打。但我们谁也碰不到谁，我们分明是在阴阳两界，我们只是隔空相搏。我按照自己的想法，一边和它"打斗"，一边把它引到地上的这个纸条旁。它和纸条都是现实世界的。在它身体的翻滚中，尾巴一甩，真的把那纸条掀了过来，朝上的一面有一行字，我探着身子去看。不管黑猫怎么对我扑打，反正丝毫伤不到我。我却看到纸上有一行小字：

"今天完事后渔人码头见！"

这渔人码头肯定是指西城门外那个海鲜店。"今天完事"四个字肯定是指节目录完之后。关键是这短短的十个字中有一种命令的口气。这人是谁？不像是上午开车接她来的那个"滑头"，滑头不是今晚要给她送礼物来吗？这人与滑头绝不是一个人。这另一个人是谁？

我想，我应该到渔人码头去看看。

我很快起身真的像游魂一样飘然走到她的屋外。

六

我走出小区来到了街上便陷入困顿。渔人码头很远，快到海边了，我怎么去？我只知道那个消闲酒店的店名，没有去过。我既不能打出租车，也不知怎么乘坐公共汽车，又无法找人问路。我想了各种办法，最终是没有办法。我回到小区内，在树丛里一张长椅上坐下。

我坐下来，并不是因为累。自从清晨我穿墙而入蓝影房中，一天来，我还是没弄明白，自己到底是不是真的已经死了，成了幽灵。我几次想穿墙回到自己家中弄个明白，但是我不敢回去，我怕自己真的死了，怕回去看到躺在床上早已气绝身亡的自己。我知道只要灵魂一旦离开肉身再不会重新返回。到了那个时候肉体只是人间的垃圾等待处理，灵魂却四处漂泊，在茫茫宇宙中浮尘一般找不着归宿，就像我现在这样。我不知道我将面临什么。

我一直没有饥饿感，不需要吃东西喝水，不需要睡觉和休息。原来离开了现实和实在的生活，就没有任何目的了。没有人间的种种烦恼，也用不着去看佛经。可是——没有任何事情等着我做，又没有任何事情想去做、需要做、等着做，这是一种什么感觉？一切一切，包括"我"都变得没有意义。没有意义、没有价值、没有向往、没有目的、没有内涵、没有限定，就一定不再是人间的生活了。这是超越生命的一种状态吗？这就是人所追求的一种纯粹的自由与永恒吗？自由一定是在不自由中才有魅力，永恒一定要在"人生苦短"中才令人神往。可是，这些都是人间的道理和生命的道理；一旦死了，也都没有意义。

正为此，我不想回家，不想证明自己真的死掉。我怕自己死掉。我多么希望现在发生的事只是一个噩梦，醒来后我将感到无比庆幸。我会说："哦，可怕的东西全过去了，一切一切，原来只是一个恐怖的梦魇！"

可是，现在我又无法证明这是一个噩梦。我真切感受到的——我是一个无法与人间的一切发生任何关系的虚无的游魂。

可能由于我刚刚来到这"另一个世界"。身上还残存着不少人间的记忆和人间的感觉，比如时间感。我知道这些记忆与感觉早晚会从我身上消失。可是我现在还有时间感，我感到我等蓝影等了太久。天已经黑了下来，还不见她回来，我便走出小区，到外边看看。刚走出小区，只见东边走来一男一女两个人。尽管那女子额前垂下的头发挡住半张脸，我还是一眼就看出是蓝影——她的体形太出众；另外那个男人，我也马上认出来是在电视台见过的那个圆头圆脑、戴眼镜的胖子。我本能地向后缩身躲避，当然我根本无须躲避。叫我奇怪的是他们到了玫瑰园小区门口，并没有走进去。尤其是蓝影，好像这小区与她无关。为什么？她故意装的？她不想叫戴眼镜的胖子知道她住在这里吗？显然，胖子不清楚她具体住在哪个小区。

他俩继续往前走，待他们至少走出去长长的三个路口，来到另一个名为"天上人间"的小区前，蓝影站住，对这个胖男人说："好了，我到了，你回去吧。"

胖男人说："噢，你搬到这么高档的地方。我送你进去。"他说话的口气好像下命令。

蓝影一笑，对他说："主任，你不怕人看到你？我刚才告诉你了，一会儿有朋友来串门。再说，我妹妹住在我家，我妹妹可在台里见过你。"

这胖男人原来是她的一位上司。他问蓝影："什么人这么晚还来串门？"

蓝影冷笑一声说："当然是我的朋友。我的朋友都是女的，你的朋友也都是女的，而且愈来愈年轻化。"

"少说。"胖男人说，"这不能怪我。都是她们往前凑，我都不爱搭理她们。"

"你以为你是靓男啊，谁会凑你。"蓝影依然冷笑地说。

胖男人被伤了自尊心，反唇相讥："你！你忘了自己是怎么上来的吗？当初你那些心思——嘿，台里的人心里都有数。你给我惹的麻烦还少？"

"滚！"蓝影被惹火了，突然吼一声，扭身进了小区，看样子真像回家去了。

我是作家，从他们这简短的几句对话，无须猜想，已经很清楚他们之间是怎么回事。

这么一来，胖男人自然不会再跟她进去，招呼一辆出租车，坐上车走了。等到我扭头再看，蓝影早已走进小区，不知去到哪里，正想该不该进去找她，忽听一阵皮鞋的脚步声从里边清晰地传来，一看正是蓝影。她走出小区看看左右没人——那个胖主任已经离去，便招呼了一辆出租车。她钻进车，我赶紧过去穿车而入，坐进车里，很快随她一同回到了玫瑰园。

蓝影真有办法，她就这样甩掉了她的上司。

她开门进屋，那只跛脚的黑猫迎了上来。她和它打个招呼，把外衣和手包往椅子上一扔，转身一扑趴在床上。一只鞋掉在地上，另一只鞋还在脚上，她已经一动不动好像睡着了。显然她已经精疲力竭，散了架，看样子更像一盆水泼在床上。那只黑猫跟过去跳上床，不再打扰她，而是依顺地倚在她身旁，静静地蜷曲地卧着。似乎每天她回到家来都是这样。但现在这黑猫始终保持清醒；主人闭眼睡着，它睁眼相守，那对黄眼睛一直警惕地朝着我的方向。在它匪夷所思的灵异中，肯定有我的存在。

我倒退几步，坐在床前的沙发上。这细羊皮沙发看上去很讲究，不过我感受不到沙发的舒适，我的身子好像陷在沙发中间。我在这里静静地等候，因为知道那位给蓝影购房的"滑头"还要来送礼物来呢。

等到房间完全黑下来。忽然有人按铃敲门。蓝影被敲醒了，应声回答。她起来、穿鞋、开灯、抓起床头柜上的一杯水喝了，然后一边用手整理头发和衣服，一边走到门前把门打开。进来的果然是滑头。滑头有备而来，穿装休闲却又考究，头发喷了胶，皮鞋擦了油，上下全是又黑又亮。他满脸微笑，目光烁烁，显得兴致勃勃。

应该承认，滑头的外表相当清俊潇洒，真有点像电影明星。

蓝影带着一点睡意地说："人家正睡得香呢，你硬把我闹起来。"只是不知她这睡意是不是装出来的一种诱惑。

滑头说："咱是说好晚上见的。我可是来送礼的，官儿还不打送礼的呢。你要是不要我马上就走。"他说着，一边举起一个很漂亮的小纸袋在她眼前晃。

蓝影一看，改了口气。"什么破东西，又来蒙我不懂。"蓝影说。

说话间，滑头已经从纸袋内掏出一个包装高雅、深红色、系着金色细缎带的小盒递到蓝影手中。他叫她自己打开。

蓝影一边打开包装一边说："潘多拉的盒子吧——"可是当她打开包装纸，掀开一个真皮上烫着金字的小首饰盒的盖子一瞅，不禁"哦"了一声。

"你拿出来瞧瞧。"滑头说，"世界上最不会骗人的就是我。"

蓝影两只手从盒子里各捏着一串东西提了出来。这东西小巧玲珑，晶莹璀璨，是一双相当华美的水晶耳坠！

滑头说："你戴上去看看。"又说："这可是最新款的奥地利水晶。施华洛世奇！钻石都没法比！"

蓝影不再讥讽他了，乖乖去到化妆台前去试戴这水晶耳坠。这期间，那只黑猫一直围着滑头转，显出他们很熟识。滑头对黑猫笑嘻嘻地说："别急，也有你的，只要你不打扰我们就行。"说着他从随身公事包里抽出一袋猫食。走到屋角，撕开袋子，把一袋子猫食全倒碟子里，边对黑猫说："这是加拿大进口的猫粮，你说我待你好不好？"

不知他这话是对黑猫还是对蓝影说的。

蓝影在化妆台那边接过话说："你当然得对它好了。当年它在街上差点叫车轧死。是我把它抱回来的。我俩相依为命，它就是我妹妹。"

蓝影这话却叫我得知这只瘸猫的来历，使我对蓝影的认知也就更加深了一层。

这时，蓝影从化妆台前站起身来，这对耳坠确实太华丽了，两束水晶，都是由几百颗细小的水晶组成，而颗颗水晶全都切面精繁，随着蓝影一走，头儿得意地一摇，肩儿一晃，腰儿一摆，耳下的水晶闪耀出亮晶迷人、细密又夺目的光彩来。这一来，使蓝影的脸更加娇艳，整个人更加高贵。滑头很有眼光。

蓝影笑吟吟走到滑头面前，面对面。滑头问她："怎么感谢我？搡我走吗？"

她扬起花一样动人和芬芳的小嘴要吻他。滑头伸手推住她迎上来的身体，说："不不，我还是要你着盛装。"

什么叫盛装？我不明白。

此时蓝影似乎很依从他。只见她转身从衣柜里拿出一件蓝色的长裙和一条浅蓝色的长纱，去到卫生间里，关上门。这蓝裙不是和她在电视节目中那套标志性的演出服完全一样吗，为什么家里也有一套？难道在家里也需要演出吗？不一会儿，卫生间的门一打开，她走了出来。一瞬间我觉得她一如在电视台演播厅登台时那样光彩照人，尤其戴上了这对水晶耳坠儿，更加华美夺目！令人惊奇的是，此时她的神气、姿态，一举手一投足，乃至整个气场，都与她在演播厅台上的"范儿"完全一样。不同的是，现在只有一个观众，就是滑头。

滑头起劲地拍起巴掌。在他的兴奋中似乎还有一种叫人莫名其妙的满足感。下边出现的一幕叫我惊讶不解了。他的眼盯着她，目光里冒出一种极度的迷醉与贪婪，他走过去，居然动手将她的长裙一点点脱掉，他的动作很慢，似乎在玩味着自己的行为，蓝影则一动不动任由他的放纵。随后，他忽然把她拥到床上。那动作像是一头豹子扑向一只羚羊。我不想再去说我看到了什么了。

我不明白这是怎么回事？这只是一种偷情和婚外恋吗？这是一种两情相许、另类的情爱吗？不不，我看不是。他为什么非要她穿上一位明星标志性的服装再去占有她。难道这样才显示只有他能够拥有众人艳羡、高不可攀的偶像，才是一个男人在财富上获取成功的体现？其实，这些已经不该是我想的了，我与实际的人间生活无关，自然也与现实的问题无关。

于是，我既无悲哀，也无愤懑，一切一切，与我无关，我现在是极度的自由。我想起雨果在巴尔扎克墓前的那句话："死亡是伟大的自由。"

滑头干完事，带着满足走了。钟表上的时针不到十二时。整个后半夜，她似乎都在一片不安与缭乱中。本来她该好好睡一大觉，但是她好像翻来覆去一直不能入睡。特别是她接过一个手机电话后就更加烦躁。我听不到电话，不知道内容。黑猫确是她的妹妹，偎在她身边，用又厚又软的舌头舔她的手臂与肩膀，这是猫安慰对方的方式。她两次起来吃药。吃的是镇静剂吗？但她吃的药非但不能安慰她，反而使她变得更加焦躁。她跳下床，赤着脚跑到小房间居然把我那本小说拿出来，本来我以为她想用我的小说做伴，我的小说能给她以安慰吗？谁料她忽然将我的小说从中扯开，一通发狠地撕扯，撕碎的书页遍地都是。难道我的书惹起她的烦恼？哪些内容叫她如此愤恨？

大约四点多钟，也就是夜最深的时候，她走到窗前，打开窗户，夜风吹起她的头发，她需要清醒？不，她登上窗子。她要跳楼吗？没有，她只是面朝外坐在窗台上，两只赤脚却垂在窗外。这样做十分危险。她的情绪不稳定，一阵阵流泪。我不了解她，只能猜测她。毕竟她一天里给我太多的意想不到，尽管我对她的了解还都是一些支离破碎，有些细节、人物、人名、行为还都是谜，但我已深切感受到她的社会光鲜的背后竟有那么多穷山恶水。她忽然自言自语的一句话令我吃惊："小山，咱们那边见吧。"这小山又是谁？这很像我小说中被女主人公曲明珠抛弃的那个曾经的青梅竹马，一个因自己负心而殉情的昔日情侣？不会吧。此刻我担心的，还是她一时难以摆脱内心的困顿而跳下楼去。我没有办法拦住她。现在只有靠那只黑猫了。但黑猫也上了窗台，并死死地卧在她的怀里。难道这灵异的黑猫已有了某种不祥之感？

可是最终谁也拦不住她，她忽然抱着黑猫一起跳了下去！她为什么抱着黑猫一同坠楼？她一定知道，一只跛脚的丑猫是很难在人间生存下去的。

我扑上去，一把去抓她，我以为自己抓住了她的胳膊，实际上什么也没有抓到。一把抓空，眼见着她坠入黑洞洞深渊一般的楼下。

我吓得失魂落魄，不知往哪儿跑才是，慌乱中也不知穿越了哪些地方。突然，我觉得自己在一个热烘烘、十分柔软的洞里。我用手摸摸周围，的确很柔软。我不是一个游魂，已经没有任何物质性的触觉了吗？怎么会感觉到一种柔软的物体？这时我听到一阵铃声就在耳边。我努力用两臂支撑，猛一使劲，竟然从一个裹缠着我的被窝里挣脱出来。我原来在我的家，在我床上，在我屋里。铃响是我的手机的来电呼叫。

我忙接听手机，一个人在话筒里叫着说："一天给你打七个电话，你怎么不接？"话筒里的声音又大又急。

谁的声音怎么这么熟悉？在一团混混沌沌中间忽然明白过来。噢，是出版社我的小说编辑黄淼。这个人怎么让我有恍如隔世的感觉？

"什么事？"我说。

"提醒你别忘了星期天下午三时的读者见面会。报名的人都爆棚了。多带支笔啊，肯定要一通签名。"黄淼说。

"知道了……"我回答。

他说的话都像是隔世的事，我自己也像隔世的人。

我费了很大劲才弄清，我没有死，我捏一捏自己身体各个部位，感觉正常，居然不再有那种神奇的虚无和"不存在感"；我跑到外屋对面墙壁前，大着胆子试试能否再次穿墙进入蓝影的房间，但每一次都是手指戳在坚硬的墙壁上。再使劲一戳，居然很疼。但此后几小时里，我由于曾经身为游魂，习惯使然，总在屋里撞东撞西，我的脑袋还在门框上撞了一个大包，被桌腿绊个跟斗，还把一个暖瓶踢翻，摔得粉粉碎。于是，我不停地在屋里做各种事情，不停拿东西放东西，穿袜子脱袜子，用电脑写东西，发微信，打电话，才使自己慢慢恢复了一个活人在现实世界全部真实的知觉。那么此前我的经历只是一种幻觉，一种梦游，一种因用脑过度而走火入魔，还是真的死了一阵子又神奇地还阳了？如是这般，蓝影一定已经死了。因为她纵入一片可怕又漆黑的楼下那一幕，我历历在目。

傍晚，我出门想买点吃的。刚下楼，在小区的走道上，我忽见迎面一个人匆匆走来，竟然是美丽的蓝影！她没有死，还是一个曾经和我一样死后的游魂？我脑袋里有点混乱。她分明活着，她身上香味四溢。她和我擦身而过时瞥了我一眼。只看一眼，没搭理我。昨天的一天里，我对她已经很熟了，她对我却依然陌生，她不是看过我的小说吗？我也是在媒体上常常出现的名人，她若真看过我的小说，应向我点个头，看样子她根本不知道我。那么，昨天种种的事就纯属一种虚幻。

可是，更不可思议的事是当天晚上我在家看电视，电视里正好有她的节目。她依然穿着那条光鲜而修长的蓝裙子，一张美若天仙的面孔，好似发光一样明亮的声音。忽然我呀的一声叫起来，把手里的一杯咖啡扔了。因为我发现她耳朵下闪闪烁烁，五光十色，垂着那对滑头赠送给她的奥地利水晶耳坠儿，谁能向我解释这是怎么回事？

庚子大年初三
辛丑灯节定稿

多瑙河
峡谷

我喜欢这年轻人的气质。

当表妹肖莹把他领来时，我感觉我的眼睛一亮——他像芭蕾舞中的王子。修长而挺拔的身子，长长的腿，更准确地说是长长的小腿，我喜欢这种小腿长的人。我说他像王子，是他高耸的额头和直鼻梁的线条清晰优美，下巴微微翘着，使他的脸上平添了一点王子特有的"高贵"，还有一种雕塑感。他明澈与柔和的目光在深陷的眼窝的阴影里闪着光亮。青春的气息向来是年轻人特有的优势。青春使这个年轻人富于生命的魅力。我感觉他身上有一股冲劲。

肖莹对我说："这就是我跟您说的江晓初。"

江晓初冲我一笑。这一笑也讨人喜欢。

我对他说："你看上去更像一个搞艺术的。"

笑容出现在肖莹白净又清秀的脸上。她很高兴我这么说。

我这么说，是因为我知道江晓初是学医的，是一位年轻的牙医。牙医需要这么漂亮吗？

我这表妹是舞蹈演员。我想，她可真会找男朋友。她从来没有交过男朋友，愈没有朋友就会愈让人猜不透她择友的标准。现在明白了，原来她一直等待这样一个男子的出现。这男子更像她的舞伴，她选择男朋友是舞台选演员的标准吗？这江晓初愈看愈和舞剧中的王子一模一样。她可真有本事！究竟用什么办法才从芸芸众生中把这个"王子一般"的年轻人找出来的，我怎么从来没碰见过这种形象的人？

而这个年轻人和肖莹又是如此般配，无论身材、体形、形象还是气质，他们都是天生一对。

我说话喜欢开门见山。尤其今天肖莹和江晓初不是来串门的，而是有事请我帮忙。我接下来的话便直入主题，我对江晓初说："说说你的想法。"

他的回答出乎我意料，甚至叫我有点吃惊。他说："我没有太多想法，只想出国。"

出国是上世纪九十年代年轻人中一种极时髦的潮流，一个充满欲望的痴人的梦。没想到他表达得如此直接，如此急切。我有点吃惊。社会发展真快，相隔五六岁居然就有"代沟"了。

我告诉他，我没办法帮助他到国外去当医生，在国外当一个职业医生很难，需要很多硬性的条件，我只能介绍他去国外上学，而且只能是去欧洲的几个国家留学，美洲那边我没熟人，日本也没有。在随后的交谈中，我得知他的身世——他是孤儿！从年龄上看，他应该是唐山大地震的孤儿。初次见面，我没有深问，孤儿身上总有看不见的伤痕，怕被触及。我问他到国外是否还学医。他说自己在医学院毕业后就一直在医院工作，已经极其厌烦医院了。他笑道："我真受不了每天一上班，就有许多嘴朝我张开。"他接着说："我还受不了医院天天都是一样、没完没了重复的事。还有咱中国人之间的琐琐碎碎，弄不好就裹进是非里。"

肖莹说:"他想出去重新上大本。上大本时再选择专业。他爱好很多,文学、艺术、摄影,他还喜欢当摄影记者。"

肖莹把他说成文艺青年了。她知道我喜欢热爱文化和艺术的年轻人。

我笑着对江晓初说:"我不明白你当初为什么学医?"

"我听信了一种说法:学艺术不如学技术。技术学到手,就有饭吃,艺术虚无缥缈,很多人干了半辈子艺术,还是不上不下,没有着落。"他说。

"你说得有道理,但还是因人而异,肖莹不是很成功吗?"我说,大家全笑了。我接着对江晓初说:"看来你现在的目标是先出国,一切走着瞧?"

江晓初点头说:"是这样。出去闯,相信我能行。"

我对肖莹笑道:"你是不是放行?"

肖莹说:"关键是这事是不是很难办?"

我打趣说:"你要开红灯,这事就没法办;你要开绿灯,这事就不难办。"随后我扭脸对晓初说:"我来帮你吧。"

听到我这话,他俩都笑了,笑得释然,这一笑我发现他俩很像。是因为这笑里有同样的心情,同样的谢意,还是他们确实很般配,连笑都一样?

肖莹说:"表哥更是帮我。"

我对她开玩笑地说:"我在帮他,怎么是帮你?"

这句话叫肖莹一边笑眯眯,一边羞得不知何以作答。

我这表妹很可爱。她很美,她不仅在舞台上美,所有姿态全美；款款地走在街上美，静静地坐在那里也美。这种美不是外表的，而是骨子里的，生命气质里的，也有渐渐从艺术里滋养出来的。我这么说，可别以为我对这个表妹有什么暗恋。她是我姑姑的独生女，姑姑家和我家同住在一条街上。我们两家隔着十来个门。她小我六岁，比我妹妹家慧大一岁，自小我三人就在这条树影婆娑的老街上跑来跑去。从与同一条街上的孩子们在各家的门洞之间玩捉迷藏，直到后来背着书包上学，再往后便是长大有了各自的生活。我们没有疏远和陌生，始终来来往往。童年那根悠远绵长、看不见的绳子始终牵扯着我们彼此。她与我有联系，是因为她与我有共同的热爱——音乐与文学。她与家慧则像闺蜜一样一直无话不谈。特别是肖莹的母亲闹病去世，姑父另娶，肖莹的继母是一个话多和嘴碎的女人，爱挑刺儿，难以接近。肖莹每每碰到了费琢磨的事，都会来我家找家慧说说。家慧虽然岁数小一点，却比肖莹更有主意，有决断力，脑袋灵光，性情爽快，像个男孩。肖莹的性格似乎刚好相反。她文气、内在、安静，不喜欢与人交往，也就不大会看人，待人处事全凭感觉，就像她跳舞。她跳舞绝非表演，不是跳给人看，而是在释放自己身心的能量和对美的感觉。然而，太凭感觉的人就容易太自我。尽管她的舞蹈感觉极好，由于平日不去观察别人，也就不能深入和演好角色；她很难成为一个舞剧的主角，只能跳独舞。她的独舞跳得十分出色，在国内的舞坛已经相当惹人注目了。她跳的《观音》有一种至高至纯至美的神圣感。每逢碰到舞蹈大赛或者国际交流，她都是团里最硬的一张牌。但舞蹈团中向例有个不成文的规矩，如果不能出演舞剧中的"女一号"，就不能成为团里的头牌。

可是她不在乎这些，跳舞在她身上，好像自小就是一种自娱和自享。她活得自我。她有一点封闭。她一直没有男朋友，是不是在等她的"白马王子"？今天我第一眼看到江晓初，便知道伴侣中的"神品"绝不是从人世间找来的，而是上天恩赐的。于是，我总觉得今天自己答应给他们帮忙，不是帮助他们走到一起，而是促使他们分开，天各一方。想到这里，有点不安。过后我找来肖莹问道："你想和他一起出去吗？"

"他说，他先把自己安稳好，再接我去。"

"那你就要离开你热爱的舞蹈了？"

她迟疑了一下，说："没想那么多，还不知他将来会做什么呢。他除去做医生，没有其他专长，但他说他会在国外找到满意的工作。"

看来，他们对自己的未来并没有计划，种种想法都是一种愿望，一种一厢情愿，这可不大妙。我问她："我看晓初一门心思要出国，并没有充分准备。你凭什么相信他行？"

"他从小一个人，一切全是自己闯出来的。他确实有能力。他才到口腔医院两年多，已经是门诊部绝对的骨干了。"

"现在他干的是他的专业，出去可要重新从零开始。他没有目标，国外的环境并不一定像他想象的。如果要等到他在外边一切安稳下来，可能会很久，你想到了吗？"我说。看到她眉心微蹙，便笑着问她："他是不是有点任性？你是不是有点宠着他？"

肖莹露出笑容，未答。这叫我生出一点担心了。我不好直说，换了一个很感性却又是最根本的话题问她："他很爱你吗？"

对于我这个大表哥，肖莹一直肯说心里话。她说："就像我爱他一样。"她说得郑重其事。

我是"过来人",我知道初恋者都以为他们心中的爱情像一张纸的两面。虽然肖莹是大姑娘了,这次仍是初恋。

这反而使我更加不踏实了。

我一直想找个时间与她好好聊聊,总也找不着合适的时间。一方面这阵子我负责长江三角地区一个园林设计的项目,开工在即,需要不断地赶飞机赶火车跑过去;一方面是肖莹正在编一个新的独舞,她一进入创作,就如同走火入魔,别想把她从中拉出来;另一方面是给江晓初联系的事进行得十分顺利,愈顺利,办各种出国手续的时间要求就愈紧。

为晓初联系出国这件事情之所以如此顺利,是因为我想到一位老朋友乔一鸣,这人岁数比我大七八岁,我叫他"老乔"。人长得又黑又壮,年轻时好踢足球。上海出生,在东北长大,说话已经没有上海口音了;性格也更像北方人,热情义气,喜欢社交,爱帮人忙。当年他在北京一家报纸做新闻记者,我和他彼此有缘,见两面就像老友,只要去北京办事开会,就约他聚聚。有时有事,彼此帮忙。他是一个把别人的事当作自己的事的人,没有任何功利念头,这种人做朋友靠得住,甚至很难得。可是后来他辞职跑到奥地利,帮一位朋友办了一家木材公司,他人厚道、能干,却不适合做买卖,公司没有办下去,人却留在那里了。现在与寓居在法国、德国的几个熟人合办一张华文小报,取名叫《欧华周报》。老乔有记者经验,做报纸是行家里手,报纸的"总部"就设在奥地利,实际上就在他家里。据说他这份小报在欧洲华人圈中还小有名气。他常年住在维也纳，我没去过那里，只听说维也纳是欧洲音乐之都，古老又漂亮，历史上活跃在维也纳的音乐大师多得数不过来。但我对于乔一鸣个人的"风景"，却知之不多。

我给乔一鸣发了邮件，说了江晓初的事，求他协助。原本只是投石问路，没抱希望。谁想到他立即答应了，并立即行动起来。就像蹲在起跑线上的运动员，听到我一开枪就飞奔起来，而且不到一个月就办好了三件大事。一是联系好一所兼学习德文的补习学校，这是考取奥地利大学必须经过的跳板。二是有了住处，老乔说晓初初到维也纳可以暂住他家。他新近在市内三区买了一所小楼，上下两层，楼上住人，楼下办公办报，而且有空房，晓初可以"落脚"。三是晓初还可以帮他的报纸做点事。他管他吃饭。

这三件事，可就把那时代一个年轻人出国在外"人吃马喂"最挠头的事一揽子全解决了。我打电话把肖莹叫来一说，我可从来没见肖莹这么高兴、这么喜形于色过。她没听我把话说完，就要去给晓初报信，她转身过猛，咣当一声撞在门框上。我这屋原先是库房，门框包着铁。我吓坏了，怕撞伤她的脸。她扭过头，幸好脸没破，没流血，但额头很快就鼓起一个包来。她依然笑着。这笑是为了告诉我她没有伤着，还是撞了这一下也丝毫没有惊走她心中的喜悦？跟着她摆摆手跑了。

江晓初出国之前的两天，与肖莹请我和家慧在起士林二楼吃西餐，表达对我的谢意，这也是大家为晓初送行的晚宴。当然，对于肖莹就有告别的意义了。

她在餐桌上点起蜡烛。我发现，烛光亮起时，在她眼眶中有一点晶莹的闪光。

这天，肖莹对晓初明显表现得有点"黏"。肖莹是个羞于表露内心情感的女孩儿，有人说她这个性格限制了她的舞台魅力。舞蹈团的齐长松导演说肖莹如果早恋就好了，唯有恋爱可能改变她；谁料她的天性反而致使她晚恋。可是，今天不同了。她的恋人马上就要相去万里。两块磁铁在拉开之时磁力最大。家慧说："肖莹姐，你能不能坐得挨我近一点儿？我和你二十多年没分开过。他与你可才一年。"

肖莹只笑不答，反而挪动一下身子，更靠近晓初。这使我有点吃惊。她从来不这样大方和外露。她担心将来这样的机会不多了吗？我对江晓初说："你可要保证，将来一定把肖莹接到维也纳去。除非你在那边待不住——回来！"

江晓初带着即将奔赴理想而远行的兴奋，也带着被葡萄酒激发起来的冲动，大声说："我无论在哪儿，肖莹都在我身边，在我心里——有她我才有目标。我一定要让她坐到维也纳的金色大厅里，我发誓！"

他的话，他的誓言，他的真挚，在灯光、烛光和美酒佳肴的五彩缤纷中闪耀着光芒，更在他自己眼睛里闪烁着光芒。这光芒是美丽的、真纯的、无容置疑的。可是如果把它放在漫长的时间里，放在曲折复杂、充满尘污、难以预知的生活现实里，还能永葆这样的明洁与清纯吗？我比他们年长一些，经历得多一些，我已经不敢轻易地发出人生的誓言了。我们谁也不知道明天什么样子，对明天毫无准备。我们多半时间是在盲目地前行，看不见水下的险滩与潮流的暗转。爱情就更不可靠。因为，爱是个人的事，爱情是两人的事。爱情是把自己的一半交给对方。如果对方把这一半带走了怎么办？

看着笑盈盈的肖莹额头上前两天撞起的那个疙瘩，在跳动中的烛光中一闪一闪异常的发亮，我心里隐隐有一点不安。

跟着，我又笑话自己——无缘无故担虑什么？江晓初不是和肖莹正在挚爱彼此，追求着他们美好的未来吗？他们的真诚应该被怀疑和猜疑吗？应该举起酒杯祝福他们才是。

二

既然是为自己喜欢的人办事，那就一定要办好。

江晓初刚到维也纳的一段时间，我好像在天天监控着他，我知道他的全部信息。从他闹时差，吃维也纳炸鸡，坐错地铁，以及他所有的衣食住行。这些信息一半来自老乔，一半来自肖莹。更私密的信息是肖莹告诉家慧，家慧又透露给我的。

晓初说，一天空闲，他拿出多半天时间，徒步游览了维也纳市中心那条闻名世界的环形大道——戒指路。当他穿行于那些千姿万态、华美近于奢侈的巴洛克建筑之间，仰望蓝天白云下伫立在楼顶与墙巅的无以数计的古典雕像时，他心里只有一个渴望——肖莹快快来到身边。他要和她共赏。

这个心灵的信息自然来自肖莹。

这一阵子，老乔不断地给我发来邮件。从老乔的字里行间看得出他和我一样——很喜欢晓初。他夸赞他聪明勤快，做事积极主动，不怵与人打交道，而且文笔也不错，写东西不费劲，叫老乔高兴。他这些优点，正适合办报。很快，他就成为老乔一个助手了。办报事杂，既有内勤也有外勤。晓初无论学什么一学就会。不仅能在电脑处理一些文字的收发，编务上的事全能上手。晓初喜欢摄影，也在报纸派上了用场。老乔说，这种人才在奥地利花钱也雇不到。老乔说不能白使唤人，每月支给他一些零花钱。人在异地，总得用钱。晓初口袋里有钱，便不时去逛街，维也纳是旅游名城，诱人的小店小铺多的是，他经常买些好玩好看又有欧洲风情的小东西寄给远在天边的肖莹。如此顺顺当当开始的海外生活叫江晓初天天兴致勃勃。

在晓初心里，老乔是恩人。老乔的夫人待他也十分好。乔夫人的中文名字很美，叫知春，是一位匈牙利血统的奥地利人。金头发，黑眼睛，瘦而轻快，人在好看和不太好看之间，微笑几乎就是她的面容；而且知春是个善解人意和体贴的女人。她和老乔没孩子，全部精力用于操持家务，兼也肩负报纸中与德文相关的工作。她的中文很好，平时在家与老乔用汉语说话。

现在，知春多了一份差事，就是照顾初来乍到的江晓初的生活起居。她在用汉语与他交谈时，有意加进一些德语语汇。他不懂时，她就教给他。她成了他的德语教师。用这样的方式学习外语成效极好。现在，晓初在他的补习学校语言课的德语成绩是最优秀的了。

身在异国的晓初，真的没有把肖莹撇在万里之外的国内，而是时时刻刻放在身边——心里。他通过网络几乎天天与她交谈。把他的一切新奇的所见所闻、感受和感动，尤其是对她的思念告诉她。他告诉她"现在才知道，真正的折磨是思念"。这叫她流下泪来。肖莹很少流泪。家慧只见过几次，一是她失去母亲，一是由于继母过分地欺负她。这一次，当家慧把她抹泪的事告诉我，我吓了一跳，"怎么，他们出了问题吗？"

"你想到哪儿去了。"家慧说，"她想他，想得受不了。"

有一次，老乔与我通电话时告诉我，他和知春在晓初外出办事、没有关机的电脑屏幕上看见一个女孩子的照片。他问是不是我表妹肖莹。他们说从没有看过这么美的女孩子的照片，不是漂亮，而是美。既有东方的美，也有现代的美。知春说绝对比你们那些炒得火热、搔首弄姿的女明星美。她的美没有任何包装，是一种本色的美。

　　我说，她气质和品质更好。

　　老乔问我："晓初与她很要好吗？恋人吗？"

　　"当然。"

　　"晓初为什么撇下她跑出来？"老乔说，"你表妹为什么同意他出来？他连专业也没有，一切要从零起步。"

　　"他对国外有很大的幻想，他要去闯一闯。"

　　"你表妹为什么不跟他一起出来？"

　　"放不下她的舞蹈吧。她太爱舞蹈了。"

　　老乔沉下声来，没再说话。

三

女人因爱情而美丽。

爱情使她容光焕发，使她变活泼了，使她的声音提高了两个音阶；肖莹过去笑时是不发声的，现在居然发出笑声了。她还倾心于外表。

或者用一个音符造型的发卡把脑袋后边的头发推上去，露出发际线下长长的粉颈，或者把阿尔卑斯山的山民草编的两三枝花朵的小别针，别具风味地别在淡朱砂色毛衣胸前的地方。先前，她穿什么戴什么，只是一种自享，与他人无关；现在是希望别人看到；这不只是炫耀于美，更是想把带着晓初的影子的奥地利风情的小东西戴在身上，叫人看见。

她关不住自己心中的爱了。小小的院子关不住满园的春色了。她想叫心中的秘密公开？

自我们长大之后，肖莹不常来我家。可是从晓初出国后，她三天两头会来，当然更多时间是来找家慧。过去她心里的事很少与人说，甚至不与我们说，现在心里的事却忍不住要说。不过，她们女孩子的事如果不对我说，我也不问。反正都是与他人无关的悄悄话吧！可是一次家慧告诉我一件事，引起我的关注。这是在晓初出国之前，肖莹和他闹过一次别扭。根由是肖莹不愿意他出国。她不同意晓初扔掉自己的专业，到海外去闯荡，没有目标，而且充满风险。但这还不是她最根本的理由。两人吵着吵着，肖莹把压在心里的理由喊了出来："一个人真爱一个人时，会抛下她去追求一个不切合实际的空想吗？"

可是，晓初反问她："一个人真的把自己交给另一个人，为什么不跟着他一起走？"

"你想叫我放弃舞蹈？"

"你想叫我永远给人拔牙、镶牙？"

家慧说，现在我才知道，他俩一度曾争执得各不相让。虽然没有出现裂痕，但谁也说服不了谁。

我说："我们可一点儿也没看出来。"

家慧说："等到他俩彼此妥协，就笑嘻嘻来请你帮忙了。"

我说："不是彼此妥协，最后还是肖莹妥协了，所以现在是一个走，一个不走，把问题交给未来了。这样一来，他们的将来充满未知数了。肖莹是事业型的女孩子，舞蹈是她的生命，她绝不会轻易放弃舞蹈；可是江晓初为什么偏要出国，我还是不太明白。"

"国外的条件好呗！成功的机会多呗！谁不想？但是有比肖莹还重要吗？这才是关键。"家慧说，"肖莹姐表面温顺，骨子里很拗，但是她最后能对他做出妥协，让他走，还求你来帮他，是因为她太爱他了。"

"所以我说肖莹有点宠他。"我说。

"只求老天善待肖莹姐。"家慧说。

"老天是靠不住的。"我说。

一天肖莹抱来一个大纸盒。解开亮光光的丝带，掀开盒盖，随同着喷涌上来的五光十色是一种异香，令人愉快地扑在脸上。她伸手从盒中拿出一件颜色搭配得很协调的毛衣和毛线帽，还有一盒莫扎特巧克力糖球，往家慧怀里一塞；跟着把一包花种也塞给家慧，说是这些花都是澳洲田野里的花，非常好看，是晓初送给我母亲的，花种的包装袋上印着各种各样诱人的奇花异卉。晓初怎么知道我母亲喜欢种花养花，显然是肖莹告诉给他的。晓初送给我的礼物有点重。其中一盒是音乐光盘，是我最喜欢的奥地利指挥家卡洛斯·克莱伯的作品。我痴迷小克莱伯胜于卡拉扬——这一定也是肖莹对他说的。还有一本厚厚的《奥地利古典建筑》，既精美又专业，细节很多，更是我需要的。我明白，这里边表达着他们对我的谢意。

　　肖莹一边把礼物从盒子里一样样拿出来，像圣诞老人那样分给我们，一边说：“喜欢吗？真的喜欢吗？”我们说喜欢，她便说：“太好了，我回头告诉晓初，再买些好玩的东西给你们！”我很高兴她现在这样子。她是他们的主人。

　　这时，她突然向我们伸出左手。

　　她的手很美，白嫩的手指又细又长，指尖向上跷。忽见，她中指上有一个东西，晶莹夺目，像阳光下的水滴散发着细碎而璀璨的光，是一枚戒指！家慧叫道：“订婚戒指吗？这就是奥地利水晶吗？”

　　肖莹眯着眼笑，什么也不说，好像期待着家慧说出过分的玩笑。

江晓初一帆风顺，时过半年，已经是《欧华周报》一员得力的干将了。从组稿、校对、编发、请人排版，到跑印厂和组织运输，全拿得起来了。

人的能力一半是老天赋予的，一半是命运造就的。勤快、主动、奋取，大概都与他孤儿的身世相关。当命运夺走他的一切的同时，一定还把个人的能动性贯注到他的身上。

老天赋予他的还不止于此。还有亲和力，足够的精明，人又长得英俊，如果合作对方是女人，他办事就若有神助。他有点女人缘。而且，不知为什么，他在拉广告方面似乎很擅长，他还有经济头脑吗？这半年多，《欧华周报》在他手里广告收益直线飙升，报纸的广告版面已经不够用了。报纸广告愈多愈好，这便加了一张报，扩了四个广告版面，可是广告还是挤得满满的。这些广告无形中催动了欧洲华人圈经济相互的沟通与往来，报纸的经济潜能便被开发出来。这意想不到的效应也给老乔开了窍，他决意用报纸给欧洲的华人经济搭台。报纸随之大大获益。

多年来，联系法德一些国家办报的事都由老乔亲力亲为，他里里外外早跑累了，现在就把这些差事交给这个颇有创业欲望的年轻人干。晓初出差跑了几趟法国和德国，很快就把那里的实力雄厚的唐人街调动起来。他虽然不懂报纸，但他凭着悟性明白，谁被报纸"弘扬"，谁就会关心报纸。他给老乔出主意，明年要扩大董事会，拉几个欧洲最强势的华人企业、华人商会、中国餐馆的老板进入董事会。

这期间，相邻老乔家不远的一个小楼出租，虽然这两层小楼房间不多，但有个挺宽敞的小院，租金便宜，现在老乔手里有钱，报纸的前程光明，就租下了。跟着又买了一辆二手的大众牌商务车，深蓝色面漆，八成新，又能用来办事，又能拉货。看来，老乔野心勃勃，真的要升旗击鼓大干一番了。

他把报纸的办公室从自己家中搬进了新楼。晓初也随之搬了过去，这一来无论生活和做事都独立起来。老乔和知春还教会晓初开车，出门办事方便得多了。自晓初来到维也纳，才大半年时间，居然有一个单独的小房小院，有车开。家慧说，她从肖莹那里看到一张照片，晓初站在报社小楼前，穿一件棕色的粗呢西服外套，倚在车前，神气十足。老乔和知春把这个突然降临到身边的极具才干的英俊年轻人，看作是上天对自己的恩赐。他们绝不肯亏待他，一改原先的零花钱为一份不薄的工资，还给他投了保险。他已经不再上补习学校了，吃穿不愁了，这算不算"稳定"了？是不是该把肖莹接来——哪怕先接来看一看呢？

我知道的这件事都是老乔时而发来的邮件告诉我的。打肖莹嘴里却听不到多少信息。她天天依旧如常地上班、忙着团里的事、练舞、在市里或到外地演出。偶尔从报上得知她新创作的舞蹈《孤独的白孔雀》很成功，受到好评。一句评论说她"意象地塑造出一种孤独美"，给我印象很深。以往肖莹有新的作品，都会邀请我们去看。这次可能她忙，没有送票给我们。我便叫家慧买票，我们悄悄去看。这个舞蹈是她的独舞，从头到尾舞台上只她一个人，像杨丽萍的《雀之灵》。她用绝对纯粹、柔软又坚韧的身体语言，一种含着苦涩的柔韧的动律，表达出一个灵魂的无依无靠。在背景浩荡的江天中，这只失群而落寞的白孔雀，经历苦苦寻找，不断挣扎，求助无应，陷入绝望，最后在一片虚幻中渐渐化为一种孤独的"美"。

这美是从孤独中升华出来的吗？

我真的被她这个舞蹈强烈地感染了。

我带着诧异对家慧说："她从哪里获得灵感呢？"

"反正不是从她自己身上。"家慧说，"她说，晓初想接她去维也纳过新年呢。"

这可是好事。他们之间纠结的难题是否会由此一点点松解开？

四

怀疑是事物第一条裂缝。

十二月中旬，肖莹打算去维也纳了。各种兴奋的想象使她的脸上藏不住笑容。晓初在维也纳那边把机票已经订好了。订的是奥航。肖莹向团里请了假，她要在一月中旬回来，晓初给她买了一月二日金色大厅新年音乐会的票，兑现他当初的诺言。这件事可在团里闹开锅了。团里谁也没见过江晓初，到处打听。舞蹈团里的几个平日与肖莹相好的姐妹还要在成桂餐厅和她撮一顿，给她送行。

晓初告诉肖莹，说他这两天要去一趟法国，办一件急事。由于这件事与新年第一期报纸的出报相关，他必须亲自去解决。他一定快去快回，保证三天后回到维也纳，转一天一准站在施威夏特机场的候机厅里迎接她。

算起来，加上飞机飞行的九小时，还有七天半。又短暂又漫长。可是，就在晓初到了巴黎的第二天，老乔发来一个加急的邮件，说晓初被巴黎那边的事绊住腿了。这几天回不来，哪天回来说不好，请我通知肖莹先把机票退了，具体改在哪天再说。我一听到这消息有点懊丧，但事出意外，总要顺应。我提醒老乔一句"年前机票会很紧"，老乔只回答两个字"知道"。

这个变化很突然！有点猝不及防，使肖莹一阵手忙脚乱，但忙乱过后，海外并无信息。老乔说晓初还在巴黎，那边事情棘手，正在排难解纷。可是晓初在巴黎自己可以来个电话呀，以往他去德国法国，都会给肖莹来电话，有时一天两个电话。肖莹请我催问，会不会出什么事。"出事"这两个字一说出口，立即叫人不安。

我觉得肖莹的想法合理，我当即给老乔发了一个邮件，追问究竟。没想到竟然得到一个莫名其妙的回答："告诉肖莹别着急，现在来帮不上忙，只有帮乱。"

帮不上忙，什么忙？什么乱？难道真的出了什么意外？是麻烦，还是祸事？我感觉不对，我能直接得到消息的只有老乔，但老乔为什么不回答我？连对我也不能说的一定不是好事。

可糟糕的是，当时肖莹就在我身边。老乔写在电脑屏幕上的这句回答肖莹全看见了。

家慧在一边说："乔大哥怎么这么说话，什么事还要瞒着大哥吗？肖莹姐去怎么会是帮乱？再问问他，晓初这是什么意思？"

肖莹没出声。我扭头见她脸色发青，嘴巴闭得很紧，似乎憋着一股气。我悄悄打手势叫家慧别再出声，我也不发表意见。冷了一会儿，肖莹忽然说："我先回去了。请帮我告诉他们——我不去了！"不等我再说什么，她围上围巾，走了。

她关门的声音很响。

接下来的一些天，感觉不好。空无信息，出奇平静，莫名其妙。尤其是老乔，支支吾吾，躲躲闪闪，似有难言之隐。他说的远没有我问的多。他愈说"其实没有什么大事"，我愈胡乱猜疑。后来他向我透露出一点"麻烦的原因"，是他们与报纸的法国合作方产生纠纷，很麻烦，很缠手。这话还靠点谱。这纠纷是不是晓初工作的不当造成的？如果源自晓初，晓初理所当然要去处理，排难解纷，把事情摆平。但是晓初自己为什么没有消息呢？其实如果他打一个电话，一切释然。谁都可以理解。特别是只要给肖莹打个电话，哪怕只说一句话几个字"我一切都好，你放心"。各种猜疑、担心和不安就都没有了。他为什么不给肖莹打一个电话，为什么不露面，他不知道肖莹最希望什么吗？爱，对于对方都是心领神会的。

但是没有。却只有一句"不要帮乱"，形同一个拒绝的手势，伸到她的面前。

这使她内心生出的委屈、愤怒、自尊走到前面。她不再询问，甚至不再猜测。晓初愈没有消息，她心里的犟劲儿愈强。她好像需要这种犟劲儿保护自己。她绝不给晓初那边打电话，甚至不到我家来了，显然只有我们关切她这件事。

她不提，我们不提，但有人关心。不多天前，她向舞蹈团里兴致勃勃请了假，马上远赴重洋，去上演自己人生华彩的乐章，现在却一下，像一片灯全关了，了无声息，只有她自己孤单和沉寂的身影，就像她在舞台上那只白孔雀在音乐戛然而止时定格的画面。私下里，一定议论纷纷。人们猜到她突然遭遇变故，却无人敢问一问这位十分自尊的女子。

此时她是超敏感的，这一切她都感受到了。

新年过去了，春节一天天临近。本来晓初与她说好，在维也纳过了新年，然后一起回国过春节。整个行程包括每天的节目他们都定好，甚至中餐和晚餐在哪里吃都确定了。晓初给她安排在分离主义美术馆附近的一个四星级小旅店，叫"贝多芬旅店"。分外优雅和舒适，具有美妙的古典音乐的氛围。据说二楼古色古香的客厅里摆着一架黑色的钢琴，还是贝多芬弹过的。晓初说，一定还要用一天时间带她出城去"瓦豪河谷"，叫她感受到一次"多瑙河的震撼"。一切都说得言之凿凿，现在全成了空话甚至是谎言！

一天，她一个人坐在屋里，忽然忍不住了，就像满天堆积的乌云忍不住要下雨那样。她抓起电话，一下子打到维也纳《欧华周报》的办公室。事情刚出来时，她从早到晚不停地、发疯般地拨打这个电话，但电话像死了一样，始终没人接。今天一定还是这样，但这次铃声只响了三下，立刻接通。对方有人在"咔嚓"声中拿起话筒。肖莹怔住，说不出话来，只听话筒传来一个声音。是一个女人的声音，用德语。肖莹不懂德语，以为是对方的接听录音。她下意识地问了一句："是《欧华周报》吗？"

对方竟改用华语："我是《欧华周报》，您找哪一位接听？"

这是一个中国女人！听口音是港台腔，很柔和、客气、彬彬有礼，语速缓慢。报社哪来的女人，怎么没听晓初说过。

肖莹说："我找江晓初。"

对方说："噢，您找江晓初先生，对不起，他现在不能接听，他在睡觉。"

肖莹先是一怔，原来晓初在维也纳，而且就在报社！他为什么不给自己打电话？她有点冒火，心想这女人你是谁，怎么能拦着晓初与自己通话？她说："我就要他现在接电话！"

对方似乎含着笑说："对不起，女士，现在凌晨五点。您是哪一位？"

对了，中欧之间有时差，维也纳正是凌晨。可是凌晨这女人怎么会和晓初在一起？睡在一起？她脑袋"轰"地好似热血冲上来，她直问："你是谁？"

"聂宛如。"她柔柔地说，"我是报社办公室的秘书。您呢？"

肖莹已经控制不住自己。她好像已经看见晓初在床上拥着被子呼呼大睡的样子。完了。自己彻底被欺骗了！她"啪"地摔了电话。

我是十多天之后知道的这件天塌地陷的事。是肖莹主动告诉给家慧的。她不主动对我说，她知道家慧会告诉我。家慧说，她约家慧到一个日本料理馆子里，把那天凌晨通电话的全过程原原本本告诉给家慧。她出奇的平静，说话不动声色，好像说别人的事。她能在十天时间就把心中的一块腐肉剜出来扔掉，中间经过怎样的痛苦与抉择，可以想象得到。现在她浑身上下已经没有一点奥地利的影子了。她穿一身深灰，墨色的长大衣，一条浅灰色的围巾。没有任何饰品。苍白的脸有些瘦削。她似乎为自己的昨日送葬。

家慧说："我蛮佩服她的。这件事对于她像脱了一层皮，但裹着这层死皮她没法活下去。"

我惊讶又愤怒，可是我还是觉得这件事挺蹊跷。原本肖莹即刻就要奔赴维也纳，开始她与晓初的浪漫之旅，怎么会突然蹦出这个聂宛如？不可思议的变化！一件事从一个极端跳向另一个极端，中间一定有一个非同寻常的缘故。这里边会不会有一个天大的误会？可是晓初人在维也纳，却一直没有电话，而且凌晨与一个陌生女子同睡在房间里，这是事实，千真万确的事实！怎么解释这个事实？

只有问老乔。我给老乔打电话，把肖莹与这位聂宛如通话冲突的事，以及肖莹现在的态度统统告诉老乔。没料到老乔竟然说："只能是这样的结局了，肖莹认可了，便是最好的结局。"

他还是没告诉我事情的真相，也不对晓初的态度做任何解释，甚至绝口不提聂宛如是什么人，似有难言之隐。我想不出这件事的真正原因。凡我能想出的种种可能，最后都被我自己否定。我甚至想远赴奥地利去探明究竟，但我还能够拯救这场情感的灾难吗？能使这已经摧折的树木生还如初吗？看来一切无可挽回了。事已如此，只能顺其自然。我无须再刨根问底，只望我的表妹少受伤害。

五

生活不知不觉地翻过了一页。

在它万花筒般眼花缭乱的变化中，最根本的变化还是在我自己身上。

我的妻子费尽心机，终于从她工作所在的无锡调回到我身边。我们买了房子，由父母的家里搬了出去。我们把存款几乎用光，加上贷款，只能在接近西郊的新社区柳江东买到一个两室一厅的公寓房。还好，这个新建小区的风格倾向于当今世界流行的简约明快的现代风格，很契合我们的口味。这一来，我们的兴趣与时间便全投入到新居的室内设计与装修上了。

我从父母家里搬走之后的一年，妹妹用我腾空的那间屋子结婚了。跟着是父亲患病，半年后离世。母亲由家慧陪伴。家中的男主人换成妹夫，几十年里形成的家庭格局根本地改变了。

我离开了自己出生、童年、少年和青年时代经历过的老街，也离开了街上昔日的邻居与熟人。其实这些年来，街上其他人家也在渐渐改换门庭。每个家庭的变化的原因不一样，有的老人走了，有的人嫁出去，有的南下求财，有的换了新居搬到外边去住，那时全国城市都在大拆大建。肖莹也搬走了，她的原因是一种被迫。随着她年龄增长，又一直单身，来自继母的压力一天天加大。在她离开老街的那天，感觉自己有点像逃跑。她经济能力有限，买了河西老居民区一个二手房的独单。家慧去过她家两三趟，据说"挺惨"。幸亏肖莹是情调主义者，把一间小破屋收拾得还有格调，还温馨。

经过那场变故，我们的关系变得渐渐疏远。可能我们都怕再碰那件事，那不能谈，也无法谈。我总觉得有愧于她，如果不是我当初把晓初介绍到维也纳的老乔那里，也许就不是这样的结果。她似乎也在回避我，为什么回避就猜不透了。这种非常不舒服又无法说清的感觉成为我们之间的障碍。障碍愈被搁置就愈无法逾越。家慧劝我不要多疑，肖莹其实在回避所有人，回避所有知道她这件事的人。听说现在她很少到团里去了。

我每周差不多一次回到老街上看望母亲。肖莹很少来我家，很难碰上。只有逢到中秋和春节两家老小相互探望时，偶然能见到她，聊一会儿；一开始，总会话锋躲躲闪闪，好像什么地方有个伤口，害怕碰上。聊着聊着，便没什么可聊的了。

每次见面，都是她自己。她一直·个人？这两年，我在报上几乎没有看到有关她跳舞的消息。

过了许久许久的一天，忽然收到一封信，这大概是我有生以来收到她的第一封信。打开信箱，是一场音乐舞蹈晚会的请柬。封皮淡蓝色，印得清新、素雅又精致。上边只印了晚会的名称："春天来了！"还有一封超短的信，更像便条，夹在请柬里，只写了一句话："表哥表嫂：今晚是我的告别演出，欢迎你们光临。肖莹。"

我一怔，"告别"二字很刺眼！为什么是告别演出？她要离开舞蹈，永别舞蹈吗？这不可思议。当年在她纠结在挚爱的男人与舞蹈之间时，她都没有离开舞蹈，现在为什么？是被迫还是源自一种抉择？什么理由叫她做出这样自杀式的抉择？

这晚，她出演的节目仍是《孤独的白孔雀》。随着音乐她一跳起来，我就感觉已经不再是先前那只白孔雀了。

这只孤独的白孔雀一开始就不再痛苦地挣扎，而只是陷入一种迷茫。苦无出路的彷徨，失魂落魄的游荡，漫无目的的寻求。但如今的它，不再被孤独折磨。孤独不应该是终结。生活有无限可能。当昨天成了绑在身上沉入江底的沉重的巨石，为什么不解开绳索，卸下重负，凤凰涅槃，迎接新生？

她用舞蹈语言诉说自己不同以往的全新的思考。她自我表述的能力很强。我看明白了。

在独舞的结局中，它竟然在一片烟花般夺目又绚丽的光彩中，战胜自我，获得解脱，腾身飞旋，翩然起舞。说实话，这个结尾丝毫没有打动我。上一次看过她这个独舞，那只白孔雀在绝望的黑暗中陷入孤独、苦苦挣扎的形象曾扎进了我的心，我有去营救的感觉；但现在这只孔雀叫我感到浮浅，落入俗套，空洞无物。

我对这个舞蹈的结局更加莫名其妙——

原先，她把孤独作为人生一个哲学的命题，她把孤独的灵魂深切地演绎出来，答案交给观众去寻找。现在她自己站出来。她在用一种世俗的欢娱来破解自己吗？

我不喜欢这个舞蹈，舞蹈后边没有思想。可是我们疏离已久，有隔膜了，我已经不大了解她了。

生活本身从来是强势的。现在更是一个生活强势的时代。不服从它一定是悲剧，顺从它往往也是悲剧。

四个月后，我又接到一封信，里边还是一个请柬，仍然是肖莹寄来的。一看请柬我就傻了——是肖莹的结婚请柬！地点在五大道的玫瑰别墅，时间就在本周末的傍晚。男方的名字有点熟，马上又想不起来，叫作梁丰登。请柬里依然夹着一个纸条，依然是只写了几个字："希望你自己来"。

什么意思？猜不出来。

周末五时，我开着车从马场道桂林路口驶入五大道地区。这个自上世纪初叶租界时代开辟的富人区，现在已过去百年，里边充满了历久年深、厚重又沧桑的历史气息。驱车穿街而行，风格不同的历经百年的花园洋房从车子两边掠过。虽然这些建筑在我上大学时做过调查，都很熟悉，但有时历史的事物反而比新事物更有"新鲜感"。时值初夏，天气晴好，摇下车窗，马路两边的槐花盛开，浓郁的花香涌进车子，沁入心肺，好舒服！这时，我发现街上车子渐渐多起来，而且都是好车、名车。这些车都是来参加肖莹婚礼的吗？玫瑰别墅可是个超级的五星酒店啊，这绝不是一般规格的婚礼。这时，我忽然记起肖莹这位新郎梁丰登是一位大地产商。我脑袋有点发蒙，来不及把一时乱糟糟的思绪理清，站在街道中央几个穿黑色制服的交管已经伸手把我的车子拦住。

一个胖胖的中年的交管向我要请柬，我拿给他，他看了看印在请柬左下角的编号。扭头对他身后另一个交管说："前五十号的，放行！"

噢，前五十号，大概我是贵宾。

玫瑰别墅就在前边不远，这条街已被临时禁行，只准要客进入和停车。谁能请来交管把一条街管控起来？这足见婚礼主办者的势头之大，非同一般。

玫瑰别墅是五大道规模上数一数二的花园洋房。建筑是西班牙地中海风格，结构错落分明，铺着深红色粗大的筒式陶瓦的屋顶，淡米黄色的抹灰墙，使得中间黑色铁艺的门窗和护栏醒目、大气、优美；前院有石雕的喷水池和爬满紫花的藤萝廊架，后院是开阔的草坪与高大的郁郁葱葱的黑色杉木。谁都知道，在这里举办婚礼不是为了婚礼本身，而是为了摆一个场面给人看。据说这房子是民国时期一位大盐商的旧居，此地是闻名海内的盐都，大盐商们富可敌国，个个家中都极尽奢华。虽然经多世变，房屋易人，豪门贵胄的气息却犹然未已。这里我只来过两次，都是陪外地的访客来用餐。我喜欢一楼客厅铺地的釉面的红缸砖，城堡一样浓重的墙，石头砌的大壁炉和粗粝的铸铁饰件。再有，便是它宏大的院落，前后临着两条街，自然构成了一块鸟儿们的安栖之地。虽然这房子地处城市的腹地，却可以听到许多鸟叫。

穿过长长的用玫瑰花枝编织成的甬道，随同纷纷而至的来宾一起来到后院。天色未晚，一些聚光灯已经把草坪中央一大片照得鲜碧耀目。四外全是餐桌。五彩六色的酒食、华服盛装的宾客、生气盈盈的鲜花气球，被四边高耸的杉木衬托得鲜明又华丽。男侍者一色黑色的燕尾服，女侍者一色白色长裙。男女侍者胸前一律别着一朵此处具有标志性的红玫瑰。一支小乐队在花园一角舒缓地演奏着背景音乐。

这样的婚礼场面十分罕见，看上去很像欧洲豪门庄园在举办什么家庭盛事。

我看看现场的人基本上全不认识，看得出来大多来宾都是新郎一方请来的商场中人，全是盛装艳服，珠光宝气，叫人不好接近。我拿了一杯香槟，找到人少的地方一张桌旁坐下。

来宾愈来愈多，渐渐开始遮挡视线。一直没有人认识我。忽然一个胖胖、秃顶的人朝我笑嘻嘻地说："您是不是大华的冯总？"

这胖子不等在尴尬中的我摇头否定，便说："哈，错了错了，对不住！"扭身走了。他走路的姿势有点好笑。

这时，忽然掌声四起，坐在椅子的人全站起来，好像要升国旗。站在后边的人踮脚引颈，向前看。

在灯光的聚焦中，今天的主角从楼里走了出来，音乐伴奏随之而起。由于很多人向前簇拥，半天才看出新郎，一个穿着深色西服、系大红领带、身材挺高的人，面孔无法看清。还有主持人，我一眼就认出来，这是一位太出名的电视主持人。他不在北京吗？高价钱请来的吗？怎么看不见肖莹呢？她被挤在人群中间了。

忽然，我这边的人群往后退，肖莹在那边现出了身影。她像在舞台上那样一露面就光彩夺目。但是她没有如想象的那样身穿雪白的婚纱，只穿一件缀满金色小花的淡紫色的连衣的长裙，反而更美，更贵气，也还适合她的气质。我注意到，她今天的着装，没有刻意显露她可以为之自豪的线条优美的身材；略松的衣裙似乎想使自己年龄大一些，刻意要接近新郎梁丰登的年龄吗？

第一次见梁丰登。

这个人的形象能够清晰地传达出他的信息。他肌沉肉重的脸饱经风霜，结实的筋骨久经历练，摇摇摆摆的走路的架势显现出心中的志得意满。他没有初做新郎的拘谨，他现在的神气好像在企业的年会上看望他的职工。他是二婚吧，应该是吧，他绝对有五十开外了。

没等我去想他和肖莹是怎样形成的结合，来自京华的仪表堂堂的主持人，以他出色的口才和悦耳的男中音，把所有人的注意力都吸引过去。婚礼没有惯常的俗套的证婚人讲话、开香槟酒、致敬双亲、放烟花等仪式。这恐怕是肖莹的风格。她讨厌这一套。于是，这个婚礼的全过程便在主持人出色的串场、即兴的发挥与优雅的玩笑而引起的阵阵欢笑中完成。

婚礼仪式的最后，主持人请新郎"梁总"出面表示答谢时，梁总一开口，便叫我一怔。他说："我梁丰登一辈子有三件福事。头一福是我娘生了我。"

这话说得简单，却有情有义。于是有人叫好，有人鼓掌。

新郎梁总接着说："我的第二福，是我拿下了金街上那块地。那块地叫我梁某人走上了金光大道。"

这话一出，没多少人呼应。发财是个人的事，跟别人也没关系。再说，这事跟你娘生你怎么比？

我是做建筑设计的，常跑工地，和不少干建筑的老板都熟。这些人都是直肠子，就这么说话，尤其他是大老板，说话更是由着性子。可是肖莹怎么会决定和这样的人一起生活？

下边他要说的第三件福事肯定就是肖莹了，只见他兴高采烈说起来："我第三个福就在眼前。我一辈子做梦都是娶这样的老婆，前半辈子打灯都找不着；今天天上掉馅饼了，我梁某人不再做梦了。"他在大家的笑声中，说出他下边更痛快的话："我梁某人从今天起绝不叫她再跳舞了,我叫她在家里享清福,给我老梁生儿子!"说完手一挥,很爽。

有人叫好,有人给他鼓掌,有人议论。我听呆了。这是肖莹要的吗?她知道他的想法吗?想到前几个月去看她"告别演出",想到她那只莫名其妙的白孔雀,今天有了答案。但是她为什么做出这样的选择,她现在应是什么心情?

乱哄哄的婚礼晚宴中,开始了草地舞会。人们的注意力都在舞会上,我想悄悄溜掉。这时忽然听梁总在前边拿起话筒说话。他可能酒喝多了,声音有酒劲,话筒离嘴太近,声音很响,说的话没头没脑。他说:"有人对我不叫肖莹跳舞,对我有意见。今天是大喜日子,我不跟人争,而且我开禁!我叫肖莹再跳最后一次。谁想跟她跳,跟我说——"

他说得慷慨,又随便。

不等有人开口,肖莹忽然说:"我自己挑舞伴!"

大家全怔住,静场,瞪大眼等着看谁是这个幸运者。肖莹忽然一指我这边说:"我请我表哥跟我跳。"

整个花园里的人都望着我。我奇怪,我一直躲在人群里,她怎么知道我在这边?我不知所措,只见肖莹从草坪上过来,她很美,含笑地走来,牵起我的手,我们一起走到草坪中间,乐队奏起了音乐,轻快、优美、一如流水般的《在水波上》。我们一同随同音乐起舞。我的华尔兹还可以,但许久不跳,又当着这么多人,心里发怵,步子就不顺畅了。所幸肖莹浑身全是舞蹈的感觉,不知她用什么办法,很快就把我融入音乐的节拍与跳舞的韵律中,并神奇地使我渐渐产生跳舞的快感。

我开始定下心来，去注意她的神情了。我发现，在这世俗的场面里，她没有任何被动、反感、勉强，也没有任何隐含的不适。可是我不相信她会安于这样的现状，乐于这样的生活，选择这样的未来，这不是她！除非她已经不再是原先的肖莹。如果她真的改变了——到底是生活改变了她，还是她改变了自己，为什么？就因为江晓初的背叛，就从一个极端跳向另一个极端，不再相信自己昨天的崇尚，抛弃心中一切金银绯紫，向原本对立的东西投诚，这不是毁掉自己？我不相信！我忍不住要问她，但我对她的问号太多，从哪里问起？怎么开口？这时，我发现，她似乎不想与我做任何交流。她约我来参加这个婚礼，就是想叫我看到她选择的生活。她把她的明天也告诉我了。我还发现，她眼睛的深处原先那个不停跳跃着的、亮闪闪的、充满魔力的精灵——舞者的精灵，现在没有了，空了。

在音乐旋律的起伏中，我望着这个与我相拥起舞的女人，她的气质还是那样优雅脱俗；脸儿略施粉黛，依旧娴静姣好；只是少了一点东西，一种孤芳自赏的孤高的东西？属于她灵魂的东西？灵魂这个东西看不见抓不住，原来说没就没，你甚至不知它何时、因为什么没有的。

一旦没有了，一种曾经无限美好的东西像一片灿烂的光和影倏然远去。

六

有时，生活的真相不如不知。

我用手机上的电筒挨门挨户地寻找门牌号。

维也纳城中这些老街是一种真正的活着的历史。参差错落的老房子们全都斑驳如画；弯曲蜿蜒的街面不是铺着石板，就是凿满小而方又坚硬的石钉，这些石板和石钉历久磨光，古老苍劲，好像条条街道通往哈斯堡王朝。街面下陷的地方，雨后积水，任路灯幽暗的照射中，反着光亮。

我终于在手机射出的光束里，找到了"47"号。一个蓝底白字的搪瓷的门牌钉在暗红色的老门板上。一株很粗壮的大叶梧桐高出院墙，并把它凋落的黄黄的叶子，随意地撒落在院墙内外和墙头上。树后边是一幢两层小楼。灯火依稀，树影模糊。这显然就是老乔在异国的老巢了。

我第一次到维也纳，我最关心的自然是奥式的建筑，他们的古典和现代的建筑，还有这次在维也纳举办的国际研讨会的主题"城市个性与建筑师的个性"，对我分外有吸引力。我平日在这方面思考得很多，我为这次会议准备的论文得到各国同行的好评。

这是我来维也纳的公务。我还有一个藏在心里的"私务"——就是寻找昨天留下的那桩不幸事情的真相。尽管此事早已时过境迁，一切全都木已成舟，而且人家肖莹自婚礼那天的舞会之后，即与舞蹈绝缘，销声匿迹，早已是一位标准的富家女子，而且生下一儿一女，锦衣玉食，活得滋润快活。这世上，偶尔为她遗憾和发出叹息的只有我和家慧了。我为什么还要来老乔这里来探寻究竟，还想追回昨天吗？

在老乔堆满书籍、报纸和资料的客厅里，我望着这位十多年未见的老友。不用回忆，昔日的交情又来到身上。在不大明亮的光线里，他的脸色昏暗，皱纹显得很深。我们都说自己老了，其实他真的更"老"一些。在世界任何地方，普通人都不会养尊处优，很难白白胖胖，更何况在异国他乡。文化的磨砺看不见，却会更深刻。我们相互关切地询问了对方的家庭、工作，也谈了谈自己。我初识知春，这个奥地利女人给我的印象分外好，她显然是个善解人意的女人。她给我们烧好茶，桌上放些零食水果之后，便说要去帮老乔看稿子上楼了。她知道我们有话要说，把空间留给我们会更方便。

进入一个不知深浅的话题总有些费劲。何况这个话题里遗留过去一些磕磕与别扭，当然更多的还是谜。还好，老乔比我强，他天性爽直、性急，在我支支吾吾不知怎么开始说的时候，他忽然说："不管在这中间有多少误解、避讳、无法说、不能说，都是过去的事了。原本怎么回事一揭开就全明白了。"老乔接着说："我托人打听了，知道你表妹现在都当两个孩子的妈妈了，过得挺好。你我还有什么不好说的，而且我应该叫你知道全部真相了——"

"当时我们高高兴兴，准备晓初从巴黎一回来，就迎接肖莹来维也纳。维也纳的新年非常具有古典气息，我们为肖莹准备好一系列别具风情的节目。晓初连金色大厅新年音乐会和音乐厅的新年舞会的票都拿到手了。就在这关口上，晓初出事了！是的，出事了！而且出了大事，几乎要了命！你别急，事情过去快十年了。这都是过去的事。你听我说——

"我一直后悔，如果当时不叫晓初去巴黎，一切事过了年再说，就什么事也没有了。但我们报纸在法国的合作方一定要晓初去一趟，研究第二年董事的名单。这里边的关键是，明年报社准备新增加两位董事，都是晓初个人在巴黎联系的企业老板，也是我们报纸最有实力的广告客户。可是，法国合作方认为这两位董事人在法国，应该归他们管，我们认为业务是我们联系的，不能给他们，这里边当然有利益问题。如果董事名单定不下来，明年第一期报纸就不能出报。只好派晓初去协商。晓初到了巴黎，怎么也谈不拢，双方争执不下，晓初有点年轻气盛，吵了起来，事情僵住了。据说当时吵得很僵。我电话叫他先回来，过年再说，因为肖莹马上就来了。谁料当晚晓初在他住的巴黎十三区那边吃点东西，回旅馆的路上，忽然几个人把晓初围起来打了。这几个下手很狠。当时街上黑，什么人根本看不清。这几个只打人，不说话，也不知是哪国人。等警察来了，打人的人全跑了——

"打得太厉害了，一个人用的是铁棍，晓初左边脸血肉模糊，耳朵打烂了，肾打坏了，膝盖也断了——

"不，不是打劫。打劫的人不伤人。我们又不是当地人，没仇人。我们想到可能是谁干的，但没有证据，无法告，告错了更麻烦。当时，晓初已经人事不省，警察从他身上的名片看到报社的电话，打过来，我连夜赶过去，急救三天，保住了性命，然后租一辆医用车把他弄回维也纳。你是没看见晓初那个样子，真是太可怕，太惨了。家智，当时我就在那样情况下，在巴黎、在车上、在医院，与你通的那些电话。你想，当时我能把真实情况告诉你吗？在晓初醒过来时，对我说的第一句话就是千万千万别告诉肖莹、别告诉你——

"最初那些日子，我也无法向你解释这是怎样一件事。等到晓初的伤基本稳定，他那张脸无法看！那些可怕的伤口，缺一个耳朵，左肾割去，腿也瘸了。他像一个压烂了的破纸盒子。我看着他，心里明白，此生此世，他与肖莹的缘分算完了。我想，不管你怎么想，怎么责怪我，也绝不能告诉你。叫肖莹知道真相就如同杀了她。晓初是孤儿，回去找谁去，还不是叫肖莹伺候他终生？我下决心，这事我担着了。他去巴黎是给报社出差，报社应该担着。但晓初和肖莹他俩的事怎么了结，我没办法。那天，肖莹的电话撞上了我们报社的女秘书聂宛如，产生了误会和冲突。我想，这也许是个歪打正着，就这么歪打正着吧！正好把他和肖莹的关系断了——

"这十年来，晓初一直在我这里。干报纸的事，报纸养着他。他不能再跑外勤，腿瘸了，脸上那样，怎么跑？他只做内勤，从编稿、排版到校对全是他干。聂宛如是个太好太好的女孩子，香港人，我的一个朋友——香港一位摄影家介绍来奥地利学音乐的。在我这儿打打零工。这女孩温顺善良，她同情晓初，常因他偷偷抹泪。这些年一直给他做饭，帮他生活，给他鼓励。他俩都住在报社。她从未想过离开他。她音乐也不学了。我也不知道这样下去怎么办。我想，她对他再好，也不会跟晓初结婚。晓初已经没法结婚了，结不结婚有意义吗？对他二人谁也没意义。可是，这么下去到哪一天？怎么终结？想也不敢想。如果有一天她真要远走高飞，晓初会不知道怎么活，为什么活——

"哎，我陪你去见一见晓初好吗？他已经知道你来了，你也给他一点力量吧——"

我没想好，怎么给他力量。这个突如其来的故事已经把我击昏。十年前天降的横祸，现在才真正落在我的头上；今天听起来，好像眼前刚刚发生的一般剧烈与刺激。我有一种扛不住的感觉，身体晃晃悠悠，脑袋里一片混乱，跟着老乔，从他那个小小的充溢着浓郁的木头气息的老楼里走出来，穿过透明的夜色，走到另一座同样古老的小楼前。老乔按响门铃，听到里边有人从楼里走出来。老乔忽对我加紧叮嘱一句："千万别提你表妹！"

这像一句警告。

没等我弄明白这句话，门儿开开，一个中等个子、微胖、身穿浅色长衣的女子站在门前，请我进去。她就是聂宛如，简单一两句见面话，从她的声音和语气中就知道是一位性情柔和的人了。

推门进去就是报社的办公室。房子又大又高，和老乔的客厅差不多，但这里有些阴冷。是由于这座楼朝北，还是没亮顶灯，光线昏暗？屋里到处堆满报纸、材料和文件，中间几张办公桌，黑影重重中只一台电脑亮着，有点冷寂和怪异的感觉。没看见晓初，他在另一间屋里吗？忽然听到前面一个声音："您请坐吧。"

声音是从靠里边的一张桌前发出的。我的目光从一摞摞码得很高的报纸上边越过去，看到一个人坐在那边、上半身的身影，他侧对着我，他肯定就是江晓初。但我从他的声音已经听不出是晓初。我记得当年他的声音兴冲冲，但现在的声音低沉而疏远。

他显然早已坐在那里了。他是不是坐在一张轮椅上，我看不清。他侧对着我，显然为了避开他右边受伤而难看的脸。他的头发很长，像个披头士。右边的灯光映照着他，他似乎很瘦，腮部塌陷，眼窝是一块黑影，只有从他高高的额头顺着鼻梁直到微翘的下巴这条清晰而优美的直线，能够认出那个曾经清俊、轩昂、带着高贵感的年轻人。

但现在他显然在用身体的全部力量，支撑着自己的坐姿。他一动不动，也不看我，低垂的目光隐蔽在眼窝的阴影里。

老乔："家智来看看你，他后天就回去了。"

他不吭声。

我说："你的事我都知道了。老乔和知春称赞你的顽强，你的精神。他们还夸赞你办报的能力，如今你们的报在欧洲华人中非常受欢迎。"

我记着老乔叫我给他一点力量，我努力说出一些鼓劲和带劲儿的话，由于一切来得突兀，又对他的生活现状与心理一无所知，说完之后感觉自己的话空洞、乏味，甚至有些虚假。对于失去了前程和所有的生命乐趣、形同废人的人，谁还要赞美诗。只用一些绚丽的语言就可以把这个枯索的生命重新点燃？我还能给他什么呢？当我看到，聂宛如从里屋拿来一条毯子给他蒙在腿上，我想，他需要而且不可缺少的也就是这些——实实在在的一点点生命的支持了。

下边该说什么，我完全不知道了。他显然也不知道该对我说什么。我们见面只为了见一面吗？而这见面有什么意义吗？

老乔似乎也无话可说。

其实，最应该说的是肖莹！没有肖莹，我与他、与老乔相互又有什么关系？但是，当事情的真相摆在我面前，这里边曾经的误会、错怪、恩恩怨怨还需要再解释吗？解释明白又于事何补？想到老乔刚刚那句"警告"，我提醒自己绝不能提到肖莹！千万别惹出事端！只有匆匆告别，走出尴尬。

临出门时，我瞥他一眼。他依旧侧身坐着，动也未动，一声未吭，有如一尊黑色的冷冰冰的雕像。如果我是雕塑家，我一定要把他塑造出来。我想告诉人们，真正的痛苦是无可救助和无法言说的。

从报社出来，老乔想开车送我回旅店，我坚持独自散步去到大教堂那边逛逛。我说，听说教堂周围的广场上有个夜市不错，逛完教堂搭地铁可直回旅店。老乔心里明白我想一个人走走，消化一下刚刚堆满心中的疙里疙瘩。他便说："我和一位司机——他叫小彭——说好，明天上午九时去接你。他和我报社有长期合同，只要我这边有客人，他就出车，随叫随到。明天一天这车你随便用。小彭是旅行社的老地接，开车技术好，甭说维也纳，整个奥地利的地图都在他肚子里。我明天有事不陪你了，后天我送你登机。"

我俩相互拥抱一下分手，拥抱时彼此拍了拍后背。我感觉"啪、啪"拍打对方后背的时候，都有许多难言的话，都各自有一种很深的歉意：我感觉，老乔认为一切祸事都源于当年他派晓初去巴黎那个决定；而我觉得，这天大的麻烦还是我给老乔招致的。

大教堂高耸峻拔的尖顶与上半部分华美的装饰都消失在银蓝色的夜色里，下半部分建筑的光彩则被广场上临时举办的夜市夺去了。一大片灯光把相互错落的布棚映照得白晃晃，耀眼夺目。每逢周六，大教堂周围的广场都归夜市使用。夜市的卖家是城郊的农家与山民。他们拿来新酿的葡萄酒、新烤好的面包、蜂蜜、果酱、奶酪、坚果、香料、调味汁等等乡间土产以及各式各样民间的手工物品与艺术品。这些带着阿尔卑斯山气质与多瑙河风情的本土特产极其诱人。如果外来游客在维也纳赶上周末，一准要来夜市里串来串去游一遭。

　　然而，今天在这夜市里，眼前的任何新奇的东西都没有魅力。我如游魂一般，抓不住自己的注意力与兴趣，脑袋被今天的所见所闻完全打乱。当十年前经过的一切掉头回来，今天的真相颠覆了昨天的判定，到底谁是谁的因、谁致谁的果？那场突如其来的灾难之后，到底怎样一步步发展到悲剧的今天？在网络时代还会有如此的信息艰难，是信息艰难还是人心相通的艰难？是由于爱而相瞒导致的误判，还是因为意气用事而各走极端？命运是暗中注定和不可抗拒的吗？当我想到了"命运"二字，并实实在在触摸它时，它竟如此坚硬如此阴冷如此不公。命运的本质是不公的。

　　那么，遭遇到命运不公的人，其中有没有自己选择上的失误？

　　一度我完全陷入思考，忘掉了自己。浑然不知自己从一个小摊上，拿起一束缠绕着彩带的美丽的松果，走到另一个卖蜂蜜的小摊前放在那里。弄得那里的人莫名其妙。

　　我回到旅店，洗过澡躺在床上，脑袋里还是静不下来。一个想法叫我的联想愈来愈激烈：如果当年肖莹知道了真相，她会怎样？

她会不会立即乘飞机来到维也纳，一直陪伴他到今天？如果今天肖莹知道了这个迟到的真相，她还会立即飞到维也纳来吗？

跟着，我又暗暗笑话自己，这只是个浪漫的想法。浪漫是一种一厢情愿的想象。想象最终全要安于现实；或者说，现实会从我们身上摘下浪漫的翅膀。

这样，我便呼吸着维也纳秋天清凉又柔和的空气安然入睡。

七

凌晨五时我就离开维也纳，前往多瑙河峡谷。

昨天夜里小彭来电话，问我是不是初来维也纳，想看哪里，去没去过戒指路、皇宫、美泉宫、施特劳斯公园以及美术史博物馆等等。我说这几天会议闲暇时，抓紧时间，把这些地方都跑过来了。我叫他推荐一个地方，保证我看了之后永远难忘。说实话，我也是想去一个特别吸引人的地方，好散一散心。他说那就去瓦豪河谷吧。那里是多瑙河流经奥地利一段"天堂般"的地方，是世界遗产。只是这地方离着维也纳三百多里，去玩一趟，来回需要一整天的时间。我说我就拿出这次赴奥行程的最后一天吧，只是傍晚前要赶回来，我看好皇宫后的一家古董店里的一个石雕的小天使，雕工十分精美，早期巴洛克风格，局部有贴金，难得的古代宗教建筑的装饰构件，我想把它买回去，放在我书桌对面的条案上。我对东西方的建筑雕塑都很痴迷。

小彭说："那咱尽量早一点出发，我带上牛奶面包，早餐在车上吃。"

这主意好。

清晨五点我钻进汽车时，车子在外边搁了一夜，车厢里还挺凉呢。可是这并不能叫我清醒起来，昨天一夜我时睡时醒，现在精神和身子都很乏，眼皮打架，待吃了东西，加上车子摇摇晃晃便很快睡着了。

我从来没有在汽车里睡这么长一觉。我在小彭的呼叫声中醒来。只听他叫着："您要再睡可就回维也纳了！"

我睁开眼睛，外边的世界在左右两边的车窗上。啊，我在天国里？

高山、丛林、深谷、烟岚、白云、花原、葡萄园、山村、古堡，然后是翠绿、幽蓝、雪白、银灰、墨黑、赤黄、红棕以及花得夺目的五彩，这些风景这些色彩在车窗上相互交换然后五彩缤纷地掠过。不断地有一个不可思议的神奇的景象出现，随即又被另一个无限美妙的风景代替；左边车窗上的美景还没看清，右边车窗上的奇景已经飞驰而过。这些只在儿时的童话书里见过的图画，现在变成了真实的情景，而我竟然身在其中了。

当我们的车子行驶在谷底，我发现多瑙河的河水竟如此丰沛、明亮、疾速、幽蓝；河中溢满河水，河面与河岸同在一个水平线上，我从未见过哪条江河这样与人亲近——它就像在我的车窗上流淌。

小彭几次想问我的感受，见我目瞪口呆，不停地发出感叹，他得意地笑了。

能从客人的惊喜中感到自豪的，一定是主人。小彭已经完全融入了奥地利。他不避讳自己已加入了奥籍。这个机灵、干练、黄头发、小个子的司机兼地接是湖南湘中人，早在九十年代初就来到这个国家，他和那个时代许多年轻人一样，没有专业向往，只想出国闯荡，浑身有发烫的一股劲儿。到奥地利的最初几年，他在中国餐馆里天天一连六七个小时洗盘子，在商店瞪大眼睛售货，开车长途跋涉去运输，干的全是卖力气赚钱糊口的苦差事。自从九十年代末中国人有了多余的钱，出国游玩的人愈来愈多。旅游业成了热门生意。中国人在外边语言不行，旅游要靠中国导游；而对于跑到海外谋生的人，干旅游和干中餐馆这两样是最容易的，而且可以马上拿到现钱。小彭说，干中餐馆需要店面，还要买菜做饭，照应客人，很琐碎。干旅游只一辆车就够了，而且天天内容不一样，还能借机玩遍四方。他天性喜欢玩，干这种事玩玩乐乐，见多识广，还赚钱，最多付出一点奔波之苦，他年轻不在乎。现在他不单成了跑遍奥地利的"第一游客"，而且跑出来房子、老婆和家，天天都有收入，口袋里总有不少的钱。

我说："现在旅游市场这么好，你称得上得风得水。但只有一样你要注意，必须保住身体，关键是开车要小心。"

没料到他回答说："您这话千真万确。前些年乔先生报社有位能人，非常能干，大家都看好他。正干得风风火火，可是出了一件事，身体完了，结果全完了。"他停了一下，问我："您昨天在乔先生家见到这个人了吗？"

我不想和他谈晓初，打岔说："什么人？"

小彭说："这人叫江晓初。他不会与生人见面的。他叫人打断了腿，还打坏了半张脸。据说他平时都是侧身坐着，用半边好脸对着人。听说他那边连耳朵都没有了。有人看过他那半张脸，吓死人！"

"怎么会打成这样？"

"在巴黎出差时叫人打的。听说是一帮人喝醉闹事，叫他赶上了。"小彭说。

看来他对晓初的事也不深知，我便说："你常年给报社开车，应该和他很熟。"

小彭笑道："维也纳的华人圈子很小，互相全认识。中国人在国内认为外国人彼此谁也不管谁，关系简单，容易相处。可是到了国外才发现，外国人根本不管你的事，有事还得回到中国人堆儿里来。"他告诉我："江晓初刚到维也纳时我见过他，自打出了那事后，不再露面，不见外人，憋在屋里干活。外边的事全叫一个女秘书聂小姐包了。你昨天见到她了吧。"

"打个照面，没说几句话，觉得人挺温和，挺不错。"我说。

"何止不错，那个人没处找去。我们都说乔老总运气好。当年的江晓初，又聪明又能干，人也好，这个人百里挑一。后来江晓初出了事，又顶上来一位聂小姐，勤快肯干，性情好，不单报社里里外外的事全揽过去，连照顾江晓初也包了下来。这种人哪儿去找，都说是老天派下来的。"小彭说。

我说："听老乔说，她是来维也纳学音乐的。"

"她哪还上学？早不上了，今年四十过了。不单报社离不开她，江晓初更离不开她。报社离开她就垮了，江晓初离开她一天都活不下去。"

"她总得有自己的生活。"我说。这是我担心的。

"最担心她离开的恐怕是乔总。"小彭说，"前几天乔总叫我想办法给聂小姐找一架钢琴。这事不难办，维也纳人唯一不缺的就是钢琴。我心里明白，乔总怕聂小姐在报社待不长，想拿钢琴留住她。"

我没说话，我想老乔还是没明白聂小姐这个人，能不能留住聂小姐的绝不靠一架钢琴。究竟靠什么，是极致的善良，是大义，还是爱？我不了解她，我想不出来。反正她靠自己一种纯精神的东西。是这种东西把她留下来。反正一般人没有这种东西。

我又想，不幸的晓初又是幸运的，这世界有这么好的两个女人至真至诚于他。一个是现在的聂宛如，一个是曾经的肖莹。现在肖莹对世俗享乐的偏激的选择，也是对他的误解而招致的吧！

如果当初肖莹知道这件事情的真情，现在背负这个终生苦难的女主角就一定换作肖莹了。

这样一来，我的多瑙河峡谷的游赏就不再纯粹了。我的眼前不断涌现出人间破碎的景象，我的心弥漫着人生中的浑浑噩噩。我的心仿佛听见这些悲剧主人公们的嘶叫。十年来，在这件事上，我好像一直被裹挟在各种谜团中间找不到出口，总憋在一条令人窒息的死胡同里。今天，真相更叫我绝望！于是，眼前充满大自然性灵的山光水色对于我已然没有多少感觉了，任何美丽的事物都与我无关。

小彭说："我们聊得太多了，好几个特别好看的地方都错过去了。您右边，河对岸那一片红色建筑是梅尔克修道院，是世界文化遗产，世界上最著名的巴洛克风格的教堂。您不想过去看看吗？来回要两个小时。但非常值得一看。"

此刻我们在这边一座山上，透过车窗俯瞰，梅尔克半隐在一片层层丛林簇拥的郁郁葱葱的山峦之间，整座修道院太壮观了，宏大、华美又繁复。当我们的车子随着山路而下驶入深谷时，它渐渐转向群山的那一边，然后远远的，像停在多瑙河那一边一艘暗红色豪华的巨轮。然而，不知为什么，我此时竟然失去过去看一看这座经典的巴洛克建筑的兴致。我说："我还要在傍晚前赶回维也纳呢，下次吧，留点遗憾会更叫我想着再来。"

"那我带你去近处另一地方。今天的旅行总得在一高潮中结束，就像交响乐。"小彭说。

在维也纳待长了的人都懂得音乐了。

车子在一个高高的山坡前停下。我们下车顺着一道台阶往上爬。这里的一部分台阶是从岩石上凿出来的，高矮不一，登起来挺吃力。用了不少时间，我们站在一堵石墙前，中间一个门洞，没有门。右上边是一座巍峨的灰色的古堡，它一定历时久远，经历过无数次金戈铁马和烈火烽烟，早已荒废成废墟；一片散落的断壁残垣，与荒木野林混杂一起，无声地散发着一种历史沉寂之后的荒凉感。待穿过门洞，竟别有洞天。一瞬间，我有一种穿越时光隧道般的惊奇，眼睛和心头同时一亮；我看到了一个超小的山城。它令我更惊奇的是，古老，古老，古老，却又充满着生活的光鲜！

一条碎石板拼成的小路，从我脚下蜿蜒向前，伸向一片简朴的老房子的深处；与这些歪歪扭扭、模样笨拙、式样各异的村舍混在一起，是繁盛的林木与艳丽的花丛。有的花爬满门洞的四周，几乎要将这门洞吞没；有的花从院内喷涌上来，翻越过墙，如同彩色的瀑布。我欣赏沿街石墙上隔不远就有一个一米大小的洞穴。小彭告诉我，这是古代放油灯的地方，如同现在的路灯；如今有路灯了，人们就在这里放上一盆花。从这些花盆的造型和所选鲜花的品种看，我十分欣赏这里山民审美的眼光。

过去我对欧洲建筑的关注，多是历史建筑、宗教建筑和城市建筑，多是学院派的角度，很少去关注这些村落民居，但在这里，我感到我的知识用不上，还感到历史和文明都在嘲笑我的无知。现在剩给我的，只有痴迷和神往了。叫我奇怪的是，这里的山民是怎么能叫历史活着的？是人为刻意的？是自然而然的？还是一种传统的精神或精神的传统？

我发现街上没有电线。

我还发现大门上没有锁。

我看到一个俊俏的女子远远走来。她金色的头发梳在头顶上，随便一绾；雪白的衣衫外边套着一条宽松的棕色的连衣裙，手里拿一个很大的铁环，环上一串老式的大钥匙，走路时一颠，手里的钥匙串便"哗"地一响。她耳朵戴着白色的灵巧的小耳机，还挺时髦呢。但一看就知道不是旅客，而是原住民。她走到街角，扭身走到一个拱形的大木门前站住，从手里的铁环中找到一把长柄的大号的钥匙插入锁孔中，"嘎嘎"一拧，把门打开。这当儿我们正好从这门前走过，扭脸一看，室内好似放满古董，古朴又厚重，这是对游客开放的，还是他们自己生活的居所？小彭笑着说："这里家家户户都是这样。"

一只白鹳站在屋顶的烟囱上向远处张望；

二楼上一个剧院包厢似的阳台，一个老妇人用藤条拍打着晾晒的棉被；

街边石台阶上，半瓶葡萄酒扔在那里。

这时，从前边忽然飞来一只红肚皮的小鸟儿，它居然一下站在我的肩头上；我的吃惊吓了它一跳，它一扬翅膀飘然而去。

这时，此地的一种东西，一种活生生的精灵吧，自然而然地把我感动了。我在其他地方，还有过同样的感受？

于是，刚刚一直缠绕在我脑袋里那些悲凉、那些无解的烦恼，不知不觉不见了。神奇的瓦豪河谷把我拥抱起来。

我跟随小彭走进一座山村的小教堂。

教堂是西方古代村落的中心，就像中国村落的中心是庙宇。我喜欢这座教堂以天蓝色和白色为外墙的颜色。它在绿幽幽的河谷里分外明亮分外纯洁；当多瑙河缓缓流动时，它的倒影像一块也在缓缓流动却不会流走的白云。我还喜欢这种乡村小教堂特有的一种单纯而虔敬的气质。它没有那些身负盛名的大教堂的豪贵与威严，只有小百姓们的至诚至信与一往情深。教堂里有一幅十九世纪描绘关于天主的降生的油画《基督诞生》，这个原本庄严而神圣的题材被当时红极一时的彼德迈耶的画家们描绘得像一幅世俗生活的温馨写照。它给小教堂平添了一种亲和又温暖的气息。我想在这教堂长长的木凳上坐一坐，小彭把我拉起来，好像下边还有什么更好的事情等着我。果然，在教堂后边下临河谷的一块高地上，我体验到了一种绝美的震撼——

多瑙河从远处山影重重的蔚蓝色的深谷里无声地流淌而来，它在河谷口转折处扭转过身，静静的河水陡然变得激流汹涌，从我们的脚下流过，然后奔泻而去，消失在身后峡谷深浓的绿色里。就在它转折处，刚好日光下彻，波峰的反光强烈刺眼，波谷的阴影漆黑如墨。两岸的风物仿佛被这条大河的激情感染，一拥而来，参与了这天地间美的创造。于是，重重叠叠的森林腾起形态万千的云烟，五彩缤纷的山花野卉肆意地散放着芬芳。大自然也懂得像艺术家那样用美去征服世界、征服人心吗？

我相信世界上如此至美的风景是绝无仅有了，若要再见，只有再来。

我频频拍照给它留影，并叫小彭帮我拍照留念。

我叫小彭把我身后远处斑斓的花影一起摄入镜头。小彭说："那是墓地。西方人喜欢把过世的人安葬在教堂后边的墓地里，据说那里是距离上帝最近的地方。"

我说："还用到天上去寻找，这里的大自然就是人间的天堂了。"

小彭忽说："我想起来，您说这话，江晓初也说过。他刚来奥地利时，我陪乔总和他到这里玩，他傻了。他还说他将来死了，就埋在这里。"

我听了，半天说不出话来，而且再没了游兴，也没了感觉，或者说感觉变得异样。晓初那个侧身坐着的黑黑的雕塑般的形象又出现在我眼前。我说我想赶紧离开这里回维也纳，小彭不知道我的心理，于是我们回到村口，上了车。

八

我出访归来，见人便谈维也纳，但没与任何人说过江晓初。尤其对家慧，还有我妻子。我要把往日的秘密永远封锁在自己的心里，让生活永远延续着昨日的误解与误判，把昨天的句号变为永久的句号。我知道只要从我嘴里走漏出一点昨日的真相与今日的真情，都会把已经过去的悲剧拉回来重演一次，结果还会更糟。

肖莹似乎更需要与过去彻底切割，她从家慧那里知道我访奥。但过年来我家拜年时却只字不提，我桌上明明放着在维也纳的照片，她见如没见，绝口不问，她最有兴趣的话题是儿子的聪明，兴致勃勃地为聪明的儿子高唱赞歌，甚至连"舞蹈"二字也不去碰了。她明显要与昨天一刀两断，绝不会再碰昨天的痛处而对昨天漠然。

昨天的事与昨天的人，总会被生活一页页掀过去。

特别是老乔，渐渐与我联系寥寥，快要淡出了。严冬的一天忽然接到他从维也纳寄来的一封信。这几年，万能的手机取代了生活的一切，绝少收到私人信件了。什么特别重要的事需要写一封信？打开一看，是一封短信，只写了几句话：

　　家智：你好。晓初今年秋天急症去世了，这个可怜的人，他解脱了！遵他生前所愿，将他安葬在多瑙河峡谷。

这是我最近去到那里看他时拍的一张照片。留个纪念吧。

这世上没几个人记得他了。知春问候你和夫人。

老乔

原来信封里还有照片，我忙掏出来看。

照片的风景是瓦豪河谷，墓地在山坡上，守着河谷。晓初的坟墓在一角，正好俯瞰多瑙河上最最绮丽的风光。墓地很简朴，只有一块方形的黑色碑石，上边有晓初的名字和生卒年月，无任何装饰。这里原本是碧山蓝水，鲜花白云，胜似画图。大概老乔去墓地这天是在一场大雪之后，风景骤变苍劲，整个墓地一片白皑皑，只有这位东方陌生的逝者沉默的碑石，穿过厚厚的雪被，孤零零裸露在峡谷寒冷的空气里。

在晓初墓碑前的白雪上，斜放着一束夹杂着几朵黄菊的淡紫色的勿忘我，很惹眼，也很凄凉。这是老乔放在这里的。老乔是如今唯一还去看望他的人吧。那么聂宛如呢？另奔前程而去了？她先离他而去，还是他离她而去的？

为什么还去追问生活？什么样的生活才经得起追问？

2021 年 9 月 25 日

2021 年 10 月 11 日